# Der große Anlageratgeber

## Vermögen aufbauen, vermehren, sichern

Akademische Arbeitsgemeinschaft | Mannheim

Havellandstraße 6–14, 68309 Mannheim
www.akademische.de

1. Auflage

Stand: Januar 2021



Zum Zwecke der besseren Lesbarkeit verwenden wir allgemein die grammatisch männliche Form. Selbstverständlich meinen wir aber bei Personenbezeichnungen immer alle Menschen unabhängig von ihrer jeweiligen geschlechtlichen Identität.

Redaktion: Dr. Torsten Hahn, Gerald Eckel

Geschäftsführer: Christoph Schmidt, Stefan Wahle

Herstellung und Satz: Christine Adolph

Umschlaggestaltung: futurweiss kommunikationen, Wiesbaden

Bildquelle: © Julydfg – stock.adobe.com

Druck: Williams Lea & Tag GmbH, München

ISBN 978-3-96533-089-4

# Vorwort

## Schlechte Zeiten für Sparer

Noch nie waren die Leitzinsen in Europa so niedrig wie heute. Doch was helfen soll, die Wirtschaft anzukurbeln, ist für fleißige Sparer ein Ärgernis. Denn mit den niedrigen Leitzinsen sinken auch die Renditen für Tagesgeldkonten, Festgelder, Sparbriefe und Bundesanleihen. Rund zwei Billionen Euro horten die Bundesbürger auf Giro-, Spar- und Tagesgeldkonten. Das mutet absurd an in einer Zeit, in der diese Konten so gut wie keine Zinsen mehr abwerfen und die Inflation am realen Wert des Vermögens nagt. Laut einer Umfrage wissen 75 % der Anleger im Moment nicht, wo und wie sie ihr Geld noch sinnvoll anlegen können.

Schuld an der misslichen Lage der Sparer ist unter anderem die Europäische Zentralbank (EZB), die beharrlich an ihrer Niedrigzinspolitik festhält. Die nähere Zukunft verspricht keine Besserung. Der Grund: Deutliche Zinserhöhungen durch die EZB sind auf absehbare Zeit, mit Rücksicht auf die desolaten Staatsfinanzen einiger Euro-Länder, politisch nicht durchsetzbar.

Zu den Magerzinsen kommt noch die Geldentwertung durch die Inflation. Mit der niedrigen Verzinsung von Sparbüchern, Tages- und Festgeldern können Sie die Folgen der allgemeinen Preissteigerungen nicht auffangen. Schrumpft der reale Geldwert durch die geldpolitischen Maßnahmen der Europäischen Zentralbank noch schneller, können Sie sich für Ihre Ersparnisse immer weniger kaufen.

Doch es gibt Anlageformen, die Ihnen einen Ausweg aus der Zinsfalle bieten. Diese möchte ich Ihnen in diesem Buch vorstellen. Zwar besteht bei einigen der hier vorgestellten Anlagen ein gewisses (Aktien-) Risiko. Doch mit der richtigen Anlagestrategie ist dies überschaubar und lässt sich steuern.

Mit den besten Grüßen

*Gerald Eckel*

# Inhalt

# 1 Exchange Traded Funds: Anlagestrategie und Auswahl der richtigen Papiere

## 1.1 Exchange Traded Funds: Das Finden geeigneter Bausteine für Ihr Depot

Als eine der wichtigsten Börsenregeln für den Anleger gilt der Spruch »Nicht alle Eier in einen Korb legen«. Zahlreiche Studien belegen zudem, dass aktives Management mit Einzelwerten nur wenig zum Anlageerfolg beiträgt. Viel entscheidender für den dauerhaften Erfolg ist eine **breite Streuung und Gewichtung des Vermögens über verschiedene Anlageklassen hinweg,** wie z.B. Aktien, Renten, Gold bzw. Rohstoffe und Liquidität (Asset Allocation). Dass dieser Grundsatz das Risiko in einem Depot senken und gleichzeitig das Renditepotenzial steigern kann, hat der **Nobelpreisträger Harry M. Markowitz** bewiesen. Zur Umsetzung dieser modernen Portfoliotheorie sind **Exchange Traded Funds (ETFs)** wie geschaffen. ETFs sind günstig, jederzeit handelbar und sollten daher Bestandteil eines jeden auf Effizienz und Kostenbewusstsein ausgerichteten Depots sein.

### ETFs als Baustein einer optimalen Asset Allocation

Da Exchange Traded Funds ganze Märkte abdecken, bedarf es lediglich der Investition in eine überschaubare Anzahl von ETFs, um in den wichtigsten Anlageklassen investiert zu sein. Durch die Abbildung marktbreiter Indizes ist auch eine Streuung innerhalb der einzelnen Anlageklassen gewährleistet. ETFs erlauben mit ihrer Flexibilität und Liquidität eine rasche Optimierung des Verhältnisses von Risiko und Rendite. Umschichtungen, der Wechsel in andere Anlageklassen sowie schnelle Reaktion auf Veränderungen am Markt sind jederzeit möglich. ETFs lassen sich wie Bausteine in der Architektur eines Portfolios einsetzen. Die Kunst besteht darin, die jeweils passende Struktur und Gewichtung in der **Asset Allocation** zu bestimmen.

Grundsätzlich ist es wichtig, dass für eine breite Diversifikation die verschiedenen Anlageklassen möglichst voneinander unabhängige Kursverläufe aufweisen **(negative Korrelation).** Aktien und Anleihen zum Beispiel zeigen in der Regel einen unterschiedlichen Verlauf in der Wertentwicklung, was zu weniger Schwankungen im Portfolio führt. So können Zinsänderungen bei Anleihen durch die Aktienperformance ausgeglichen werden. Umgekehrt sind Anleihen in der Regel stabiler als Aktien. Das Zusammenspiel der einzelnen Anlageklassen wird letztlich durch das Anlageziel sowie das **Risiko-Rendite-Profil** eines Investors bestimmt.

Die immer größer werdende Auswahl an ETFs erschwert jedoch die Suche nach dem richtigen ETF. Viele Anleger sehen in erster Linie **günstige Gebühren** als wichtigstes Auswahlkriterium an, wie z.B. 0,10 % im Jahr bei einem DAX-ETF. Deshalb entscheiden sie sich gegen ein Investment in andere Märkte, weil beispielsweise ein ETF auf den japanischen Nikkei-Index 0,5 % pro Jahr kostet.

! Für den Aufbau eines langfristig erfolgreichen Depots ist nicht die Höhe der anfallenden Gebühren entscheidend. Viel wichtiger ist die persönliche Asset Allocation, also die Aufteilung des Vermögens auf verschiedene Anlageklassen wie z.B. Renten, Immobilien, Rohstoffe und Aktien. All diese Anlageklassen lassen sich über ETFs gut und einfach abbilden.

## Index ist nicht gleich Index

Um mit ETFs eine vernünftige Anlageentscheidung zu treffen, ist die **Qualität und Zusammensetzung des zugrunde liegenden Index** wichtig. Denn Index ist nicht gleich Index. Wer beispielsweise von dem brasilianischen Aktienmarkt überzeugt ist, kann in einen ETF auf den MSCI Brasil oder auf den Index Bovespa investieren. Die Wertentwicklung kann jedoch wegen der unterschiedlichen Zusammensetzung stark voneinander abweichen. Weiteres Beispiel: Für Japan haben Investoren den Nikkei oder den Topix zur Auswahl. Während die Gewichtung des Topix von der Marktkapitalisierung der rund 1700 Werte abhängig ist, spielt beim Nikkei nicht der Börsenumsatz der Unternehmen, sondern die Kurshöhe eine Rolle. Heraus kommen also zwei völlig verschiedene Ansätze – obwohl es derselbe japanische Aktienmarkt ist.

**!** Achten Sie außerdem auf die genaue Zusammensetzung des Index. Je breiter dieser gestreut ist, desto besser. Denn dadurch wird das Risiko minimiert. Spekulativere Indizes wie etwa aus den Schwellenländern (Emerging Markets) oder dem Technologiesektor sollten dagegen mit geringeren Anteilen im Depot gewichtet werden.

Insbesondere **Branchen-ETFs** entsprechen häufig nicht dem Idealbild eines breit aufgestellten Index. Stattdessen kauft der Anleger einen Aktienkorb, der von drei oder vier großen Aktien dominiert wird. Schwächeln diese Werte, sackt der Index schnell ab. Anleger sollten daher genau prüfen, wie sich der Index zusammensetzt.

Unterschiede gibt es auch bei den **Dividendenzahlungen.** Während viele ETFs die Dividenden ausschütten, gibt es auch ETFs, die thesaurierend sind, das heißt, die Dividenden wieder investieren.

**!** Bei thesaurierenden ETFs fallen keine Kosten für die Wiederanlage an. Bei diesen Produkten wird dem Anleger zudem im Gegensatz zu der ausschüttenden Variante die Entscheidung abgenommen, wie er die Ausschüttung wieder anlegen sollte.

## 1.2 Die Core-Satellite-Strategie: Zielsicher durch das Börsenuniversum

Eine der besten Anlagestrategien für das eigene Depot ist die sog. **Core-Satellite-Strategie.** Dabei wird das gesamte Portfolio in einen Kernbereich, den »Core«, und in verschiedene Satelliten aufgegliedert. Breit gestreut und mit soliden Werten sorgt das Kernportfolio zuverlässig für einen langfristigen und stabilen Ertrag, während die Satelliten zusätzlich als Renditetreiber mit etwas höherem Risiko beigemischt werden. Der Core-Satellite-Ansatz schafft damit eine Trennung zwischen dem Kern, der berechenbar die Grundrendite erwirtschaftet, und der Beimischung, die flexibel eingesetzt wird, um Überrenditen zu erzielen.

## So gestalten Sie den Kernbereich Ihres Wertpapierdepots

Der **Kernbereich (Core)** sollte als solide Grundlage breit diversifiziert sein – **mit risikoärmeren Anlageinstrumenten.** Für eine robuste langfristige Aktienanlage eignen sich dabei ETFs auf marktbreite Aktienindizes wie z.B. den DAX oder den EuroStoxx50. Im Bereich der Anleihen sollten international gestreute ETFs bevorzugt werden. Der Vorteil: Je weniger die einzelnen Positionen in den Fonds miteinander korrelieren, desto besser. Mehrere verschiedene Anlageklassen erhöhen zudem den Effekt einer optimalen Diversifikation. Entsprechend der Lehre des Begründers der Portfoliotheorie und Nobelpreisträgers Harry M. Markowitz ist sie die Grundlage für ein effizientes Portfolio, das bei gleichen Renditechancen weniger Risiko aufweist.

## Welche ETFs als Satelliten geeignet sind

Dies gilt im Wesentlichen auch für die **Satelliten.** Das ist der Bereich Ihres Investments, der als Spielraum gedacht ist, um mit etwas risikoreicheren Anlagen höhere Renditen zu erzielen. Hier sind die Anlagen oft auch auf kürzere Zeiträume ausgelegt und weichen naturgemäß vom Risiko-Rendite-Profil des Kerninvestments ab.

Bei einigen Investments sollten Sie damit rechnen, dass sie zu einem bestimmten Zeitpunkt wieder aufgelöst werden müssen. So sollten diese Anlagen z.B. beim Erreichen der persönlichen Verlust-Schmerzgrenze, die Sie beim Portfolioaufbau festlegen, umgeschichtet werden. Das betrifft aber nur den Satellitenbereich. Denn der Core-Bereich dient als langfristiges Investment und soll zudem die

Transaktionskosten reduzieren, die durch ein zu häufiges Umschichten der Positionen entstehen.

Als **Beimischung** würde ein Investor, der den Kernbereich »Aktien Europa« abgedeckt hat, beispielsweise Märkte außerhalb des alten Kontinents wählen. Denkbar ist der Boommarkt China. Mit einem Indexfonds von Xtrackers (WKN: DBX1FX) holen sich Investoren den FTSE China 50 in den Satellitenbereich. Abgesehen von aussichtsreichen Regionen rücken für den Einsatz als Satellit auch **spezielle Branchenthemen** in den Fokus. Einen Renditekick könnte beispielsweise das eng gefasste Thema Wasser bringen. Unter anderen bietet iShares ein Produkt hierzu (WKN: A0MM0S). Als Benchmark dient der S&P-Global-Water-Index. Dies sind lediglich zwei Beispiele für ETFs in »Satelliten-Funktion«. Darüber hinaus sind zahlreiche weitere ETF-Produkte für den Einsatz im Kernbereich oder als Satellit denkbar – wie z.B. ETFs auf dividendenstarke Aktien, Rohstoffe oder Devisen.

! Bei der Zusammenstellung eines Portfolios sollten Sie darauf achten, in nicht mehr als 10 bis 15 Wertpapiere zu investieren. So behalten Sie leichter den Überblick über Ihr Depot. In der Gewichtung sollte der Kern mit bis zu sechs verschiedenen Anlagen zwischen 70 % und 80 % des gesamten Investments ausmachen. Der Restanteil entfällt dann auf die Satelliten.

## 1.3 Anleihen und Exchange Traded Funds: Ritt auf den Zinswellen

Mit dem Kauf eines **Renten-ETF** investiert der Anleger in einen Korb von Anleihen, die durch einen Index repräsentiert sind. In Deutschland ist das nicht der bekannte REX, sondern seine Weiterentwicklung, der **»eb.rexx«**. In ihm sind die – gemessen am Emissionsvolumen – 25 größten deutschen Staatsanleihen enthalten, die auf der Handelsplattform Eurex-Bonds notiert werden. Daneben gibt es Subindizes mit verschiedenen Laufzeitenbändern, also z.B. 1,5 bis 2,5 oder 5,5 bis 10,5 Jahre. Die meisten Renten-ETFs beziehen sich auf **Preisindizes** (auch als **Kursindizes** bezeichnet); die Zinsen werden hier im Gegensatz zu den sog. Performanceindizes ausgeschüttet.

Einem Käufer von Renten-ETFs sollte jedoch klar sein, dass der Wert seines Investments von **Änderungen beim Zinssatz** abhängig ist. Entsprechend kann der Wert des Renten-ETFs steigen (wenn die Zinsen fallen) oder fallen (wenn die Zinsen steigen). Beim Verkauf können so Gewinne oder Verluste anfallen, ähnlich wie beim Direkterwerb von Anleihen und der Veräußerung vor dem Laufzeitende. Längerfristig wird der Kurseffekt einer Zinsänderung jedoch abgeschwächt. Denn die Papiere im Index laufen aus und werden durch neue ersetzt. Die Folge bei steigenden Zinsen: Der Investor erleidet nicht nur Kursverluste, sondern profitiert – mit Verzögerung – durch die neuen, höher verzinsten Papiere.

Anhänger von festverzinslichen Wertpapieren können mit Exchange Traded Funds auch in **Pfandbriefe** investieren. Von Pfandbriefen hat jeder schon einmal gehört. Dabei handelt es sich um Anleihen, die von Hypotheken- und Landesbanken begeben werden und durch Grundpfandrechte (Hypotheken, Grundschulden) oder Forderungen gegen die öffentliche Hand besichert sind. Pfandbriefe bieten in der Regel eine etwas höhere Rendite als Bundesanleihen, gelten jedoch von ihrer Bonität her als ähnlich sicher.

### 1.3.1 Exchange Traded Funds und Staatsanleihen

Obwohl der Ruf der **Staatsanleihen als Hort der Sicherheit** gelitten hat – Stichwort Griechenland-Krise –, erfreuen sich staatliche Bonds unter Anlegern nach wie vor großer Beliebtheit. Statt sich mit den Risiken der Anlage in Aktien auseinanderzusetzen, bevorzugen Anleger Gläubigerpapiere mit festen Zins- und Tilgungszahlungen. Auch wenn die noch als sicher geltenden Staatsanleihen nur noch Magerzinsen abwerfen.

**!** Wer in Staatsanleihen investiert, sollte die unterschiedlichen Bonitätsrisiken berücksichtigen. Je nach persönlicher Risikoneigung lässt sich mit Exchange Traded Funds ein vernünftig strukturiertes Depot aus Staatsanleihen aufbauen.

## Der iBoxx € Sovereigns Eurozone AAA ETF von db x-trackers

Der von db Xtrackers, einer Tochter der Deutschen Bank, angebotene **iBoxx € Sovereigns Eurozone AAA ETF** (WKN: DBX0FE) setzt auf beste Schuldnerqualität. Zu diesem Zweck bildet der zugrunde liegende Index nur die Wertentwicklung von Staatsanleihen der Eurozone ab, die über ein AAA-Rating verfügen, also von höchster Bonität sind. Der größte Anteil im Index entfällt auf deutsche Bonds. Die jährlichen Managementgebühren betragen 0,15 %.

## Mehr Zinsen, aber auch mehr Risiko mit dem db x-trackers iBoxx € Sovereigns Eurozone Yield Plus ETF

Wem die Renditen von AAA-Anleihen zu dürftig sind, dem bietet sich mit dem **Xtrackers iBoxx € Sovereigns Eurozone Yield Plus ETF** (WKN: DBX0HM) eine spekulative Möglichkeit, gezielt auf höher verzinsliche Papiere auszuweichen. Der zugrunde liegende Index beinhaltet Staatsanleihen von den fünf Mitgliedsstaaten der Eurozone mit der höchsten 5-jährigen Anleiherendite.

Im Umkehrschluss heißt das aber auch, dass es mit der Kreditwürdigkeit dieser Länder nicht zum Besten bestellt ist. Die jährlichen Managementgebühren betragen 0,15 %. Es versteht sich von selbst, dass dieser Exchange Traded Fund nur risikobereiten Investoren als Beimischung in einem ansonsten gut strukturierten Wertpapierdepot zu empfehlen ist.

### Auf die Risiken von Zinsänderungen achten

Die Vielzahl der angebotenen Renten-ETFs bietet Investoren eine gute Gelegenheit, **differenziert nach Bonität und Land in europäische Staatsanleihen zu investieren.** Allerdings: Die den ETFs zugrunde liegenden Indizes bilden die Kursentwicklung von Anleihen ab. Das heißt: Fallen die Zinsen, steigen die Anleihekurse – und umgekehrt. In der Vergangenheit war das kein Problem, da die Notenbanken infolge der Finanzmarktkrise die **Leitzinsen** drastisch senkten. Doch der Spielraum nach unten ist ausgereizt. Investoren in festverzinsliche Wertpapiere sollten deshalb das Risiko wieder steigender Zinssätze in ihre Überlegungen mit einbeziehen.

**!** Steigende Marktzinsen führen bei Anleihen zu sinkenden Kursen. Je länger die Restlaufzeit einer Anleihe, desto größer ist das Kursrisiko. Steigt z.B. der 10-Jahres-Zins von 1,5 % auf 3 %, sinkt der Kurs einer Anleihe mit 10-jähriger Laufzeit um etwa 15 %.

## 1.3.2 Exchange Traded Funds auf inflationsgeschützte Anleihen

Seitdem die Zentralbanken die Märkte mit Geld fluten, geht bei Investoren das Inflationsgespenst um. Die Inflation ist eine der Urängste der Deutschen. Die furchtbaren Erlebnisse während der Zeit der **Hyperinflation** in den 1920er-Jahren, als viele Menschen ihre Ersparnisse verloren, haben sich bis heute im kollektiven Gedächtnis eingebrannt. Mit der weltweit lockeren Geldpolitik der Notenbanken kehrt diese Angst wieder zurück.

### Offizielle Inflationsraten sind mit Skepsis zu betrachten

Die offiziell veröffentlichten Inflationszahlen weichen regelmäßig deutlich von der »**gefühlten Inflation**« ab, die der Verbraucher im täglichen Alltag erlebt. Kein Wunder, denn um die Inflationszahlen niedriger aussehen zu lassen, als sie in Wirklichkeit sind, bedienen sich die offiziellen Stellen einiger Tricks.

Die **Inflationsrate** soll abbilden, um wie viel teurer das Leben für die Bevölkerung geworden ist. Für diese Rate ermitteln die Statistiker den Preis eines fiktiven, angeblich repräsentativen **»Warenkorbs« von Produkten,** die häufig eingekauft werden, und vergleichen diesen mit dem Preis bei der vorherigen Erhebung – fertig ist die Diagnose der Lebenswirklichkeit der deutschen Konsumenten. Der Trick liegt in der Vorauswahl. Kritiker führen an, dass die Gewichtung der Produkte in diesem Warenkorb nicht viel mit der Verbraucherrealität zu tun hat.

Zudem setzt das Statistische Bundesamt bei der Berechnung der Verbraucherpreise die sog. **hedonische Methode** ein. Bei dieser Preisberechnung werden die Qualitätseigenschaften eines Guts berücksichtigt.

» Wenn sich die Prozessor-Geschwindigkeit eines Computers verdoppelt, der Verkaufspreis jedoch gleich bleibt, unterstellen die Statistikbehörden einen Preisrückgang um 50 %. Der Käufer bekommt schließlich für das gleiche Geld die doppelte Leistung.

Durch diese Methode wird die ausgewiesene Inflation vermindert. Die Kaufkraft der Bürger steigt dadurch aber nicht, weil man für das gleiche Geld nach wie vor nur ein Produkt erhält, das dem neuesten Stand der Technik entspricht. Und wer schafft sich schon jährlich einen neuen PC an? Auch bei der Preisberechnung für andere elektronische Geräte kommt diese Methode zum Einsatz.

Ein anderes Beispiel: Beim Öffnen von Verpackungen stellt der Verbraucher immer öfters fest, dass diese nur zur Hälfte gefüllt sind. Vor allem Hersteller von Lebensmitteln verwenden gerne zu große Verpackungen. Dies hat zwei Gründe: Zum einen erwecken große Verpackungen den Eindruck, dass sich darin auch viel Ware verbirgt. Gleichzeitig werden damit aber auch **versteckte Preiserhöhungen** durchgesetzt, indem bei gleichbleibender Verpackungsgröße und gleichem Produktpreis die Inhaltsmenge verringert wird. Wenn der Preis des Produkts stabil geblieben ist, hat dieser »Trick« keinen

Einfluss auf die offiziellen Verbraucherpreise. Bei der Messung der Inflationsrate wird nämlich nicht überprüft, ob der Inhalt der Verpackung verringert wurde. Die reale Geldentwertung fällt deshalb höher aus, als es die offiziellen Inflationsdaten ausdrücken.

## Selbst geringere Inflationsraten haben langfristig drastische Folgen für die Kaufkraft Ihrer Ersparnisse

Selbst **niedrige Inflationsraten** können das angestrebte **Sparziel erheblich gefährden.** Wie sich eine Inflationsrate von z.B. 2,7 % auf die langfristigen Ersparnisse auswirkt, zeigt folgende Rechnung.

» Nach 30 Jahren schwindet die Kaufkraft von 1.000,– € bei einer Inflationsrate von 2,7 % p.a. auf nur noch 449,– €. Liegt die Inflationsrate nur einen Prozentpunkt höher, also bei 3,7 % jährlich, verbleiben nach 30 Jahren nur noch 336,23 €. Zwei Drittel der Ersparnisse wären also verloren.

Ein möglicher Weg, sich gegen die langfristigen Folgen der Inflation abzusichern, ist ein breit diversifiziertes Portfolio von Sachwerten wie Aktien, Immobilien, Kunst, Grund und Boden, Gold, aber auch über ein **breit gestreutes Investment in inflationsgeschützte Anleihen.** Dafür bietet sich am besten der Kauf von Exchange Traded Funds (ETFs) auf inflationsgeschützte Anleihen an.

## ETFs auf inflationsgeschützte Anleihen aus der Eurozone

Bedeutendster Inflations-ETF für die Eurozone ist der **iShares Barclays Euro Inflation Linked Bond** (WKN: A0HGV1). Der Index bietet Zugang zu inflationsgeschützten Staatsanleihen aus der Eurozone. Er enthält ausschließlich Rentenpapiere mit einer Mindestrestlaufzeit von einem Jahr und ein Minimum an ausstehendem Volumen von 500 Mio. Euro.

## ETFs auf inflationsgeschützte US-Staatsanleihen

Anleger, die ihr Depot aufgrund der lockeren Geldpolitik der US-Notenbank vor Inflationsrisiken in den USA schützen möchten, tun dies am besten mittels des **iShares $ Tips TIPS ETF** (WKN: A0LGP8). Der Index bietet Zugang zu US Treasury Inflation-Protected Securities (TIPS). Er enthält ausschließlich Rentenpapiere in US-Dollar mit einer Mindestrestlaufzeit von einem Jahr sowie einem ausstehenden Volumen von mindestens 500 Mio. US-Dollar.

## ETFs auf inflationsgeschützte Anleihen aus den Emerging-Markets

Hier können Anleger in den **SPDR Barclays Emerging Markets Inflation Linked Local Bond** (WKN: A1JLNG) investieren. Der dem Produkt zugrunde liegende Barclays Emerging Markets Inflation Linked 20 % Capped Index ist ein breiter Maßstab für die Performance investierbarer, auf Lokalwährungen lautender inflationsindexierter Anleihen, die von verschiedenen Schwellenländern emittiert werden. Der Index begrenzt das Länderengagement auf maximal 20 % je Land.

! Investitionen in Anleihen außerhalb des Euroraums bergen immer ein Währungsrisiko. Um das Risiko eines Engagements kalkulieren zu können, ist es deshalb wichtig, sich vor dem Kauf über die Indexzusammensetzung zu informieren.

## ETFs auf globale Inflationsanleihen

Zur Absicherung weltweit diversifizierter Portfolios bietet sich der **Xtrackers iboxx Global Inflation linked UCITS ETF** (WKN: DBX0AL) an. Der zugrunde liegende Rentenindex iBoxx Global Inflation linked Total Return Index hedged gilt als Benchmark für die Wertentwicklung der wichtigsten staatlichen und quasistaatlichen inflationsgebundenen Anleihemärkte. Die aufgenommenen Anleihen müssen am Auswahltag eine Restlaufzeit von mindestens einem

Jahr aufweisen. Voraussetzung für die Aufnahme in den Index ist ein ausstehendes Volumen von mindestens zwei Mrd. Euro. Das ausstehende Volumen einer Anleihe bestimmt dann auch die Indexgewichtung.

Der Index nimmt zudem eine **monatliche Währungsabsicherung** vor. Dabei wird der Indexstand zum Monatsanfang über Terminkontrakte mit einmonatiger Laufzeit in Euro abgesichert. Wertänderungen zwischen den Sicherungszeitpunkten werden dabei nicht berücksichtigt. Die Nachbildung des Index erfolgt synthetisch via Swaps.

Auf eine optimierte Indexabbildung setzt dagegen der **iShares Global Inflation Linked Bond** (WKN: A0Q41X). Dieser bietet Zugang zu inflationsgeschützten Staatsanleihen aus den entwickelten Volkswirtschaften der Welt, die in der jeweiligen Heimatwährung der im Index enthaltenen Staaten emittiert wurden. Der Index enthält ausschließlich inflationsgeschützte Staatsanleihen, die eine Restlaufzeit von mindestens einem Jahr aufweisen.

### 1.3.3 Exchange Traded Funds auf Unternehmensanleihen und Hochzinsanleihen

Angesichts der **Sorgen um die hohe Verschuldung zahlreicher westlicher Industrieländer** suchen Anleger verstärkt Sicherheit bei Unternehmensanleihen. Der bisher unerschütterliche Glaubenssatz, dass die öffentliche Hand mehr Sicherheit bietet als private Gesellschaften, gilt angesichts der angespannten wirtschaftlichen Lage in wichtigen europäischen Staaten nicht mehr.

Während Unternehmensanleihen mit Spitzenratings in der Regel nur einen geringen Renditevorsprung vor staatlichen Zinstiteln mit erstklassigem Rating erzielen, sind aus Anlegersicht Unternehmensanleihen von Unternehmen mit schlechten Bewertungen deutlich attraktiver. Zur Kategorie dieser Hochzinsanleihen (»**Junk-Bonds**« oder auch »**High-Yield-Bonds**«) zählen alle Anleihen, die von den US-amerikanischen Rating-Agenturen Standard&Poor's oder Moody's maximal die Note BB plus bzw. Ba1 oder schlechter erhalten. Weil große Investoren wie Pensionsfonds und Versicherer oft nur Anleihen mit einem Rating von mindestens BBB kaufen dürfen, bietet gerade dieser Bereich der Unternehmensanleihen besondere Anlagechancen.

## Der ETFlab iBoxx Euro Liquid Corporates Diversified

Der **DEKA iBoxx Euro Corporate Bond** (WKN: ETFL37) enthält die 75 größten in Euro notierten Anleihen europäischer Unternehmen. Um eine gute Diversifizierung zu gewährleisten, ist allerdings das maximale Gewicht eines Unternehmens im Fonds auf 4 % beschränkt. Zudem dürfen höchstens zwei Anleihen pro Emittent im Fonds vertreten sein. Wesentlich breiter aufgestellt, aber mit ähnlichen regionalen Gewichtungen, ist der ETF von iShares (WKN: A0RGEP), der den Bloomberg-Barclays-Euro-Corporate-Bond-Index abbildet. Der Index umfasst mehr als 2000 in Euro notierte Anleihen hoher Bonität von Industrieunternehmen, Versorgern oder Finanzunternehmen. Er enthält nur Papiere mit einem ausstehenden Volumen von mindestens 300 Mio. Euro.

! Für Anleger, die keine Anleihen von Banken im Depot haben wollen, gibt es den Index bzw. den darauf basierenden ETF von iShares auch in einer abgespeckten Version »ex Financials« (WKN: AoRPWN).

## Der iShares Markit iBoxx Euro High Yield Bond

iShares bietet mit dem **iShares Markit iBoxx Euro High Yield Bond** (WKN: A1C3NE) einen Renten-ETF an, mit dem Anleger in Euro-Anleihen von internationalen Unternehmen investieren können. Der Markit iBoxx Euro High Yield Index bildet dabei die Entwicklung hochverzinslicher Unternehmensanleihen (High-Yield-Bonds) und deren Zinszahlungen ab. Der Markit iBoxx Euro Liquid

High Yield Index, der vom Indexanbieter Markit entwickelt wurde, umfasst Unternehmensanleihen mit einem ausstehenden Volumen von mindestens 250 Mio. Euro und einer Restlaufzeit zwischen 2 und 10,5 Jahren. Die einzelnen Indexwerte werden anhand der durchschnittlichen Einstufungen führender Rating-Agenturen wie Fitch, Standard&Poor's und Moody's ausgewählt. Der Index besteht aus über 400 hochverzinslichen Unternehmensanleihen.

! Die Kosten des ETFs sind mit 0,5 % an jährlichen Managementgebühren zwar höher als bei anderen Renten-ETFs. Dies ist aber aufgrund des komplexen und schwierigen Marktsegments gerechtfertigt. Für risikobereite Anleger, die auch kräftigere Kursschwankungen aushalten können, stellt der Indexfonds eine attraktive Beimischung in einem ansonsten gut strukturierten Renten-Depot dar.

## Überblick über die wichtigsten Exchange Traded Funds für Unternehmensanleihen

| **Name** | **WKN** | **Gesamtkosten (TER)** |
|---|---|---|
| iShares Core Euro Corporate Bond | A0RGEP | 0,20 % |
| Xtrackers II Euro Corporate Bond | DBX0EY | 0,20 % |
| Deka iBoxx Euro Corporate Bond | ETFL37 | 0,20 % |
| iShares $ High Yield Corporate Bond | A1H5UN | 0,50 % |
| iShares Global Corporate Bond | A1J0YD | 0,20 % |
| SPDR Barclays Capital Euro Corporate Bond | A1JJTQ | 0,20 % |
| SPDR Barclays Capital Euro High Yield Bond | A1JKSU | 0,45 % |

## 1.4 Exchange Traded Funds auf dividendenstarke Aktien: Regelmäßige Erträge erwirtschaften

Regelmäßig über eine längere Zeit Ausschüttungen zu erhalten, das wünscht sich eine wachsende Zahl von Anlegern. Dies zeigt eine Studie der **Fondsgesellschaft Legg Mason:** 38 % der Befragten hatten in der Umfrage angegeben, dass ihnen Produkte mit regelmäßigen Erträgen wichtiger seien als noch vor fünf Jahren. Wichtigstes Ziel ist es dabei, das Vermögen vor der Geldentwertung real zu schützen oder zu vermehren. Ein Teil der Befragten nutzt die Einnahmen auch zum Bestreiten der laufenden Lebenshaltungskosten.

Wer auf laufende Erträge hofft, die höher ausfallen als die aktuelle Inflationsrate, muss Risiken in Kauf nehmen. Angesichts des **Niedrigzinsumfeldes** fallen die Zinszahlungen bonitätsmäßig einwandfreier Staatsanleihen zu gering aus, um die Folgen der Geldentwertung auszugleichen. So kommen Anleger an Aktien kaum vorbei. Die Gewinnausschüttungen (Dividenden) zahlreicher Unternehmen sorgen für regelmäßige Erträge. Anleger sollten daher auf Unternehmen setzen, die konstant über längere Jahre regelmäßig gleichbleibende oder besser noch steigende Dividenden ausschütten.

Mit der Auswahl geeigneter ETFs fällt es leicht, auf Aktien mit regelmäßigen Dividendenausschüttungen zu setzen. Denn die Branche hat genügend ETFs auf Dividendenindizes aufgelegt. Darunter ist z.B. der DivDAX, eine Auswahl dividendenstarker Aktien aus dem DAX, die eine besonders hohe Dividendenrendite aufweisen. Der Korb wird jedes Jahr neu sortiert, sodass dividendenschwache Werte besseren Titeln weichen müssen. Beim **DivDAX UCITS ETF von iShares** (WKN: 263527) erhält der Anleger bis zu viermal im Jahr die Ausschüttungen der im Index enthaltenen Aktien ausbezahlt.

Was die Höhe der Dividenden anbelangt, sind deutsche Aktien nicht immer das Nonplusultra. Es lohnt auf alle Fälle ein Blick über Deutschlands Grenzen. Denn ausländische Konzerne sind ihren Aktionären gegenüber teilweise deutlich großzügiger als Unternehmen hierzulande. Anleger, die auf europäische Dividendenwerte setzen wollen, greifen am besten zum **EURO STOXX Select Dividend 30 UCITS ETF** von iShares (WKN: 263528). Dieser Index misst die Wertentwicklung der 30 Aktien mit der höchsten Dividendenrendite aus dem EUROSTOXX-Index.

Wer sein Vermögen noch internationaler auf dividendenstarke Aktien streuen will, investiert in den **STOXX Global Select Dividend 100 UCITS ETF** von iShares (WKN: A0F5UH). In diesem Index vereint sind die nach bestimmten Kriterien gefilterten 100 dividendenstärksten Aktien aus den wichtigsten Wirtschaftsräumen. Wer sich in den Schwellenländern (Emerging Markets) engagieren möchte, greift zum **Emerging Markets Dividend UCITS ETF** von iShares (WKN: A1JNZ9). Vertreten sind hier die 100 dividendenstärksten Aktien aus den Schwellenländern.

Ebenfalls auf 100 Werten basiert der **US Select Dividend,** auf den der gleichnamige Indexfonds von iShares aufbaut (WKN: A0D8Q4). Der Index greift die 100 Unternehmen aus dem gesamten US-Anlageuniversum mit der höchsten Dividendenrendite heraus. Maßgabe für die Aufnahme in den Index sind die vergangenen fünf Jahre. Während dieses Zeitraums dürfen die Unternehmen nie ihre Gewinnausschüttung gesenkt haben. Kleinstfirmen mit zu geringem Handelsvolumen sind ebenfalls ausgeschlossen.

## 1.5 Exchange Traded Funds und Immobilien: So profitieren Sie von der Flucht in Sachwerte

Mit dem Wort »**Immobilien**« verbinden die meisten Menschen Werte wie Stabilität, Vertrauen oder Sicherheit. Bei der Geldanlage ist es nicht anders: In Zeiten der Unsicherheit interessieren sich nicht nur besonders risikoscheue Investoren für den Kauf von Immobilien. Tatsächlich gibt es unterschiedliche Gründe, in Immobilien zu investieren: Eine schuldenfreie Immobilie z.B. sorgt für finanzielle Unabhängigkeit und kann auch im Rahmen der Altersvorsorge genutzt werden.

Der **direkte Erwerb einer Immobilie** ist jedoch mit einigen Nachteilen verbunden. So erfordert der Direkterwerb in der Regel einen langen Anlagehorizont und bindet zudem viel Kapital. Ein weiterer Nachteil sind fehlende Transparenz und Liquidität. Im Gegensatz zu Anlageklassen, bei denen der Kurs fortlaufend an Börsen festgestellt wird, ist bei Immobilien der Wert oft nur schwer und nur in Verbindung mit Mehrkosten zu ermitteln. Daher stammt auch die weitverbreitete Annahme, dass Immobilien »immer« im Wert steigen.

Richtig ist vielmehr, dass viele Investoren den aktuellen Wert ihrer Immobilie nicht kennen und einen **Wertverlust** erst dann bemerken, wenn sie ihr Haus oder ihre Wohnung eines Tages verkaufen möchten. Und es ist zudem auch nicht gesagt, dass eine Immobilie überhaupt jederzeit zu verkaufen ist. Sollten beispielsweise die Immobilienpreise regional stark fallen, wäre es unvorteilhaft, ein Haus bzw. Grundstück in der entsprechenden Region verkaufen zu wollen.

Um die Anlagen im Immobilienbereich zu streuen, bieten sich als Alternative zu offenen Immobilienfonds **ETFs auf Immobilienaktien** an. Diese Anlageprodukte bilden einen bestimmten Immobilienindex ab und werden börsentäglich gehandelt. Viele dieser ETFs besitzen als Basiswert Indizes von FTSE EPRA/NAREIT oder Stoxx.

Der größte Unterschied liegt in der Auswahl der Unternehmen. In den **FTSE EPRA/NAREIT** kommen nur Firmen, die mindestens 75 % ihrer Erträge direkt mit Immobilien erzielen, sei es mit der Vermietung, dem Handel oder der Entwicklung. Die Finanzierung von Gebäuden oder das Projektmanagement fallen nicht darunter. Somit schließt der Index börsennotierte Gesellschaften aus, die sich direkt oder indirekt mit dem Kauf von Hypotheken oder Pfandbriefen befassen. Die **Stoxx-Indizes** erlauben dagegen auch solche Dienstleistungen. Die Indizes beziehen sich auf verschiedene Länder und Regionen. So können die Anleger Risiken auch geografisch streuen.

## Eine breite geografische Streuung ist problemlos möglich

Immobilien-ETFs sind, im Gegensatz zu vielen anderen Investitionsformen in Immobilien, höchst liquide, da sie börsentäglich gehandelt werden können. Es ist empfehlenswert, das Engagement über verschiedene Regionen zu streuen. Der am breitesten gefächerte Index, der Immobilien-Unternehmen beinhaltet, ist der **MSCI World Real Estate Index.** Dieser bildet die 80 nach Marktkapitalisierung größten Unternehmen der weltweiten Immobilienbranche ab.

Wer dagegen eine bestimmte Anlageregion bevorzugt, kann in regional fokussierte Indizes investieren, wie beispielsweise den **MSCI Europe Real Estate Index** oder den **MSCI AC ASIA ex JAPAN Index.** Letzterer beinhaltet beispielsweise nur Immobilienunternehmen aus dem asiatischen Raum mit Ausnahme von Japan.

**!** Bei der Investition in Immobilien-ETFs geht ein Teil des Diversifikationsgewinns, den Anleger durch die Investition in Immobilien erreichen wollen, wieder verloren. Dies hängt damit zusammen, dass durch die Anlage in Immobilienaktien das Aktienmarktrisiko nicht umgangen werden kann. Börsennotierte Immobilienunternehmen unterliegen, wie alle anderen Aktiengesellschaften auch, den täglichen Schwankungen an der Börse. Doch erhalten Anleger durch Immobilien-ETFs einen bequemen Zugang zu Immobilieninvestitionen, ohne gleich ganze Liegenschaften kaufen zu müssen.

## Interessante ETFs auf Immobilienaktien

| Basiswert | WKN | Gebühren p.a. |
|---|---|---|
| EPRA Eurozone | A0ERY9 | 0,40 % |
| EPRA Asia Property | A0LEQL | 0,59 % |
| EPRA US Property | A0LEW6 | 0,40 % |
| Dow Jones Global Real Estate | A1J3PB | 0,40 % |

! Engagements in bestimmte ausländische Immobilienaktien, wie z.B. US-Papiere, sind immer mit Währungsrisiken/-chancen verbunden. Kursschwankungen des Euros gegenüber dem US-Dollar verringern bzw. erhöhen den Wert der Anteile. Beim Kauf sollten Sie daher darauf achten, dass Sie bei den eingegangenen Währungsrisiken auf eine ausgewogene Verteilung in Ihrem Depot achten.

## 1.6 Mit Exchange Traded Funds von den knapper werdenden Bodenschätzen und Agrarrohstoffen profitieren

Auch Exchange Traded Funds bewahren Anleger nicht vor den besonderen Fallstricken, die bei der Anlage in Rohstoffen lauern. Oft klafft eine größere **Lücke bei der Wertentwicklung** zwischen dem als Basiswert hinterlegten Rohstoffindex und der tatsächlichen Entwicklung an den Terminmärkten.

Grund für diese Lücke ist eine Besonderheit von Rohstoffinvestments. Die ETFs berechnen sich nicht nach dem Wert z.B. von realen Säcken Mais oder von Schweinehälften, sondern nach dem Wert von **Rohstoff-Futures.**Das sind **standardisierte Verträge,** die an den **Terminbörsen** gehandelt werden und regeln, zu welchem Zeitpunkt und zu welchem Preis welche Menge des entsprechenden Rohstoffs geliefert werden muss. Doch an dem vereinbarten Liefertermin wollen die Indexanbieter natürlich nicht Baumwoll-Ballen oder Kupferdraht-Rollen vor der Tür stehen haben. Sie verkaufen deshalb den Future in der Regel kurz vor dem Ende der Laufzeit wieder. Der Verkaufserlös wird direkt in einen neuen Future mit späterer Fälligkeit investiert.

Ohne diesen regelmäßigen Wechsel könnten die Emittenten weder Rohstoffzertifikate noch Rohstoff-ETFs ohne Laufzeitbegrenzung anbieten. Liegen nun beim Future-Wechsel die Preise der länger laufenden Kontrakte über denen der früher fälligen (sog. Contango), bekommt der Käufer für seinen Future eine geringere Menge an

Rohstoffen als Gegenwert. Der Fachmann spricht in diesem Fall von einer »**negativen Rollrendite**«. Dieser Verlust schlägt sich im ETF nieder. Anleger sollten also nicht glauben, dass sie mit einem Rohstoff-ETF zu 100 % von steigenden Preisen profitieren (natürlich kann auch der umgekehrte Fall eintreten, dass der nachfolgende Future-Kontrakt billiger gehandelt wird, sog. Backwardation).

! Umso wichtiger ist es für Langfristinvestoren, Papiere auf Rohstoffindizes zu wählen, die den sog. Total-Return-Index berechnen. Bei diesen Indizes fließen neben den Rohstoffpreisen und den Gewinnen oder Verlusten beim Future-Wechsel auch Zinserträge ein. Denn beim Future-Kauf über die Terminbörse muss nur ein geringer Prozentsatz der Anlagesumme als Sicherheit hinterlegt werden. Der Rest wird zinsbringend angelegt. Bei Total-Return-Indizes kassiert dieses Zubrot nicht der Emittent, sondern der Käufer der ETFs.

## Exchange Traded Commodities

Seit einiger Zeit sind auf der elektronischen Handelsplattform Xetra auch sog. Exchange Traded Commodities **(ETCs)**handelbar. Auf den ersten Blick sehen diese Papiere wie Rohstoff-ETFs aus, sind es aber nicht. Der wesentliche Unterschied ist die rechtliche Struktur der ETCs: ETCs sind unbefristete, besicherte Schuldverschreibungen des jeweiligen Emittenten und nicht Sondervermögen in Form einer Fondsstruktur wie bei ETFs. Ihr Nachteil gegenüber ETFs ist das Risiko, dass der Emittent von ETCs insolvent wird und das Geld dann im schlimmsten Fall verloren ist.

## Sonderfall »Rogers International Commodity Index«

Einen Sonderfall stellt der ETF auf den »Rogers International Commodity Index« (WKN: A0JK68) dar. Dieser als **Total-Return** konzipierter Index wurde von dem weltweit bekannten Profispekulanten Jim Rogers konstruiert. Der US-Amerikaner Rogers hatte frühzeitig das Potenzial der Emerging Markets und der Rohstoffmärkte entdeckt. Rogers empfiehlt, breit gestreut direkt in die Rohstoffe zu investieren. Sein Index setzt sich aus 36 Rohstoffen zusammen. Dazu gehören Agrarprodukte wie Getreide, Energie wie Erdöl und Erdgas sowie Metalle wie Gold, Aluminium und Kupfer. Die Zusammensetzung des Index wird jährlich im Dezember überprüft und bei Bedarf für das darauffolgende Jahr angepasst. Die jährlichen Verwaltungsgebühren betragen 0,70 %.

! Anleger, die nicht wissen, ob sie nun besser Öl, Gold oder vielleicht doch Weizen kaufen sollen, greifen zu dem ETF auf den »Rogers International Commodity Index« (WKN: A0JK68). Da der Index in US-Dollar notiert und der ETF in Euro, ist die Anlage nicht gegen Währungsschwankungen gesichert. Kursverluste des US-Dollars gegenüber dem Euro verringern den Kurs des ETF. Legt dagegen der US-Dollar gegenüber dem Euro zu, dann erhöht das den Wert der Anteile.

## 1.7 Der ARERO-Weltfonds: Aktien, Renten, Rohstoffe – alles in einem Papier vereint

Viele Privatanleger möchten mit ihrem Depot eine solide Mischung aus langfristig hoher Rendite bei möglichst geringen Schwankungen und Risiken erzielen. Doch es ist nicht jedermanns Sache, ein nach Anlageklassen und Ländern breit aufgestelltes Portfolio aufzubauen und zu überwachen. Die Idee, dies Privatanlegern mit einem einzigen Produkt möglichst gebührengünstig zu ermöglichen, hat Martin Weber, Professor für Finanzwirtschaft an der Uni Mannheim, in seinem **ARERO – Der Weltfonds** (WKN: DWS0R4) umgesetzt. Dazu baut der Fonds bedeutende Indizes aus den Anlageklassen Aktien, Renten und Rohstoffe nach.

Die Bezeichnung ARERO steht für **A**ktien, **Re**nten und **Ro**hstoffe, die drei Anlageklassen, die der Fonds abdeckt. Die Anlagegelder werden zu 60 % in weltweite Aktien, zu 25 % in europäische Rentenpapiere und zu 15 % in Rohstoffe investiert. Der ARERO verfolgt einen passiven Investmentansatz. Das bedeutet, der Fonds partizipiert an der Wertentwicklung von Aktien, Renten und Rohstoffen über die Nachbildung breit gestreuter Indizes. Darüber hinaus findet kein weiteres aktives Fondsmanagement statt. Einer der Vorteile dieser Philosophie sind die geringen jährlichen Verwaltungskosten von 0,50 %.

Der **Aktienanteil** setzt sich aus **vier verschiedenen MSCI-Indizes** zusammen:

- dem MSCI Europe,
- dem MSCI Emerging Markets,
- dem MSCI North America und
- dem MSCI Pacific.

Die Gewichtungen innerhalb des fixen Aktienanteils von 60 % werden jährlich angepasst.

## 1.8 Short Exchange Traded Funds: Gewinne erzielen bei fallenden Kursen

Eine der beliebtesten Profi-Strategien am Aktienmarkt ist der sog. **Leerverkauf,** mit dem Anleger bei fallenden Kursen Gewinne erzielen können. Allerdings war dieser Ansatz lange Zeit nur institutionellen Investoren vorbehalten. Das hat sich geändert. Mittlerweile können auch Privatanleger auf einfache Weise mit dem Kauf sog. Short Exchange Traded Funds auf fallende Kurse setzen. Wer noch mehr Nervenkitzel braucht, kann sogar mit **Hebelwirkung** auf sog. **Leveraged-Short-ETFs** setzen. Die Konstruktion von Short-ETFs ist allerdings nicht ganz so einfach wie die eines klassischen auf steigende Kurse setzenden ETFs.

Wer in Short-ETFs investiert, sollte deren Funktionsweise gut kennen. Denn aufgrund einer rechnerischen Feinheit können sich Short-ETFs als Falle für Anleger entwickeln, die diese Produkte länger als nur wenige Wochen besitzen. Über längere Zeiträume sind nämlich größere Abweichungen vom zugrunde liegenden Index möglich. So können Sie auf längere Sicht mit Short-Indexfonds selbst bei fallenden Märkten statt der konstruktionsbedingt zu erwartenden Gewinne Verluste erzielen.

Grund für die Verzerrungen sind die **Tücken der Prozentrechnung.** Steigt z.B. der Index an einem Tag um 3 % und fällt er am nächsten Tag um 5 %, sind das in Summe minus 2,15 %. Ein ungehebelter Short-ETF würde am ersten Tag 3 % verlieren und am nächsten Tag 5 % zulegen. Macht am Ende plus 1,85 %, 0,3 Prozentpunkte zu wenig. Wie sehr Hebel-ETFs solche Verzerrungen verstärken, zeigt die nächste Rechnung: Ein doppelt gehebelter Leveraged-Short-ETF hätte am ersten Tag 6 % verloren, am Tag darauf aber 10 % gewonnen. Macht insgesamt plus 3,4 %. 4,3 % wären linear aber richtig gewesen.

Der **Anbieter XTracker** (Deutsche Bank) hat seine Short-ETFs mit dem **Zusatz »Daily«** versehen. So soll klar werden, dass die Produkte sich nur zur Kurzfristspekulation eignen.

Short Exchange Traded Funds eignen sich nur für erfahrene und gut informierte Anleger. Da solche Papiere auf längere Sicht eine schwer zu kalkulierende Wertentwicklung liefern, sind diese eher für den täglichen Handel oder Haltefristen von wenigen Wochen oder Tagen geeignet.

## 1.9 Smart-Beta Exchange Traded Funds: Mit ausgeklügelten Konzepten den Gesamtmarkt schlagen

Alternativ gewichtete ETFs sind durchaus für Privatanleger geeignet. Diese sollten allerdings sichergehen, dass die Produkte ihren Bedürfnissen tatsächlich weiter entgegenkommen als traditionelle Indexfonds. ETFs auf **optimierte Indizes** sind in der Regel nämlich teurer als solche auf herkömmliche Indizes. Zum Teil verlangen Anbieter von Smart-Beta Exchange Traded Funds höhere jährliche Verwaltungsgebühren. Oft ist auch der Spread (Differenz zwischen An- und Verkaufskurs) zu herkömmlichen ETFs deutlich höher. Damit eignen sich Smart-Beta Exchange Traded Funds nur für längerfristig orientierte Investoren.

Smart-Beta Exchange Traded Funds gehören zu einer wachsenden Gruppe neuartiger Indexfonds. Diese neuen ETFs wollen noch flexibler auf die Bedürfnisse der Anleger reagieren und erweitern deshalb das ursprüngliche Konzept. Ihre Wertentwicklung folgt nicht einem allseits bekannten Index wie z.B. dem DAX oder dem EuroStoxx50. Stattdessen bilden diese ETFs einen Index ab, der von der Fondsgesellschaft nach bestimmten Regeln berechnet wird. Letztendlich soll so eine bessere Wertentwicklung erreicht werden.

Diese **»intelligenten Indizes«** bilden zwar den gleichen Markt ab wie z.B. der DAX, orientieren sich aber bei der Gewichtung der einzelnen Indexmitglieder nicht an der Marktkapitalisierung der Aktien, sondern verwenden alternative Kriterien bei der Indexzusammenstellung. Das Ziel dieser Ansätze bei Smart-Beta-ETFs: mehr Rendite mit geringerem Risiko zu erzielen.

Kein Wunder, dass die neuen Fonds in der anhaltenden Rendite-Dürre bei Anlegern gut ankommen. Die Mittelzuflüsse in die schon bestehenden Produkte sind beträchtlich. Wie smart die neuen Fonds und Indizes wirklich sind, ist anhand der erst kurzen Existenz dieser Produkte noch nicht eindeutig geklärt. **Rückrechnungen** zeigen immerhin beeindruckende Ergebnisse. Vor allem bei längeren Investitionszeiträumen brachten neuartige Indizes in den vergangenen 10 bis 15 Jahren häufig eine bessere Wertentwicklung als traditionelle Indizes, die anhand der Marktkapitalisierung gewichtet werden.

Zumindest theoretisch lässt sich nachvollziehen, warum Indizes, die sich in ihrer Zusammensetzung an der Marktkapitalisierung orientieren, so leicht zu schlagen sind. Der primäre Zweck eines Aktienindex ist es, möglichst repräsentativ das Geschehen an der jeweiligen Börse widerzuspiegeln. Eine Gewichtung anhand der Marktkapitalisierung ist dafür im Grunde zwingend erforderlich. Bestimmt jedoch der Börsenwert eines Unternehmens sein Gewicht im Index, kommt es zu einer systematischen **Übergewichtung hoch bewerteter Aktien** und zu einer systematischen Untergewichtung niedrig bewerteter Aktien. Steigt eine Aktie dann stärker als der Markt, wird sie im Index immer höher gewichtet. Fällt ihr Wert, wird der Anteil reduziert. Im Prinzip folgt der Index damit der gefährlichen Strategie »Teuer kaufen, billig verkaufen«.

Für die sog. Smart-Beta-ETFs haben sich vor allem **zwei alternative Methoden der Indexnachbildung** durchgesetzt:

- Alle Aktien werden im Index gleich gewichtet.
- Die Aktien werden entsprechend ihrem Risiko im Index gewichtet.

**!** Ein namhafter ETF-Vertreter der gleich gewichteten Indizes ist der **db Xtrackers S&P 500-Equal Weight ETF** (WKN: A1106A) der Deutschen Bank. Dieser enthält die 500 Aktien des klassischen US-Leitindex S&P 500 zu jeweils gleichen Teilen. Die Fondsgesellschaft Ossiam bietet den **Stoxx-Europe-600-Index** (WKN: A1JH12) als Smart-Beta-ETF an.

Bei der anderen Variante der Smart-Beta-Indizes bestimmt dagegen das Risiko der Aktien, gemessen anhand ihrer Schwankungsfreude **(Volatilität)**, das Gewicht der einzelnen Titel.

Dazu wurde der **Low-Volatility-Index** konstruiert. In diesen Index kommen nur jene Aktien des Standardindex, die in den vergangenen 12 Monaten die niedrigste Volatilität aufwiesen. So enthält der S&P-500-Low-Volatility-Index genau die 100 Aktien des traditionellen S&P-500-Index mit der geringsten Volatilität. Zusätzlich werden die Unternehmen im Low-Volatility-Index nicht nach ihrem Börsenwert, sondern nach ihrer **historischen Volatilität** gewichtet. Schwankt eine Aktie nur wenig, ist ihr Anteil im Index besonders groß. Viermal im Jahr werden die Aktien im Index gemäß ihrer Volatilität neu gewichtet. Um extreme Klumpenrisiken zu verhindern, gibt es dabei eine Obergrenze pro Aktie: Keine Aktie darf mehr als 4 % Gewicht im Portfolio erhalten. Eine Begrenzung des Gewichts einer einzelnen Branche gibt es jedoch nicht. Deshalb können manche Sektoren eine dominante Stellung im Index einnehmen.

! Stellvertretend für diese Anlagevariante der Indexgewichtung entsprechend ihrem Risiko steht **der Low-Volatility-ETF State Street** (WKN: A1J3PA). Er basiert auf dem traditionellen S&P 500-Index für den US-Aktienmarkt. Alternativ gewichtete ETFs sind durchaus für Privatanleger geeignet. Diese sollten allerdings sichergehen, dass die Produkte ihren Bedürfnissen tatsächlich weiter entgegenkommen als traditionelle Indexfonds. ETFs auf optimierte Indizes sind in der Regel nämlich teurer als solche auf herkömmliche Indizes. Zum Teil verlangen Anbieter von Smart-Beta Exchange Traded Funds höhere jährliche Verwaltungsgebühren. Oft ist auch der Spread (Differenz zwischen An- und Verkaufskurs) zu herkömmlichen ETFs deutlich höher. Damit eignen sich Smart-Beta Exchange Traded Funds nur für längerfristig orientierte Investoren.

# 2 Exchange Traded Funds: Einfach, transparent und kostengünstig

## 2.1 Verschiedene Varianten der Indexnachbildung

Die Entwicklung eines Index möglichst exakt 1:1 abzubilden, ist nicht so einfach, wie es sich anhört. Die Produktanbieter greifen dabei auf **drei verschiedene Varianten** zurück.

### Direktabbildung (»Full Replication«)

Bei der »traditionellen« Variante werden die ETFs exakt dem Index nachgebaut. Jede einzelne Aktie des Index wird mit ihrem entsprechenden Gewicht am Markt gekauft und zum ETF zusammengefasst. Diese Vorgehensweise wird auch als Direktabbildung oder **»Full Replication«** bezeichnet.

Volle Replikation bedeutet, dass ein ETF tatsächlich **alle Wertpapiere besitzt, die auch in dem Index enthalten sind,** den der Fonds abbildet. Verfolgt ein voll replizierender ETF also die Wertentwicklung des DAX, dann enthält er zu jeder Zeit 30 Aktien. Der Anteil jeder einzelnen Aktie am Fondsvermögen ist genauso groß wie die Gewichtung dieser Aktie im Dax-Index.

Die **Zusammensetzung von Indizes** ändert sich in regelmäßigen Abständen: Aktien werden neu aufgenommen oder verlassen einen Index. Wenn das passiert, vollzieht der ETF die Bewegungen im Index nach – durch den Kauf oder Verkauf von Wertpapieren. Das geschieht allerdings nicht allzu häufig. Die Zusammensetzung des deutschen Leitindex DAX etwa wird viermal jährlich überprüft.

Der größte **Nachteil dieses Verfahrens** zur Abbildung eines Index sind die **Kosten** – vor allem bei Indizes, die sehr viele verschiedene Aktien enthalten. So besteht der europäische Aktienindex DJ Stoxx 600 seinem Namen gemäß aus 600 Einzelaktien. Der MSCI World umfasst sogar mehr als 1.800 Werte. Zur Abbildung solcher Indizes müssen Fonds also relativ häufig Aktien kaufen und verkaufen – und dabei Gebühren und andere Kosten in Kauf nehmen. Hinzu kommen mögliche Nachteile durch die Besteuerung von Dividenden oder die Verzögerung von Dividendenzahlungen an den Fonds, die den Index selbst nicht betreffen. All dies kann negative Auswirkungen auf die Wertentwicklung haben.

## Sampling-Methode

Bei dieser Indexnachbildungsmethode kaufen die ETF-Manager nicht alle Wertpapiere eines Index, sondern **nur diejenigen, die für dessen Wertentwicklung entscheidend sind.** Die Kunst besteht darin, die Aktien so auszuwählen, dass sie die Index-Performance möglichst genau wiedergeben. Deshalb werden die größten und liquidesten Titel genommen, die am stärksten zur Wertentwicklung beitragen. Die Erfahrung zeigt, dass sich auf diese Weise mit rund einem Drittel aller Aktien eines Index dessen Performance gut nachbilden lässt. Die Sampling-Methode spart im Vergleich zur Vollreplikation zwar Kosten, schneidet jedoch naturgemäß bei der **Genauigkeit der Indexabbildung** mit einem potenziell höheren Tracking Error etwas schlechter ab.

## Swap-Methode

Die andere Variante der Indexnachbildung sind die sogenannten Swap-basierten ETFs **(synthetische Nachbildung).** Hierbei wird die Performance des unterliegenden Index von einem Swap-Partner garantiert. Dieser »tauscht« die Performance des Index gegen die Performance eines Portfolios, das mit dem Mittelzufluss aufgebaut wird.

Ein synthetisch replizierender ETF setzt sich im Grundsatz aus zwei Bestandteilen zusammen: einem Korb von Aktien oder Renten und einem **derivativen Tauschgeschäft zwischen zwei Vertragspartnern – dem Swap.** Bei in Deutschland zugelassenen ETFs darf der Anteil der Swaps am Fondsvermögen 10 % nicht übersteigen. Der Wertpapierkorb macht also zu jedem Zeitpunkt mindestens 90 % des Nettoinventarwertes (NAV) eines synthetisch replizierenden ETF aus.

Für die Zusammenstellung des Wertpapierkorbs wählen die Fondsmanager bevorzugt **liquide Aktien** aus, die in großen Mengen an der Börse gehandelt werden. Auch setzen sie vor allem auf in Euro gehandelte Aktien, um mögliche Kosten für eine Währungsabsicherung zu vermeiden.

Im Unterschied zu vollständig nachgebildeten ETFs kaufen Swap-basierte Fonds nicht unbedingt Aktien aus dem Index, den der Fonds abbildet. So kann der Anbieter eines Swap-basierten DAX-ETF zum Beispiel auch in japanische Aktien investieren. Über das **Ausgleichsgeschäft** partizipiert der Anleger jedoch wieder ausschließlich an der Wertentwicklung des Deutschen Aktienindex. Die Vorteile dieser ETF-Struktur bestehen darin, dass indexfremde Kosten wie beispielsweise Handelsspesen zur möglichst exakten Nachbildung des zugrunde liegenden Basiswertes oder Steuern auf Dividenden weitgehend vermieden werden. Eine laufende Anpassung des Aktienportfolios an den Index ist nicht mehr vonnöten.

Zudem sind die Abweichungen bei der Indexnachbildung **(Tracking Error)** eines Swap-ETFs in der Regel geringer als die eines klassischen Index-ETFs. Ein einmal festgelegter Aktienkorb wird später so wenig wie möglich verändert. Ausnahmen bilden etwa Dividendenzuflüsse oder Zuflüsse zusätzlicher Gelder von Anlegern, die zu einer Erhöhung des Fondsvermögens führen.

### 2.1.1 So werden beim Swap Performance-Unterschiede ausgeglichen

Ein Swap ist eine Vereinbarung zwischen zwei Vertragspartnern **zum Tausch zukünftiger Zahlungsströme.** Will eine Fondsgesellschaft mit einem ETF beispielsweise den deutschen Aktienindex DAX nachbilden, dann geht sie mit einem Vertragspartner die Vereinbarung ein, die zukünftige Performance des vom Fonds gehaltenen Aktienkorbes gegen die künftige Performance des DAX zu tauschen.

Die Ausgangssituation bei einem Swap ist folgende: Sowohl der nachzubildende Index als auch der Aktienkorb bekommen einen Wert zugewiesen, etwa den Wert 100. Die Differenz zwischen beiden Werten stellt den Wert des Swaps dar. Zu Beginn liegt dieser Wert bei 0 – es gibt noch keine Performance-Unterschiede zwischen Aktienkorb und Index.

Im Laufe der Zeit können sich sowohl der Wert des vom Fonds gehaltenen Aktienkorbes als auch der Wert des nachzubildenden Index verändern. Dadurch verändert sich auch der Wert des Swaps. Steigt zum Beispiel der Index von 100 auf 105, während der Wert des Aktienkorbes gleich bleibt, hat der Swap einen Wert von 5 (entsprechend 105 – 100). Der **Nettoinventarwert** des Fonds liegt dann bei 105 und entspricht genau dem Indexwert, weil der Wert des Swaps zum Wert des Aktienkorbes addiert wird. Der Anteil des Swaps am Fondsvermögen beträgt 4,76 %.

Natürlich ist auch das umgekehrte Szenario denkbar: Der Wert des vom ETF gehaltenen Aktienkorbes bleibt gleich, während **der nachzubildende Index sinkt.** In diesem Fall wirkt der Mechanismus umgekehrt: Wenn der Nettoinventarwert des Aktienkorbes bei 100 verharrt und der Index gleichzeitig auf 95 sinkt, dann beträgt der Wert des Swaps minus 5. Der Nettoinventarwert des Fonds insgesamt fällt dadurch mit dem Index auf 95. Der Anteil des Swaps liegt bei minus 5 %.

## Die Auflösung des Swaps

Was passiert nun, wenn der Wert des Swaps so weit steigt, dass er den höchsten erlaubten **Anteil von 10 % am Nettoinventarwert** des Fonds zu überschreiten droht? In diesem Fall führt die Fondsgesellschaft eine Auflösung **(Reset)** des Swaps durch. Sie löst den Swap-Kontrakt auf und schließt mit ihrem Kontrahenten einen neuen Vertrag ab. Hat der Index zum Zeitpunkt des Resets einen höheren Wert als der Aktienkorb, dann gleicht die Fondsgesellschaft die Differenz aus, indem sie neue Aktien kauft. Hat der Aktienkorb einen höheren

Wert als der Index, verkauft sie Aktien. Anschließend sind die Werte von Aktienkorb und nachzubildendem Index wieder identisch. Der Swap hat erneut einen Wert von 0. Der Reset des Swaps kann jederzeit erfolgen, sobald der Swap-Wert sich der kritischen Schwelle von 10 % nähert. Nach dem Reset bestehen keine offenen Forderungen mehr zwischen dem Fonds und dem Swap-Kontrahenten.

## 2.1.2 Mögliche Risiken von Swap-ETFs

Der Swap-Kontrahent liefert die Performance des zu replizierenden Index gegen ein Entgelt. Es können Swap-Verträge mit einem oder mehreren Swap-Kontrahenten gleichzeitig geschlossen werden. Bei mehreren Kontrahenten verteilt sich das **Bonitätsrisiko** auf mehrere Parteien. Wenn ein Swap-ETF nur einen Kontrahenten hat, ist dies oft die Partner-/Mutterbank des ETF-Anbieters. Das Risiko liegt dabei im Ausfall des Swap-Kontrahenten (Bonitätsrisiko) für Zahlungsverpflichtungen, die nicht durch Sicherheiten hinterlegt sind. Das Kontrahenten-Risiko ist laut gesetzlicher Bestimmungen auf 10 % des Netto-Inventarwertes (NIW) begrenzt. Die Sicherheiten werden dabei auf täglicher Basis zu Marktpreisen bewertet.

Im Fall einer Insolvenz eines Swap-Kontrahenten kommt ein Anleger nur dann zu Schaden, wenn **unbesicherte Forderungen gegenüber dem Kontrahenten bestehen.** Als Swap-Kontrahenten fungieren namhafte Großbanken, wie z.B. die Deutsche Bank. Daraus ergibt sich eine sehr geringe Wahrscheinlichkeit für den Eintritt eines solchen Szenarios. Die im **Sicherheitskorb** hinterlegten Papiere dienen dem Anleger im Falle einer Insolvenz des ETF-Anbieters als Sicherheit für die Rückzahlung des investierten Kapitals. Oft werden Blue-Chip-Aktien oder von der Bonität her erstklassige Staatsanleihen dafür verwendet.

### 2.1.3 Mögliche Gefahren von vollständig nachbildenden ETFs

Wenn Anleger heute über die Risiken von ETFs sprechen, haben sie zumeist das **derivative Risiko von sogenannten Swap-ETFs** im Sinn. Die meisten Anbieter dieser Produkte haben jedoch inzwischen auf den Druck der Investoren reagiert und für Transparenz gesorgt: Was in den Swap-ETFs tatsächlich steckt, ist heute für Investoren oft auf täglicher Basis auf den Websites der Anbieter einsehbar.

Bei den physisch replizierenden ETFs können **Risiken durch Verleihgeschäfte** schlummern. Bei Wertpapierleihgeschäften überlässt der Verleiher einem Entleiher gegen eine Gebühr Wertpapiere für einen bestimmten, meist kurzen Zeitraum. Dabei bleibt das Papier jedoch im Besitz des Verleihers. Rechtlich gesehen handelt es sich also um eine Art **Darlehen.** Verleiher sind große Händler, Banken oder eben die Emittenten von Exchange Traded Funds. Entleiher sind meist andere Händler. Der Verleiher verlangt für die überlassenen Wertpapiere in der Regel eine Kreditsicherheit in Form von Geld oder anderen Wertpapieren. Das Leihgeschäft läuft bei den meisten Exchange Traded Funds indirekt ab – über einen Vermittler, meist eine Depot- oder Investmentbank. In manchen Fällen ist jedoch die vermittelnde Bank selbst Entleiher der Papiere. Der Sinn der Wertpapierleihe: Über die Wertpapierleihe können **zusätzliche Erträge** erwirtschaftet werden.

Die ETF-Anbieter, die Wertpapierleihe betreiben, sichern sich standardmäßig ab. Das **Risikomanagement** umfasst die Besicherung der verliehenen Wertpapiere mit zumeist erstklassigen Sicherheiten, sowie eine sorgfältige Auswahl der Kontrahenten, mit denen die Leihgeschäfte eingegangen werden. Allerdings verbleibt bei diesen Leihgeschäften ein Restrisiko, das in vielerlei Hinsicht an die Restrisiken bei den Geschäften der Swap-ETFs erinnert. Ungeachtet aller Absicherungsschritte könnten dem Anleger Nachteile drohen, sollte der Entleiher insolvent werden.

### 2.1.4 Kauf von Swap-ETFs oder vollständig nachbildenden Papieren?

Durch den Kniff mit dem Tauschgeschäft verliert ein Swap-ETF an Transparenz. Der Anleger kann hier schwerer nachvollziehen, auf welchen Umwegen und mit welchen Aktien als Gegenforderung ein Index abgebildet wird. Dies führte auch zuletzt dazu, dass immer mehr Anleger sich den physisch abbildenden ETFs (also ETFs mit vollständiger oder optimierter Indexabbildung) zuwenden. Die ETF-Anbieter haben diesen Trend inzwischen erkannt und begonnen die Produktpalette nach und nach umzustellen. Aber ganz ohne Swap-ETFs geht es weiterhin nicht.

! Viel wichtiger als die Art der gewählten Indexnachbildung ist jedoch, dass der entsprechende ETF zu Ihrer gewählten Anlagestrategie und Aufteilung bzw. Gewichtung nach Anlageklassen passt. Ist dies der Fall und zu dem zugrunde liegenden Index gibt es mehrere ETFs zur Auswahl, dann spielen bei der Investitionsentscheidung die jährlichen Verwaltungsgebühren und die Art der Indexnachbildung eine Rolle. Wenn das vorhandene Kapital und das Anlagethema es zulässt, dann sollten die ETFs im eigenen Depot am besten von verschiedenen Anbietern stammen. Auch eine Mischung von Swap-basierten und vollständig nachbildenden ETFs ist denkbar. Problematischer mit der Risikostreuung wird es, wenn großer Wert auf regelmäßige Ausschüttungen gelegt wird. Bei Exchange Traded Funds mit regelmäßigen Ausschüttungen wird meist die vollständige Indexnachbildung verwendet.

# 3 Ansparpläne mit Exchange Traded Funds: Mit kleinen Sparraten günstig ein Vermögen aufbauen

## 3.1 Mit dem Abschluss eines Sparplans der mangelnden Spardisziplin begegnen

Die **Rentenlücke,** das wurde den Bundesbürgern in den vergangenen Jahren immer wieder eingetrichtert, wird kommen. Fast jeder künftige Rentner wird im Ruhestand deutlich weniger in der Tasche haben als bei Überweisung seines letzten Nettogehalts. Wegen der **ungünstigen demografischen Entwicklung** in den kommenden Jahrzehnten werden die staatlich gewährten Altersbezüge noch weiter absinken.

Doch es kommt noch schlimmer: Wie das **Deutsche Institut für Altersvorsorge (DAI)** in einer Studie vorrechnete, knabbert ein weiterer Faktor an der Kaufkraft der zukünftigen Privatiers: die von vielen unterschätzte **Gefahr der Inflation.** Besonders betroffen von den Folgen der Inflation sind die personalintensiven Dienstleistungen im Bereich von Pflege und Gesundheit, das trifft vor allem künftige Ruheständler. Die Rentenlücke für ein typisches Rentnerpaar erhöht sich daher um bis zu 179,– € im Monat auf 508,– €, folgert das DAI. Andere Schätzungen bescheinigen dem Durchschnittsdeutschen gar Einbußen von weit über 40 % des letzten Bruttoeinkommens. Wer nicht bis zum vorgeschriebenen Renteneintrittsalter von 67 arbeiten will, muss mit noch höheren Abschlägen rechnen.

Ein möglicher Lösungsweg aus dem Dilemma, eine **rechtzeitige Altersvorsorge** zu gewährleisten, ist – unter Berücksichtigung der gegenwärtig mangelnden Anlagealternativen – die **Vorsorge u.a. mithilfe von Aktien.** Die Rentenlücke zwingt so viele dazu, sich stärker am Kapitalmarkt zu engagieren.

An der hierzu erforderlichen **Spardisziplin** scheitern oftmals aber sogar gut verdienende Singles oder kinderlose Doppelverdiener, obwohl denen eine nachhaltige Vermögensbildung eigentlich verhältnismäßig einfach fallen sollte. Oft sind die Gründe, den Aufbau eines ordentlichen finanziellen Polsters zu verschieben, schlicht zu überzeugend: Entweder ist es z.B. die gerade unübersichtliche Lage an den Kapitalmärkten, der geplante Kauf dringend benötigter Konsumgüter, die teure Autoreparatur oder die hohen Kosten des bevorstehenden Sommerurlaubs. Ausreden sind schnell gefunden.

Das beste Mittel gegen die mangelnde Spardisziplin ist der **Abschluss eines Ansparplans.** So wird automatisch Monat für Monat – am besten per Dauerauftrag – ein zuvor festgelegter Betrag eingezahlt. Immer beliebter werden dabei Ansparpläne, die vor allem von Direktbanken auf sog. **Exchange Traded Funds (ETFs)** angeboten werden. Diese Papiere bilden in der Regel nur die Wertentwicklung bestimmter Börsenindizes passiv nach. Durch den Verzicht auf aktives Fondsmanagement können sie deshalb deutlich günstiger angeboten werden als klassische Investmentfonds mit aktivem (und deshalb teurerem) Fondsmanagement.

## 3.2 Dank der enttäuschenden Performance aktiver Investmentfonds setzen immer mehr auf einen marktbreiten Index

Immer mehr Privatanleger entdecken die Vorteile von Exchange Traded Funds. Diese Papiere **spiegeln die Wertentwicklung eines Aktien-, Anleihe- oder Rohstoffbarometers wider** und lassen sich einfach an der Börse kaufen und verkaufen. Während aus den aktiv verwalteten Aktienfonds in den letzten Jahren viele Milliarden Euro abgezogen wurden, konnten im Gegenzug die passiv verwalteten ETFs Milliarden einsammeln. Exchange Traded Funds gelten wie herkömmliche Fonds als **Sondervermögen,** sind also im Fall der Insolvenz einer Kapitalanlagegesellschaft geschützt. Sie lassen sich einfach und schnell über die Börse handeln und punkten im direkten Vergleich zu den aktiv gemanagten Portfolios mit deutlich günstigeren Gebühren.

## Aktives Fondsmanagement kann oft den Markt nicht schlagen

Viele Anleger, die mit Ansparplänen für das Alter vorsorgen wollen, setzen inzwischen lieber auf die **Wertentwicklung marktbreiter Indizes** als auf die **individuellen Anlageentscheidungen einzelner Fondsmanager.** Denn Investmentfonds, die durch aktives Anlagemanagement versuchen, besser als der Markt abzuschneiden, scheitern allzu oft an dieser Hürde. Zahlreiche Studien geben den Anhängern von Exchange Traded Funds recht: Die Mehrzahl der aktiven Portfoliomanager schlägt nicht den Markt.

Zwar können in Abwärtsphasen Fondsmanager häufig die Verluste begrenzen. Doch den Performancevorteil verlieren sie meist in der nachfolgenden Aufschwungphase. Auch das **Münchner Institut für Vermögensaufbau** kam in einer Studie zu dem Ergebnis, dass innerhalb einer mehrere Anlageklassen umfassenden Fondsstichprobe nur 22,35 % der analysierten Investmentfonds über 10 Jahre hinweg ein besseres Ergebnis erzielten als der zugrunde liegende Vergleichsindex (Benchmark).

## Bevorzugte ETFs

So liegen die Ansparpläne auf Exchange Traded Funds voll im Trend. Die Zahl der Anbieter wächst. Rund 150,– € im Monat zahlt der durchschnittliche Anleger im Rahmen eines ETF-Sparplans ein. Knapp drei Viertel der ETF-Sparpläne basieren auf Aktienfonds, 16 % sind Renten- und 6 % Rohstoff-ETFs. Bei Aktien-ETF-Sparplänen am meisten vertreten sind DAX-ETFs wie der **iShares DAX** (WKN: 593393), der **db x-trackers DAX** (WKN: DBX1DA) und der Deka DAX (WKN: ETFL01).

Beliebt sind zudem Emerging-Market-ETFs wie der **Lyxor ETF MSCI Emerging Markets** (WKN: LYX0BX), der **db x-trackers Emerging Markets** (WKN: DBX1EM) oder der **Deka MSCI Emerging Markets** (WKN: ETFL34). Erst danach kommt auf der Beliebtheitsskala der europäische Leitindex EuroStoxx50 mit dem **db x-trackers DJ EuroStoxx50** (WKN: DBX1ET).

**!** Einige Anbieter bieten nicht nur ETF-Ansparpläne, sondern auch ETC-Sparpläne (Exchange Traded Commodities) an. Von der Namensähnlichkeit sollten Sie sich nicht täuschen lassen. Bei ETCs handelt es sich um Rohstoff-Investments, die rein rechtlich gesehen keine Fonds, sondern Zertifikate (Schuldverschreibungen) sind. Das angelegte Kapital ist also nicht in einem Sondervermögen investiert. Bei einer Insolvenz des ETC-Emittenten kann so das Geld verloren sein, auch wenn teilweise spezielle Konstruktionen dieses Risiko ausschließen sollen.

## 3.3 Der Zinseszinseffekt: Lassen Sie die Zeit für sich arbeiten

Wer früher mit dem Sparen anfängt, hat am Ende mehr auf dem Konto. Denn schon mit überschaubaren Raten lassen sich beim Sparplan auf längere Sicht spürbare Erfolge erzielen. Mit dafür verantwortlich ist der **Zinseszinseffekt.** Werden die Zinszahlungen bzw. andere Kapitalerträge/Kursgewinne nicht verbraucht, dann stehen diese im Folgejahr als Anlagekapital zur Verfügung und bringen wiederum Erträge. Wenn die Kapitalerträge nicht entnommen werden, sondern auf das bereits vorhandene Kapital draufgepackt werden, entsteht der sog. Zinseszins-Effekt. Albert Einstein bezeichnete den Zinseszins-Effekt als »größte mathematische Entdeckung aller Zeiten«.

## So wirkt der Zinseszinseffekt

» Wer monatlich 100,– € spart und 3 % Zinsen erhält, hat nach fünf Jahren 6.474,– € auf dem Konto. Zinsertrag: 474,– €. Nach zehn Jahren sind es bereits 13.980,– € Kapital. Der Zinsertrag liegt jetzt schon bei 1.980,– €. Nach 20 Jahren sind 32.768,– € auf dem Konto, davon 8.768,– € Zinsen. Nach 40 Jahren sind 91.952,– € Kapital zusammengekommen; 43.952,– € davon sind Zinsen und 48.000,– € eigene Einzahlungen.

Das Rechenbeispiel zeigt: Regelmäßiges Sparen **lohnt sich vor allem auf längere Sicht.** Je nach Sparrate und Zinssatz übersteigen die Zinsen ab einem bestimmten Zeitpunkt die eigenen Einzahlungen. Einen Wermutstropfen hat das Ganze allerdings: die Inflation. Sie entwertet langsam aber stetig das Geld. Bei 2 % Inflation besitzen die mühsam ersparten 92.000,– € nach 40 Jahren noch die gleiche Kaufkraft wie heute knapp 42.000,– €.

## Beim langfristigen Sparen spielen Kosten eine große Rolle

Während der Erfolg einer kurzfristigen Spekulation maßgeblich vom Eintreten der mit ihr verbundenen Erwartungen bestimmt wird, spielen die laufenden Kosten bei langfristig ausgelegten Sparplänen eine Schlüsselrolle. So reduziert bereits eine jährliche Managementgebühr von lediglich 1 %, wie sie bei vielen klassischen Investmentfonds als Minimum anfällt, im angeführten Berechnungsbeispiel das Endergebnis um 17.000,– €.

**!** In Wirklichkeit klafft die Kostenschere zwischen aktiv verwalteten Investmentfonds und Exchange Traded Funds noch weiter auseinander. Passiv verwaltete ETFs, die die Entwicklung von Indizes, wie z.B. den DAX oder den MSCI World, abbilden, verlangen mit einer jährlichen Managementgebühr von deutlich unter 1 % erheblich weniger als aktiv gemanagte Investmentfonds. Der Durchschnitt der jährlichen Gebühren bei aktiv gemanagten Aktienfonds liegt bei 1,65 %. Hinzu kommen noch Ausgabeaufschläge beim Erwerb von Investmentfonds von bis zu 5 %, die die Renditeaussichten des Anlegers weiter deutlich schmälern. Besonders für langfristige Sparer, die über viele Jahre Vermögen aufbauen wollen, fallen solche Kostenunterschiede stark ins Gewicht.

In **Konkurrenz** zu den Ansparplänen auf Exchange Traded Funds stehen die **Ansparpläne auf Index-Zertifikate.** Index-Zertifikate auf bekannte Standardindizes sind von den Gebühren meist noch einmal günstiger als entsprechende Exchange Traded Funds.

**!** Gegenüber den zum Teil noch günstigeren Ansparplänen auf Index-Zertifikate wiederum bieten Exchange Traded Funds den Vorteil, dass ETFs Sondervermögen sind und somit gegen einen Zahlungsausfall des Emittenten geschützt sind. Index-Zertifikate dagegen sind rechtlich gesehen nur Schuldverschreibungen. Im Falle einer Emittenten-Insolvenz drohen die Anleger leer auszugehen. Gerade bei der langfristigen Anlage ist dieses Mehr an Sicherheit bei Exchange Traded Funds ein nicht zu unterschätzender Vorteil.

## 3.4 Vorsicht: Der Durchschnittskosteneffekt ist kein Allheilmittel für den Erfolg bei der langfristigen Anlage

Grundsätzlich gilt: Ein langfristig orientierter Anleger kann kaum günstiger Fondsanteile erwerben als mit einem Sparplan auf Exchange Traded Funds. Möglich wird das neben den fehlenden Ausgabeaufschlägen durch den **Durchschnittskosteneffekt (Cost-Average-Effekt)**. Dieser sagt aus, dass konsequente, regelmäßige Einzahlungen gleich hoher Sparraten über einen längeren Zeitraum, beispielsweise in einen Exchange Traded Fund, den durchschnittlichen Preis pro erworbenem Fondsanteil reduzieren.

Die Idee leuchtet ein: Anleger, die regelmäßig einen festen Betrag in einen Sparplan einzahlen und dadurch Anteile, z.B. an einem Aktienfonds, kaufen, erwerben bei niedrigen Kursen viele Anteile und bei hohen Kursen entsprechend weniger Anteile. Dadurch erzielen sie geringere Durchschnittspreise beim Einkauf einzelner Fondsanteile. Dieser Effekt bestätigt sich beim Durchrechnen in den unterschiedlichsten Szenarien: Bei **stetig steigenden Kursen** zahlen Anleger mit einem Sparplan durchschnittlich einen geringeren Preis je Anteil als den durchschnittlichen Anteilspreis.

Auch bei einem **schwankenden Marktumfeld** sind die durchschnittlichen Anteilskosten niedriger als der durchschnittliche Anteilspreis. Bei fallenden Kursen wirken sich regelmäßige Käufe mit gleich bleibenden Beträgen besonders vorteilhaft aus. Denn mit dem gleichen Anlagebetrag werden von Mal zu Mal mehr Anteile erworben. Steigen die Kurse dann wieder an, profitieren die Anleger von den günstig erworbenen Anteilen umso mehr. So weit ist der Durchschnittskosteneffekt mathematisch korrekt und unbestritten.

Vorsicht ist allerdings geboten, wenn dem **Durchschnittskosteneffekt in der Werbung** darüber hinaus **weitere Eigenschaften** zugesprochen werden, wie etwa generelle Renditevorteile. Oder wenn es heißt, bei Anlagesparplänen schütze der Durchschnittskosteneffekt vor Kursverlusten und die Anleger profitierten in jedem Fall von schwankenden Kapitalmärkten, da sie in fallenden Märkten günstig einkauften. Sobald Anleger annehmen, dass sie durch einen geringeren Kaufpreis einen zusätzlichen Gewinn erhalten und gleichzeitig das Risiko ausschalten, zum falschen Zeitpunkt am Aktienmarkt zu kaufen, sind sie auf dem Irrweg. Der Durchschnittskosteneffekt sorgt zwar für geringere Durchschnittspreise beim Einkauf einzelner Fondsanteile. Aus dieser Tatsache lassen sich aber **keine weiteren Vorteile** ableiten.

Langfristige Investoren sollten wissen, dass sich der **Durchschnittskosteneffekt sowohl positiv als auch negativ** auswirken kann. In der Anfangsphase eines Ansparplans sind fallende Kurse durchaus willkommen, da Anleger dann viele Anteile günstig erwerben können. Fällt der Anteilspreis des besparten Exchange Traded Fund aber zum Ende der Sparplanlaufzeit, wird das bis dahin angesparte Vermögen aufgezehrt. Verluste bei einem Crash kurz vor Ende des Sparplans sind dann kaum noch oder nur noch schwer auszugleichen. Es ist daher ratsam, zum Ende eines Ansparplans **auf schwankungsärmere Geldanlagen wie z.B. Renten-Exchange-Traded-Funds umzuschichten.**

! Die übliche Berechnung des Cost-Average-Effektes beruht auf der Kenntnis von Informationen, die genau genommen erst in der Zukunft bekannt werden. Niemand kann die Entwicklung der Anteilspreise eines Fondsparplanes voraussehen. Erst durch Kenntnis des Kursverlaufes kann Ihnen ein Berater eine Berechnung präsentieren, die die Anzahl der Anteile enthält, die Sie erwerben müssen, um durch den Cost-Average-Effekt einen Vorteil zu ziehen. Entscheidend für den Sparerfolg bleibt: eine gute Kursentwicklung der Anlage zum Ende der Laufzeit, sodass der tatsächliche Kurs am Laufzeitende möglichst weit über dem Durchschnittskurs liegt.

## 3.5 Anlagestrategie und sinnvoller Aufbau eines Ansparplan-Depots

Nur selten gelingt es Investoren, **zu optimalen Zeitpunkten am Aktienmarkt ein- oder auszusteigen.** Wetten auf kurzfristige Trends können schnell zu Verlusten führen und Anleger von ihrem Sparziel abbringen. Sparpläne funktionieren vor allem als Mittel, sich selbst zu überlisten und zu disziplinieren. Ein fester Sparplan kann Anleger so davor schützen, zu den falschen Momenten zu handeln. Viele neigen dazu, in **Kursverlustphasen** ihre Aktien panikartig zu verkaufen, obwohl die Unternehmen trotz der Börsenturbulenzen weiterhin gute Geschäftsaussichten haben und die Papiere nun günstiger zu erwerben wären. Umgekehrt steigen viele Anleger immer erst dann ein, wenn die Kurse schon deutlich gestiegen sind und somit das Kursrückschlagsrisiko zunimmt.

! Von irgendwoher aufgeschnappte Investmentideen sollten Sie nicht ungeprüft übernehmen. Die Erfahrung hat gezeigt, dass in einem durchschnittlichen Wertpapierdepot alles kunterbunt durcheinandergewürfelt ist. Typischerweise gibt es meist einen Investmentfonds auf deutsche Aktien, ein global anlegendes Produkt, Mischportfolios und vieles mehr. Die Übersicht über die Verteilung auf die einzelnen Anlageklassen und Regionen zu behalten fällt selbst Profis schwer. Anleger haben es bei einem bunt gemischten Depot schwer, ihr Portfolio vernünftig zu managen. Mit der Konzentration auf wenige ETFs lässt sich eine klare Portfoliostruktur einfach und gebührengünstig herstellen.

Investoren haben **individuelle Risiko-Rendite-Profile.** Ein zwanzigjähriger Sparer sollte einen höheren Aktienanteil und somit eine aggressivere Vermögensaufteilung (Allokation) wählen, wohingegen ein 50-Jähriger ein höheres Gewicht auf Anleihen legen sollte. Laut einer Studie von **Ibbotson Associates** ist die richtige Aufteilung des Vermögens auf die einzelnen Anlageklassen für rund 90 % der Gesamtrendite eines Portfolios verantwortlich. Hierfür sind Investmentfonds und somit auch ETFs die beste Alternative.

**!** Entscheidend für Ihren Anlageerfolg ist, als Basis etablierte Indexfonds auf Standardmärkte und Anlageklassen zu wählen, die voraussichtlich dauerhaft am Markt bleiben. Kurzfristige Modeerscheinungen, wie etwa einen ETF auf den vietnamesischen Markt, sollten Anleger, wenn überhaupt, nur als Beimischung für das Depot kaufen.

Sind ein Ansparplan einmal eingerichtet und die individuell passende Struktur des Portfolios gebaut, sollte regelmäßig überprüft werden, ob die Investitionssumme und die gewählte Verteilung der Mittel auf die einzelnen Anlageklassen noch zur **aktuellen Lebenssituation passen.** Nachjustieren ist Pflicht und mit ETFs kein teurer Luxus, da im Gegensatz zu herkömmlichen Investmentfonds beim Erwerb kein teurer Ausgabeaufschlag gezahlt werden musste. Ein regelmäßig bespartes ETF-Depot kann so zu höchst überschaubaren Kosten flexibel auf Veränderungen des individuellen Bedarfs angepasst werden. Vor den nötigen Anpassungen sollte kein cleverer Anleger zurückschrecken.

**!** Die Erfahrungen der letzten zehn Jahre zeigen, dass eine Investition in Aktien hohen Schwankungen unterliegt. Deshalb sollten ETF-Sparer immer genau überprüfen, ob der angesparte Betrag noch richtig angelegt ist. Gerade ältere Sparer sollten frühzeitig Aktien-ETFs reduzieren und in Renten-ETFs umschichten, um nicht im Alter in eine schlechte Börsenphase zu geraten. Als Orientierungshilfe für die Höhe des Aktienanteils in Prozent dient eine Faustregel: 100 minus Lebensalter. Ein 65-Jähriger sollte also einen Aktienanteil von rund 35 % anstreben. Abhängig von der persönlichen Situation kann dieser Anteil natürlich höher oder niedriger liegen. Da die Lebenserwartung laufend zunimmt, wäre es falsch, vollständig auf Aktien zu verzichten: Ein 65-Jähriger hat durchschnittlich noch über 20 weitere Lebensjahre vor sich, kann also in diesem Zeitraum durchaus zwischenzeitliche Kursrückschläge aussitzen.

## 3.6 Die Auswahl kostengünstiger Anbieter von ETF-Ansparplänen

Der Kursverlauf von Aktien lässt sich nicht verlässlich prognostizieren – und das schon gar nicht über Jahrzehnte. Deshalb sollten Sie sich auf das konzentrieren, was Sie beeinflussen können. Ein wichtiger Faktor für den Erfolg oder Misserfolg Ihrer Anlage sind die **anfallenden Kosten.** Da die Kosten bei den ETFs selbst naturgemäß eher niedrig ausfallen, sind die Kosten vor allem bei der Auswahl geeigneter Anbieter von ETF-Ansparplänen von Bedeutung. Es wäre schade, wenn Sie die mit den ETFs verbundenen Kostenvorteile durch den zu teuren Erwerb und Verwaltung der Papiere wieder verlieren würden.

Deshalb ist es wichtig, die Angebote der verschiedenen Anbieter genau zu vergleichen. Viele Anbieter erheben bei jeder Sparrate für die Ausgabe der ETF-Anteile **Transaktionsgebühren.** Dies kann ein Prozentsatz des Transaktionsvolumens, in der Regel zwischen 1,5 % und 1,75 %, oder ein feststehender Betrag sein.

Als problematisch erweisen sich einige von den Sparplan-Anbietern verwendete **Gebührenmodelle.** So können neben einer Prämie von z.B. 0,4 % für den jeweiligen Sparbetrag noch zusätzliche fixe Pauschalgebühren pro Sparrate und Wertpapierkennnummer anfallen. Aufgrund dieser Pauschale steigt die Gebührenbelastung vor allem bei kleineren Sparbeträgen beträchtlich an. Im schlimmsten Fall zahlen Sie so mit Ihrer Sparrate deutlich mehr an Gebühren als bei Ansparplänen auf klassische Investmentfonds, die im Sparplan oft zu reduzierten Ausgabeaufschlägen angeboten werden.

! Welches Modell aus Anlegersicht günstiger ist, hängt vor allem von der Höhe der Sparrate ab. Bei höheren Sparbeträgen lohnt sich oft das Kombimodell mit Pauschale und geringer Gebührenbelastung auf die Ansparrate. Um Gebühren zu sparen, kann es auch sinnvoll sein, anstelle monatlicher Ansparraten die Ansparsumme lieber alle drei Monate in einer Summe zu zahlen. Günstige Anbieter von ETF-Ansparplänen sind z.B. CortalConsors, Comdirect und die ING-DiBa.

# 4 Offene Immobilienfonds: Sachwertgestützte Anlageform mit breiter Risikostreuung

## 4.1 In renditearmen Zeiten rücken Immobilien verstärkt in den Fokus der Anleger

In Zeiten von **Niedrig- und Minuszinsen** sind die Anleger verständlicherweise auf der Suche nach alternativen Investmentideen. Besonders beliebt sind derzeit Immobilien. Die Nachfrage nach dem sogenannten Betongold ist so groß wie nie zuvor. Auf der Wunschliste zahlreicher Bundesbürger steht die **eigene Immobilie** ganz weit oben. Das mietfreie Leben im Alter ist für viele ein wichtiger Baustein der privaten Altersvorsorge.

Doch der Wunsch nach den eigenen vier Wänden lässt sich, vor allem in gefragten Großstädten, in denen auch die Arbeitsplätze zu Hause sind, trotz historisch niedriger Hypothekenzinsen oft nicht mehr erfüllen. Denn **vernünftige Immobilien zu bezahlbaren** Preisen sind dort kaum noch zu finden. Häufig werden auch die Belastungen für Renovierung und Instandhaltung unterschätzt. Ein weiterer Nachteil ist der hohe Kapitalbedarf, der für den Erwerb einer Immobilie benötigt wird.

Für Anleger, die kleinere Beträge in Immobilien investieren wollen, keinen Kredit aufnehmen möchten und die Arbeit lieber Profis überlassen, ist die **Anlage in Anteilen an offenen Immobilienfonds** eine Alternative. Die Fonds investieren meist in Bürogebäude, Einzelhandelsflächen, Logistikzentren, Hotels und Wohnimmobilien – wobei der Schwerpunkt in der Regel auf den genannten Gewerbeimmobilien liegt. Und das nicht nur national, sondern auch international. Schon **mit wenigen Euros** können Anleger auf diesem Weg **an den Mieteinnahmen und Wertentwicklungen von Immobilien teilhaben.** Zusätzlich lässt sich durch die breite Anlagestreuung der Fonds in verschiedene Gebäude, Städte, Regionen und Länder das Einzeltitelrisiko für den Anleger reduzieren.

Als **Sachwertanlagen** können offene Immobilienfonds vor allem dazu beitragen, Wertpapierdepots zu stabilisieren. Der Wert der Anteile schwankt in der Regel weniger stark als der von Aktien. Zudem gelten die Papiere als guter Schutz vor den **Folgen der Geldentwertung** (Inflation). Dass sich die Fonds in den nächsten Jahren zu Renditerennern entwickeln, ist allerdings nicht zu erwarten. Durchschnittlich sollten Anleger nicht mehr als 2 % pro Jahr erwarten.

### 4.1.1 Rekordzuflüsse bei offenen Immobilienfonds

Für die offenen Immobilienfonds ist die große Beliebtheit von Immobilieninvestment derzeit ein großes Problem. Monat für Monat fließen hohe Millionenbeträge in die Fonds. Und das, obwohl viele Fonds den **Mittelzufluss stark begrenzen** oder gar **den Verkauf neuer Anteile eingestellt** haben. Das Fondsmanagement kann schlicht nicht so viele sinnvolle neue Immobilienkäufe tätigen, wie sie mit Geld überhäuft werden.

Da die Fonds mit dem Kauf adäquater Immobilien nicht mehr hinterherkommen, liegt die **Barmittelreserve** bei den meisten offenen Immobilienfonds über 20 %. Dies belastet die Rendite der Fonds. Denn die nicht investierten Milliardenbeträge sind zu hoch, um irgendwo zinslos auf einem Girokonto zu liegen. Die **negativen Einlagenzinsen,** die Banken an die Europäische Zentralbank (EZB) zahlen müssen, werden bei solch hohen Beträgen an die offenen Immobilienfonds weitergegeben. Das nicht investierte Geld der Fondsanleger wird so teilweise negativ verzinst.

Verkehrte Welt: Noch vor einigen Jahren wurde die große Krise der offenen Immobilienfonds durch **starke Mittelabflüsse von Großanlegern** ausgelöst. Die Liquidität der Fonds war schnell erschöpft. Immobilien konnten zu Zeiten der Finanzkrise nicht schnell genug zu Geld gemacht werden. So wurden zahlreiche offene Immobilienfonds mit schmerzhaften Verlusten für die Anleger geschlossen und zwangsabgewickelt.

Wie sorgsam ein Fondsmanager auch vorgeht: Die Zeiten von **Schnäppchen am Immobilienmarkt,** auch im globalen Maßstab, sind lange vorbei. Entsprechend teuer wird eingekauft und die jährliche Rendite offener Immobilienfonds sackt Richtung 2 % und weniger ab. Das ist im aktuellen Zinsumfeld aber immer noch attraktiv. Deshalb fließen weiterhin Milliardenbeträge in die Fonds. Sollte sich das Zinsumfeld dereinst wieder ändern, wird es spannend. Dann wird es sich zeigen, ob die Fondsmanager aus den Krisen der Vergangenheit gelernt haben und sich die Zahl der Abschreibungen auf überteuerte Immobilien in Grenzen hält.

Ein gewisses Risiko birgt auch das **Investment in jetzt neu aufgelegte offene Immobilienfonds.** Diese müssen nun ihr Portfolio in einer Hochpreisphase aufbauen. Das stellt das Fondsmanagement vor besondere Herausforderungen. Ein solcher Fonds entfaltet erst dann seine Stabilität, wenn er eine gewisse Größe erreicht hat und einen nach Standorten, Ländern und Nutzungsarten breit gestreuten Immobilienbestand aufweisen kann. Die Gefahr ist allerdings hoch, dass der gesamte Immobilienbestand auf längere Sicht zu teuer eingekauft wurde.

### 4.1.2 Die Funktionsweise offener Immobilienfonds

Bei offenen Immobilienfonds handelt es sich um **eine sachwertgestützte Anlageform.** Im Vordergrund steht der langfristig erzielbare Wertzuwachs und nicht kurzfristige Wertsteigerungen. Mit dem Kauf von Anteilen an einem offenen Immobilienfonds beteiligen Sie sich über eine Fondsgesellschaft an der Wertentwicklung und den Mieteinnahmen von Bürogebäuden, Einkaufszentren, Vergnügungsparks oder Hotels.

Da Anteile an offenen Immobilienfonds schon ab wenigen Euro erhältlich sind, wird über diese Anlageform die **Beteiligung an einem national oder international breit gestreuten Immobilienvermögen** auch für weniger betuchte Anleger erschwinglich. Die gegenüber einem Direktengagement in Immobilien anfallenden lästigen Aufgaben wie Mietersuche, Instandhaltung und Verwaltung übernimmt dabei die Fondsgesellschaft.

> **!** Falls Sie sich über offene Immobilienfonds im Internet informieren möchten: Weiterführende Informationen finden Sie z.B. auf den Seiten bvi.de und dem jeweiligen Internetauftritt der Anbieter offener Immobilienfonds. Umfangreiche Daten zu offenen Immobilienfonds und ihrer Wertentwicklung finden Sie z.B. unter onvista.de und finanztreff.de.

**Wohnimmobilien** spielen bei den meisten offenen Immobilienfonds nur eine untergeordnete Rolle. Der Grund: Wohnungen gelten zwar als wertstabile und sichere Kapitalanlage. Die Mietrendite dieser Immobilien ist den Fondsmanagern jedoch meist zu gering und der Verwaltungsaufwand zu hoch. Die Fonds investieren lieber in höher rentierliche Gewerbeimmobilien. So finden sich in den Fondsportfolios zumeist Bürohochhäuser, Einkaufszentren, Parkhäuser, Hotels und neuerdings auch Spezialimmobilien wie Logistikobjekte.

Offene Immobilienfonds werden von **Kapitalverwaltungsgesellschaften** aufgelegt, die diese Fonds auch verwalten. Die Kapitalverwaltungsgesellschaften sind meist im Besitz von Großbanken und Versicherungen (z.B. Deutsche Bank oder Commerzbank) oder Bankengruppen (Sparkassen, Volks- und Raiffeisenbanken).

Die von Anlegern in einen offenen Immobilienfonds eingezahlten Mittel zählen nicht zum Vermögen der Fondsgesellschaften. Vielmehr wird aus den Einzahlungen der Anleger ein sog. **Sondervermögen** gebildet. Dieses Sondervermögen repräsentiert den eigentlichen Fonds. Am Sondervermögen beteiligt sich ein Anleger, indem er einen oder mehrere Anteilsscheine erwirbt. Diese Wertpapiere verbriefen ein **Miteigentumsrecht** am Sondervermögen.

### 4.1.3 Die Unterschiede zwischen offenen und geschlossenen Immobilienfonds

Rangiert ein offener Immobilienfonds in der Gunst der Anleger ganz vorne, fließt diesem Fonds neues Kapital zu, indem Anleger verstärkt Anteilsscheine kaufen. Mit dem neuen Geld kann das Fondsmanagement zusätzliche Immobilien erwerben, das Sondervermögen wächst. Darin unterscheiden sich die offenen von den **geschlossenen Immobilienfonds,** die meist nur zum Erwerb von einer einzigen oder mehreren im Voraus genau bezeichneten Immobilien aufgelegt werden. Ist der Fonds »platziert«, d.h., ist das für die Finanzierung der geplanten Immobilieninvestitionen gesuchte Kapital bei den Anlegern eingesammelt, wird der Fonds »geschlossen«. Weitere Zeichner werden dann nicht mehr in den Gesellschafterkreis aufgenommen.

Der **Anlagezweck der geschlossenen Immobilienfonds** war in früheren Zeiten in erster Linie die **Steuerersparnis.** Heute geht es regelmäßig darum, für interessierte Anleger ein Portfolio bereitzustellen, das hochwertige Immobilien bündelt und dem Anleger hinsichtlich Erwerb und Verwaltung eine bequeme Immobilieninvestition ermöglicht. Dabei soll das Know-how des Fondsinitiators für eine überdurchschnittliche Verzinsung sorgen. Geschlossene Immobilienfonds werden für eine Laufzeit von meist zehn bis 25 Jahren aufgelegt. Am Ende der Laufzeit wird das Immobilienvermögen veräußert und die Anleger werden ausbezahlt.

Während der Laufzeit können Sie bei geschlossenen Immobilienfonds Ihre Anteile nicht an die Fondsgesellschaft zurückgeben. Wer aussteigen will, muss versuchen, auf dem sog. **Sekundärmarkt (»Zweitmarkt«)** einen privaten Käufer für seine Anteile zu finden. Doch dies ist meist schwierig. Entweder finden sich dort keine Käufer oder der Weiterverkauf ist nur mit erheblichen Abschlägen möglich. Offene Immobilienfonds werden dagegen mit unbegrenzter Laufzeit aufgelegt. Das Interesse der Anleger richtet sich hier in erster Linie auf die Beteiligung an einem breit gestreuten Immobilienvermögen, das in einem überschaubaren Zeitraum ohne Werteinbußen wieder veräußert werden kann.

### Der Sicherheitsaspekt

Die **geschlossenen Immobilienfonds** unterliegen einer vergleichsweisen **geringen staatlichen Aufsicht.** Entsprechend hoch ist in diesem Marktsegment der Anteil schwarzer Schafe. Diese ziehen den Anlegern mit überhöhten Nebenkosten und schöngerechneten Renditen das Geld aus der Tasche. Mehr Sicherheit bieten dagegen **offene Immobilienfonds.** Diese Fonds unterliegen dem **Kapitalanlagegesetzbuch** (»KAGB«). Die Einhaltung der Bestimmungen wird durch die Bundesanstalt für Finanzdienstleistungsaufsicht (»BaFin«) überwacht.

Ein weiterer Sicherheitspluspunkt der offenen gegenüber den geschlossenen Fonds: Die **depotführende Bank** haftet bei den offenen Fonds für das Fondsvermögen mit. Wenn ein Fonds aufgrund von Unregelmäßigkeiten in Schwierigkeiten geraten sollte, können Sie sich mit Ihren Forderungen an die Hausbank der Fondsgesellschaft halten.

Weil das Fondsvermögen als **Sondervermögen** juristisch vom Vermögen der Kapitalverwaltungsgesellschaft bzw. der Depotbank vollkommen getrennt ist, bleibt auch im Falle einer Schieflage das Kapital der Anleger unangetastet. Es ist **insolvenzgeschützt.** Nur gegen Verluste aufgrund schlechten Fondsmanagements, wenn beispielsweise unrentable Immobilien erworben wurden oder die Immobilien Leerstände verzeichnen und dadurch Mieterträge fehlen, sind Fondssparer nicht geschützt.

## 4.1.4 Verschärfte Spielregeln als Folge der Finanzkrise

Offene Immobilienfonds? – Da war doch mal was! Vor der Finanzkrise galt diese Anlageklasse als quasi risikofrei und wurde vor allem von institutionellen Anlegern als besser rentierender Ersatz für Geldmarktfonds gesehen. Bis zu 85 Milliarden Euro Anlagegelder flossen so in diese Fonds. Mit dem **Platzen der Immobilienblase in den USA sowie dem Beginn der Finanzkrise** zogen zahlreiche Investoren ihre Gelder wieder ab.

Da sich Immobilien nicht so leicht veräußern lassen wie Anleihen oder Aktien, hatten viele Fonds Probleme, die Gelder auszuzahlen und kamen in Schieflage. Als Folge wurden einige offene Immobilienfonds geschlossen und zwangsabgewickelt. Da die Immobilien in der Fondsabwicklung aber auch nicht über Nacht zu marktüblichen Preisen veräußert werden konnten, mussten Anleger oft jahrelang auf ihr Geld warten und teils deutliche Verluste in Kauf nehmen.

Abstürze wie in der Vergangenheit soll das seit Juli 2013 geltende neue **Kapitalanlagegesetzbuch** (»KAGB«) zukünftig verhindern. Seitdem gibt es für Anlagen in offene Immobilienfonds eine **Mindesthaltefrist von 24 Monaten und eine einjährige Kündigungsfrist** bei der Rückgabe von Anteilen. Wer also beispielsweise im Dezember 2017 Anteile kauft und sie gleich darauf wieder kündigt, der muss bis zum Dezember 2019 ausharren, ehe er sein eingesetztes Kapital zurückbekommt (= 24 Monate Mindesthaltedauer). Wer nach dem Ablauf der Mindesthaltefrist zu einem späteren Termin verkaufen will, muss ebenfalls länger auf sein Geld warten. Dann greift die einjährige Kündigungsfrist. Für Altanlagen, d.h. Käufe von offenen Immobilienfonds vor dem 22.7.2013, gelten die entsprechenden alten Gesetze.

### Die verschärften Spielregeln für offene Immobilienfonds im Überblick

| | Altanleger bis zum 31.12.2012 | Altanleger 1.1.2013 bis 21.7.2013 | Neuanleger nach dem 21.7.2013 |
|---|---|---|---|
| **Mindest-haltedauer** | keine | 24 Monate | 24 Monate |
| **Kündigungs-frist** | 12 Monate | 12 Monate | 12 Monate |
| **Freibeträge** | 30.000,– € pro Kalenderhalbjahr | 30.000,– € pro Kalenderhalbjahr | keine |

! Die Regelungen zu Mindesthaltedauer und Kündigungsfristen gelten nur für Anteilsrückgaben direkt an die Investmentgesellschaft. Dadurch soll den Fondsverwaltern die Liquiditätssteuerung ihrer Immobilienfonds erleichtert werden. Andere Formen der Anteilsrückgaben haben dagegen keine Auswirkungen auf die Liquiditätssteuerung. Dies gilt insbesondere für Verkäufe von Fondsanteilen an der Börse. Gleiches gilt aber auch für Schenkungen oder Verkäufe an Dritte.

#### Der Kauf von Anteilen zu unterschiedlichen Zeitpunkten

Die **Rückgabeankündigungsfrist** beträgt zwölf Monate. Anteile, für die Sie eine Rückgabe ankündigen, werden gesperrt und können bis zur Rückgabe nicht verkauft oder auf andere Depots übertragen werden. Sollten Sie **zu unterschiedlichen Zeiten in einen offenen Immobilienfonds investiert** haben (das gilt insbesondere für Ansparpläne), kann es sinnvoll sein, vor Aufgabe der Verkaufsorder zu überlegen, den Bestand in entsprechenden Tranchen zu veräußern. So können Sie die für Sie jeweils günstigste Regelung hinsichtlich der Rückgabe nutzen.

### 4.1.5 Offene Immobilienfonds und der Börsenhandel

Auf den ersten Blick ist der **Börsenhandel von offenen Immobilienfonds** von den gesetzlichen Verschärfungen nicht betroffen. Weiterhin können während der üblichen Börsenzeiten wie gewohnt jederzeit Anteile an offenen Immobilienfonds über die Börse gekauft und verkauft werden. Eine wichtige Änderung gibt es allerdings. Die Skontroführer (Makler) sind bei nunmehr allen offenen Immobilienfonds von der ansonsten bei Investmentfonds geltenden Liquiditäts- und Garantieverpflichtung befreit. Das bedeutet, dass die Preisfeststellung bei Immobilienfonds seit Juli 2013 **gänzlich nach Orderbuchlage** erfolgt.

Anders ausgedrückt: Die **Preisfeststellung erfolgt rein nach Angebot und Nachfrage.** Es ist daher möglich, dass an der Börse Anteilpreise festgestellt werden, die teilweise deutlich vom offiziell durch die Kapitalanlagegesellschaft festgestellten NAV (net asset value = innerer Wert des Fonds) nach unten abweichen; Anleger finden für ihre Fondsanteile also eventuell nur bei einem deutlichen Preisabschlag Käufer.

**!** Beim Kauf von Anteilen an offenen Immobilienfonds über die Börse kann es zeitweise, je nach Ordersituation, deutliche Ausweitungen beim Spread (Differenz zwischen An- und Verkaufspreis) geben. Zusätzlich einkalkulieren sollte der Anleger dazu noch die von der Bank berechneten Order- und Maklergebühren.

## 4.2 Die Bewertung der Immobilien: Nicht immer transparent

Während bei einem Aktienfonds die Aktienkurse täglich an der Börse ermittelt werden und die Grundlage für die Bewertung des Fondsvermögens bilden, wird bei offenen Immobilienfonds der Wert der zum Fonds gehörenden Immobilien von einem **Sachverständigenausschuss** geschätzt. Das Ergebnis dieser Schätzung ist für das Fondsmanagement verbindlich. Die Mitglieder des Sachverständigenausschusses müssen unabhängige, zuverlässige und fachlich geeignete Persönlichkeiten mit besonderen Erfahrungen auf dem Gebiet der Bewertung von Grundstücken sein.

Das **Anlegerschutzgesetz** schreibt vor, dass das Fondsvermögen einmal im Quartal bewertet wird. Die Gutachter, die die Bewertung vornehmen, werden für zwei Jahre ernannt. Dreimal ist eine Verlängerung um ein Jahr möglich. Doch spätestens nach fünf Jahren dürfen die Sachverständigen zwei Jahre lang nicht mehr berufen werden. Dies gilt nicht nur für einen Fonds, sondern gleich für die gesamte Kapitalverwaltungsgesellschaft.

**!** Kritiker werfen den Gutachtern vor, die Bewertung im Interesse höherer Renditen der offenen Immobilienfonds zu schönen. Der Streit um die Bewertung der Liegenschaften beschäftigt die Branche schon seit vielen Jahren. Auf die Frage: »Welchen Wert hat eigentlich eine Immobilie?«, lautet zwar die naheliegende Antwort: »Ein Objekt ist das wert, was man am Markt dafür erzielen kann.« Doch im Gegensatz zu Aktien gibt es für Immobilien keinen liquiden Markt oder eine Börse. Letztlich ist jede Immobilie ein Unikat, für das sich ein tagesaktueller objektiver Wert nicht feststellen lässt.

## Die Bewertung nach der Ertragswertmethode

Völlig willkürlich können die Gutachter aber nicht vorgehen. Der Wert der Fondsimmobilien wird im **Ertragswertverfahren** bestimmt. Dazu ermitteln die Gutachter die »nachhaltig erzielbare Miete« unter Berücksichtigung der Kosten für Verwaltung, Betrieb und Instandhaltung. Einzelheiten hierzu regelt die Wertermittlungsverordnung (»WertV«). Die nachhaltig erzielbare Miete muss nicht deckungsgleich mit den aktuellen Mieteinnahmen sein.

In die nachhaltige Miete fließen Erwartungen und Markteinschätzungen ebenso ein wie die Bonität der aktuellen Mieter und die Restlaufzeiten der aktuellen Mietverträge. Durch diese Methode werden Sprünge in der Bewertung der Objekte vermieden. Dies ist dann wichtig, wenn z.B. **aufgrund extremer Marktsituationen** Mieten zustande kommen, von denen man weiß, dass sie nicht dauerhaft zu erzielen sind.

Der Ertrag wird mit einem **Vervielfältiger** multipliziert und ergibt so den Objektwert. Der Vervielfältiger ist ein Faktor, der den Barwert aller zukünftigen Mieterträge unter Berücksichtigung der Restnutzungsdauer der Immobilie beinhaltet. Wenn die Konjunktur gut läuft und ein Standort gerade besonders gefragt ist, steigen die dort erzielbaren Mieten und mit diesen der Wert der Immobilie. Sollten die erzielbaren Mieten jedoch sinken, müssen die Prüfer den

Ertragswert eines Objektes nach unten korrigieren. Grundsätzlich müssen die Fondsimmobilien vorsichtig bewertet werden, damit es nicht unangenehme Überraschungen beim Verkauf oder bei einer Neuvermietung gibt.

## Für Spezialisten: Was Rechenschaftsberichte aussagen

Wer größere Summen in offenen Immobilienfonds anlegen möchte und keine Angst vor dem Fachjargon hat, kann auch einen Blick in den Rechenschaftsbericht des jeweiligen Fonds werfen. Die wichtigsten Begriffe:

- **Vermietungsquote:** Wohl das wichtigste Kriterium für die Qualität eines offenen Immobilienfonds. Die Vermietungsquote zeigt, wie viel Prozent der Flächen im Bestand des Fonds derzeit vermietet sind – und bildet somit ziemlich genau die Einnahmesituation ab.
- **Bruttomietrendite:** Mieteinnahmen ohne Nebenkosten bezogen auf das durchschnittliche Immobilienvermögen während der Berichtszeit.
- **Nettomietrendite:** Bruttomietrendite vermindert um die Bewirtschaftungskosten der Immobilien. Zu den Bewirtschaftungskosten zählen z.B. Wartungs-, Instandhaltungs- und Betriebskosten.
- **Immobiliengesamtrendite vor Darlehen:** Setzt sich aus der Nettomietrendite und dem Ergebnis aus Wertveränderungen zusammen. Wertveränderungen ergeben sich aus Zu- und Abschreibungen aufgrund von Veränderungen an den Immobilienmärkten.
- **Immobiliengesamtrendite nach Darlehen:** Nettomieteinnahmen minus Zinsen bezogen auf das durch Eigenkapital finanzierte Immobilienvermögen. Deutsche Liegenschaften werden in der Regel komplett aus Fondsmitteln, ausländische dagegen häufig zwecks Steueroptimierung zum Teil mit Fremdkapital finanziert. Außerdem begrenzen Mieteinnahmen in der Währung des Darlehens das Währungsrisiko.

- **Liquiditätsrendite:** Ergibt sich aus der Rendite der von einem Fonds auf dem Geld- und Kapitalmarkt geparkten Gelder und ist zurzeit niedriger als die Immobilienrendite. Liquide Mittel finanzieren spätere Immobilienkäufe oder dienen dazu, Anleger auszuzahlen, die ihre Anteile zurückgeben.

- **Fondsrendite:** Ergibt sich aus Immobiliengesamtrendite und Liquiditätsrendite. Zurzeit senkt der hohe Anteil liquider Mittel bei vielen offenen Immobilienfonds die Fondsrendite.

- **Liquiditätsquote:** Die Liquiditätsquote signalisiert, welcher Anteil des Fondsvermögens in bar vorgehalten wird. Diese sollte nicht zu gering ausfallen. Mit einer genügend hohen Liquidität stellt das Fondsmanagement sicher, zum einen schnell in neue Objekte zu investieren und zum anderen ausstiegswillige Anteilseigner jederzeit auszahlen zu können. Die Liquiditätsquote darf aber auch nicht zu hoch sein. Denn die liquiden Mittel werfen nur geringe Erträge ab oder werden sogar mit Minuszinsen belastet.

- **Zahl der Liegenschaften:** Je höher, desto größer ist die Risikostreuung.

- **Zahl der Bauprojekte:** Baut ein Immobilienfonds selbst, erhöht er Gewinn- wie Verlustchancen seines Engagements.

- **Aufteilung nach Nutzungsarten:** Überwiegend wird in Büroimmobilien investiert. Im Vergleich zu Wohngebäuden gilt aber: höhere Renditen, höheres Risiko.

- **Objektverteilung nach Verkehrswerthöhe:** Hohe Einzelobjektwerte machen einen Fonds schwerfällig in der Reaktion auf Marktveränderungen. Tendenziell ist die Zahl möglicher Käufer bei kleineren Objekten größer.

- **Geografische Verteilung:** Immobilienmärkte sind regionale Märkte. Nur wer Daten der einzelnen Standorte und Länder hat, kann das Potenzial eines Immobilienfonds abschätzen.

- **Altersstruktur:** Je älter eine Immobilie, desto höher der Aufwand für Reparatur und Renovierung.
- **Auslaufende Mietverträge je Jahr:** Je länger die Restlaufzeiten, desto sicherer die Einnahmen eines Fonds. Einem niedrigen Mietausfallrisiko wegen Leerständen stehen in einem solchen Fall aber auch geringere Chancen gegenüber, durch Anpassung ausgelaufener Mietverträge von steigenden Mieten zu profitieren.

## 4.3 Offene Immobilienfonds: Anlagestrategie und Fondsauswahl

Offener Immobilienfonds ist nicht gleich offener Immobilienfonds. Die Renditechancen und Risiken unterscheiden sich von Fonds zu Fonds teils deutlich. Ein tendenziell geringeres Risiko geht der Anleger bei **auf Deutschland oder Mitteleuropa** konzentrierten Fonds ein. Der Preis dafür: Diese Fonds bleiben in der Rendite häufig einen Tick hinter internationaleren und aggressiveren Fonds zurück. Der Trend ging in den letzten Jahren zu **global anlegenden Fonds.** Die weltweite Ausrichtung schaffte nahezu unbegrenzte Investitionsmöglichkeiten, die allerdings viele Gesellschaften wenig erfolgreich nutzten. Inzwischen kehrt sich der Trend wieder um. Auf Deutschland oder Europa fokussierte offene Immobilienfonds vereinen den Großteil der zufließenden Anlagegelder auf sich.

Zur **kurzfristigen Spekulation sind offene Immobilienfonds nicht geeignet.** Denn beim Kauf über die Fondsgesellschaft fällt ein happiger Ausgabeaufschlag von bis zu 6 % an. Um wenigstens diese Kosten wieder auszugleichen, brauchen die besten offenen Immobilienfonds bei den derzeit erzielten Renditen alleine schon drei bis vier Jahre. Hinzu kommen laufende jährliche Kosten für das Fondsmanagement von rund 0,5 % bis 1,25 % des Fondsvermögens.

> **!** Clevere Anleger können die hohen Ausgabeaufschläge vermeiden. Dazu kaufen sie die Fonds bei Direktbanken, wie z.B. Comdirect (comdirect.de) oder Consors (consorsbank.de), oder über andere unabhängige Fondsvermittler. Meist geben diese 50 % oder mehr Rabatt auf den Ausgabeaufschlag. Manchmal – vor allem bei höheren Anlagesummen – reicht auch schon ein Hinweis bei der Hausbank auf diese Angebote, um einen kräftigen Nachlass beim Ausgabeaufschlag zu erhalten. Weniger bekannt ist der direkte Kauf über die Börse. Er erfolgt zu den gleichen Gebühren wie eine Aktienorder. Allerdings müssen Anleger darauf achten, dass die Differenz zwischen An- und Verkaufskurs (»Spread«) niedrig bleibt.

Die Fondsverwalter schließen im Regelfall die Mietverträge indexiert ab, d.h., die **Mietentwicklung wird an die Inflationsrate gekoppelt.** Dadurch genießen die Besitzer von Anteilen an offenen Immobilienfonds einen gewissen **Inflationsschutz.** Ein vollständiger Schutz vor der Geldentwertung ist auf diesem Weg allerdings nicht möglich. Denn die Fonds halten nicht unerhebliche Teile ihres Fondsvermögens in festverzinslichen Anlagen. Diese sind besonders von den negativen Folgen der Inflation betroffen.

## Offene Immobilienfonds: Checkliste für Ihre Auswahl

- **Anlageschwerpunkt:** Um das Risiko des Engagements zu streuen, sollte das Fondsvermögen in mehreren Ländern investiert sein.
- **Leerstandsquote:** Achten Sie auf einen hohen Vermietungsstand. Gut sind 95 % und mehr. In wirtschaftlich flauen Zeiten sind lange (Rest-)Laufzeiten der Mietverträge von Vorteil, da dann keine Neuverhandlungen mit Mietanpassungen nach unten anstehen. Wenn die Konjunktur gut läuft, bieten dagegen kurze Restlaufzeiten die Möglichkeit, die Mieten mit dem Ziel einer Erhöhung neu zu verhandeln.

- **Wertentwicklung:** Vergessen Sie die Werbung mit den Ergebnissen einer Anlage in 10, 20 oder gar 30 Jahren. Der Fonds Ihrer Wahl sollte im 1- und 3-Jahres-Bereich überdurchschnittlich abgeschnitten haben. Bei neu aufgelegten Fonds müssen Sie immer berücksichtigen, dass sog. Einwertungsgewinne die Rendite pushen: Ein Objekt wird günstig eingekauft und von den Gutachtern anschließend zum »realistischen« Marktpreis in die Bücher des Fonds genommen. Das treibt die Rendite.
- **Ausgabeaufschlag:** Mit Blick auf Direktbanken, Internetplattformen und den Kauf über die Börse sollten Sie auf keinen Fall den vollen Ausgabeaufschlag zahlen.
- **Starke Mutter:** Gerät der Fonds mit seinen Objekten in eine Schieflage oder droht ein Liquiditätsengpass, weil zu viele Sparer auf einen Schlag ihre Anteile zurückgeben möchten, ist die Zugehörigkeit des Fonds zu einer großen Bank oder Finanzgruppe, wie z.B. den Genossenschaftsbanken oder Sparkassen, von Vorteil. Diese kann ggf. kurzfristig für frische Liquidität sorgen oder einen größeren Posten zurückgegebener Anteile in den eigenen Wertpapierbestand übernehmen, um Notverkäufe von Fondsimmobilien unter Wert zu vermeiden.

## 4.4 Das Scope-Rating für offene Immobilienfonds

Die jährlich im Juni erneuerte **Qualitätseinstufung der offenen Immobilienfonds von Scope** liefert Ihnen eine wichtige Entscheidungshilfe beim Kauf oder Verkauf offener Immobilienfonds. Denn die geografische Aufteilung der Immobilien, die Altersstruktur des Portfolios, das Management der Barbestände, die Restlaufzeit der Mietverträge, Leerstände sowie eigene Projektentwicklungen haben einen wesentlichen Einfluss auf die Renditen offener Immobilienfonds.

## So wird das Scope-Rating erstellt

Ein mehrköpfiges Analystenteam untersucht bei Scope Analysis die offenen Immobilienfonds nach den folgenden drei Kriterien:

- **Managementqualität,**
- **Immobilienportfolio** und
- **Finanzstruktur.**

Die Qualität der Finanzstruktur geht mit 20 %, die Managementqualität mit 30 % und die Qualität des Immobilienportfolios mit einer Gewichtung von 50 % in die Rating-Endnote ein.

Um die Ratings darzustellen, verwendet Scope einen **Buchstabencode,** ähnlich dem bekannten Rating von Anleihen durch Rating-Agenturen wie z.B. Standard & Poor´s. Der Unterschied: Bei Scope werden mit diesen Ratings nicht die Bonität der Papiere beurteilt, sondern dessen Gesamtqualität.

### Übersicht über die Scope-Ratingstufen für offene Immobilienfonds

| Buchstabencode | Bedeutung |
|---|---|
| AAA | hervorragend |
| AA | sehr hoch |
| A | hoch |
| BBB | erhöht |
| BB | leicht erhöht |
| B | mäßig |
| CC | minder |
| C | gering |
| D | sehr gering |

Zusätzlich werden innerhalb der einzelnen Kategorien noch **Plus- und Minuszeichen vergeben.** Diese Zeichen zeigen an, in welche Richtung die Entwicklung in der betreffenden Kategorie tendiert.

So bedeutet z.B. ein BB+, dass die Qualität des offenen Immobilienfonds in Richtung BBB geht.

!

Die aktuellen Ratings zu den offenen Immobilienfonds werden von dem Unternehmen Scope Ratings jedes Jahr im Juni präsentiert. Die ausführlichen Ergebnisse dieser Untersuchung finden Sie im Internet unter scoperatings.com. Diese Einstufungen sind die beste Entscheidungshilfe beim Kauf offener Immobilienfonds für den privaten Anleger.

## 4.5 Anlagealternative Exchange Traded Funds: In Immobilienaktien investieren

Ein offener Immobilienfonds dürfe nicht mit einem Immobilienaktienfonds verglichen werden, heißt es vonseiten der Fondsgesellschaften, die offene Immobilienfonds vertreiben. Doch eine **Geldanlage setzt sich stets aus drei Komponenten zusammen:**

- Ertrag oder Rendite,
- Verfügbarkeit oder Liquidität und
- Risiko oder Verlustwahrscheinlichkeit.

Wenn offene Immobilienfonds auf Dauer keinen besonders hohen Ertrag abwerfen, müssen sie diesen Nachteil gegenüber Immobilienaktien **durch eine höhere Liquidität oder durch ein geringeres Risiko wettmachen.** Die Liquidität offener Immobilienfonds wurde jedoch durch die verschärften Spielregeln für diese Papiere drastisch eingeschränkt.

Und beim Thema Risiko erinnern sich noch viele Anleger an die Zeiten der **Zwangsabwicklungen** von offenen Immobilienfonds.

Als überlegenswerte Alternative oder Ergänzung zu offenen Immobilienfonds bieten sich deshalb **Exchange Traded Funds (ETFs) auf Immobilienaktien** an. Exchange Traded Funds versuchen einen bestimmten Börsenindex möglichst exakt nachzubilden, also im Verhältnis 1:1 – in der Fachsprache auch »**Tracking**« genannt. Folgerichtig verläuft die Kursentwicklung eines ETF nahezu parallel zum jeweiligen Börsenindex. Durch eine einzige Transaktion an der Börse erwerben Sie so einen Korb von Wertpapieren, dessen Wertentwicklung weitestgehend der des zugrunde liegenden Index entspricht.

Viele der ETFs auf Immobilienaktien besitzen als Basiswert Indizes von FTSE EPRA/NAREIT oder Stoxx. Der größte Unterschied liegt in der Auswahl der Unternehmen. In den **FTSE EPRA/NAREIT** kommen nur Firmen, die mindestens 75 % ihrer Erträge direkt mit Immobilien erzielen, sei es mit der Vermietung, dem Handel oder der Entwicklung. Die Finanzierung von Gebäuden oder das Projektmanagement fallen nicht darunter. Somit schließt der Index börsennotierte Gesellschaften aus, die sich direkt oder indirekt mit dem Kauf von Hypotheken oder Pfandbriefen befassen. Die **Stoxx-Indizes** erlauben dagegen auch solche Dienstleistungen. Die Indizes beziehen sich auf verschiedene Länder und Regionen. So können die Anleger Risiken auch geografisch streuen.

## Eine breite geografische Streuung ist problemlos möglich

Immobilien-ETFs sind im Gegensatz zu vielen anderen Investitionsformen in Immobilien höchst liquide, da sie **börsentäglich gehandelt** werden können. Es ist empfehlenswert, das Engagement über verschiedene Regionen zu streuen.

! Bei der Investition in Immobilien-ETFs geht ein Teil des Diversifikationsgewinns, den Sie durch die Anlage in Immobilien erreichen wollen, wieder verloren. Dies hängt damit zusammen, dass Sie durch die Anlage in Immobilienaktien das Aktienmarktrisiko nicht umgehen können. Denn börsennotierte Immobilienunternehmen unterliegen, wie alle anderen Aktiengesellschaften auch, den täglichen Kursschwankungen an der Börse. Jedoch erhalten Anleger durch Immobilien-ETFs einen bequemen Zugang zu Immobilieninvestitionen, ohne gleich ganze Liegenschaften kaufen zu müssen.

### Interessante ETFs auf Immobilienaktien

| Exchange Traded Funds | WKN | Gebühren p.a. |
|---|---|---|
| SPDR Dow Jones Global Real Estate | A1J3PB | 0,40 % |
| BNP Paribas Easy Eurozone | A0ERY9 | 0,40 % |
| iShares Asia Property Yield | A0LEQL | 0,59 % |
| iShares US Property Yield | A0LEW6 | 0,40 % |

! Engagements in bestimmte ausländische Immobilienaktien, wie z.B. US-Papiere, sind immer mit Währungsrisiken/-chancen verbunden. Kursschwankungen des Euros gegenüber dem US-Dollar verringern bzw. erhöhen den Wert der Anteile. Beim Kauf sollten Sie daher darauf achten, dass Sie bei den eingegangenen Währungsrisiken auf eine ausgewogene Verteilung in Ihrem Depot setzen.

# 5 Aktienfonds: Basisinvestment für Ihre private Vermögensstrategie

## 5.1 Aktienfonds: Trotz heftiger Kursschwankungen langfristig meist ein gutes Investment

Aktienfonds können **für Anleger mit langfristigem Anlagehorizont,** die sich auch von den teils kräftigen Preisschwankungen nicht abschrecken lassen, ein sehr lukratives Instrument sein. Auf lange Sicht bringt diese Fondskategorie die weitaus besten Ergebnisse, was angesichts der aktuell niedrigen Zinsen im Rentenbereich verlockend ist. Die Kehrseite ist: Aktienfonds unterliegen auch den höchsten Preisschwankungen.

Grundsätzlich ist das Risiko eines Aktienfonds, das sich in kurzfristigen Schwankungen des Wertes eines Fondsanteils ausdrückt, klar größer als das Risiko bei Renten-, Misch- oder offenen Immobilienfonds. Als statistisches Risikomaß wird oft die **Standardabweichung** benutzt. Hieran gemessen schwankt der Aktienmarkt ca. zwei- bis dreimal stärker um seinen langfristigen Trend als der Rentenmarkt.

Die stärksten Schwankungen unter den Aktienfonds weisen **Spezialitätenfonds** auf. Denn diese investieren nur in einzelne Regionen oder Branchen. Wenn ein Fonds beispielsweise ausschließlich in chinesische Aktien oder in Unternehmen aus dem Technologie-Sektor investiert, steht und fällt sein Ergebnis mit der Bewegung dieses einzelnen Länderindex oder dieser einzelnen Branche. Ein breit streuender Aktienfonds weist zwar auch Schwankungen auf. Diese Schwankungen sind jedoch bei Weitem nicht so groß wie bei den Spezialitätenfonds.

**!** Aktienfonds weisen mitunter kräftige Anteilswertschwankungen auf. Je spezieller ein Aktienfonds ausgerichtet ist, desto heftiger können die Kursbewegungen nach oben und nach unten sein.

Die **Kurse der Aktien,** in die Aktienfonds investieren, schwanken täglich, und mit ihnen der Anteilswert des Aktienfonds. Dadurch ist jeder Anleger direkt und unmittelbar am Ergebnis des Fonds beteiligt; sowohl bei Aufwärts- als auch bei Abwärts-Bewegungen.

## Anlagepraxis mit Aktienfonds

Preisrückgänge von 50 %, aber auch Wertsteigerungen von 50 % in nur einem Jahr sind bei Aktienfonds zwar Ausnahmen, aber durchaus möglich. Besonders erfolgreich ist die Strategie, **nach massiven Kursrückgängen Aktienfonds zu kaufen** bzw. zu solchen Zeiten nachzukaufen. Dadurch erhalten Sie einen **günstigeren durchschnittlichen Einstandskurs** (»Cost-Average-Effekt«). Wenn Sie nicht zu einem bestimmten Zeitpunkt Ihre Fondsanteile verkaufen müssen, weil Sie dringend Geld benötigen, sind Sie von den teils heftigen Kursschwankungen weniger betroffen. Solange die Fondsanteile nicht verkauft werden, ist ein Verlust nicht realisiert.

Es ist daher sinnvoll, die Anlage in Aktienfonds als **langfristige Investition** für mindestens fünf, besser zehn Jahre, zu betrachten. Über 15 Jahre ist bei globalen Aktienfonds ein Verlust äußerst unwahrscheinlich.

**!** Weltweit anlegende Aktienfonds sind eine gute Basis für jedes langfristig orientierte Fondsdepot, während Spezialitätenfonds dagegen eher als spekulative Beimischung geeignet sind. Aktienfonds eignen sich besonders gut für Sparpläne, da die höheren Schwankungen hier die Wirkung des Cost-Average-Effektes erhöhen.

| Vor- und Nachteile von Aktienfonds | |
|---|---|
| **Vorteile Aktienfonds** | **Nachteile Aktienfonds** |
| Langfristig hohe Wertentwicklung möglich (7-10 % p.a.) | Hohe Preisschwankungen möglich (nicht geeignet für sicherheitsorientierte Anleger) |
| Gut geeignet für langfristige Einmalanlagen oder Sparpläne (Cost-Average-Effekt) | Nicht geeignet für kurzfristige Anlagen, da kurzfristig heftige Preisrückgänge möglich |
| Sachwertanlage (→Inflationsschutz) | Markt-Timing ist schwierig<br>Oft hoher Ausgabeaufschlag, ca. 3-5,5 % (aber verhandelbar). Exchange Traded Funds haben keinen Ausgabeaufschlag. |

## 5.2 Für welche Anleger sind Aktienfonds geeignet?

Wegen der hohen Kursschwankungen bei Aktienfonds sollten Sie die **drei folgenden Grundvoraussetzungen** mitbringen, um die Chancen dieser Anlagekategorie sinnvoll nutzen zu können:

- **Anlage mit Eigenkapital:** Grundsätzlich gehört in einen Aktienfonds – genau wie in ein Aktiendepot – ausschließlich Eigenkapital, auf das über längere Zeit nicht zurückgegriffen werden muss. Aktienkäufe auf Kredit sind nur etwas für spekulativ veranlagte Investoren, die anderweitige finanzielle Reserven haben und genau wissen, was sie tun. Hintergrund: Auch wenn der langfristige Trend der Aktienmärkte in den vergangenen 100 Jahren deutlich anstieg, gab es zwischendurch immer wieder 5-, 10- und sogar 20-Jahres-Zeiträume, in denen sich die Aktienmärkte seitwärts bewegten. Wer mit Fremdkapital investiert und ausgerechnet einen solchen Zeitraum erwischt, den wird im Regelfall die Geduld verlassen. Beim Ausstieg drohen dann Verluste. Fremdkapital-Anlagen sind immer nervenaufreibender als Eigenkapital-Anlagen. Denn beim Fremdkapital fallen Jahr für Jahr Soll-Zinsen an. Das zehrt bei schlechter Börsenentwicklung an den Nerven.

- **Langfristiger Anlagehorizont:** Die Anlage in einem Aktienfonds sollte immer mit einem langfristigen Horizont (mindestens fünf bis zehn Jahre) getätigt werden. Der Grund dafür ist, dass zum einen der Ausgabeaufschlag (in der Regel 5 %) zunächst »verdient« werden muss, ehe der Anleger in die Gewinnzone kommt. Zum anderen ist die Wahrscheinlichkeit, dass ein Aktienfonds über zehn Jahre ein gutes durchschnittliches Ergebnis erzielt, größer, als dass ein Aktienfonds über ein bis zwei Jahre bereits ein gutes durchschnittliches Ergebnis erzielt. Über einen längeren Zeitraum können nämlich kurzfristig auftretende Kursrückgänge besser ausgeglichen werden.

!

Wenn sich jedoch einmal kurzfristige Gewinne mit Aktienfonds ergeben sollten, ist es ratsam, an eine baldige Sicherung der Gewinne zu denken. Da man auf der anderen Seite aber auch Gewinne für sich laufen lassen will, ist z.B. folgende Strategie praktikabel: die eine Hälfte der Position verkaufen (Gewinne sichern) und die andere Hälfte behalten (Gewinne weiterlaufen lassen).

- **Risikobereitschaft:** Wer Aktienfonds kauft, sollte das Auf und Ab der Aktienmärkte kennen und sowohl finanziell als auch psychisch vertragen. Der Wert der Anteilspreise von Aktienfonds ist Schwankungen unterworfen, deren Höhe niemand treffsicher voraussagen kann. Anleger, die Kursrückgänge weniger gut vertragen, sollten rentenbetonte Mischfonds, festverzinsliche Wertpapiere oder offene Immobilienfonds vorziehen.

## 5.3 Die verschiedenen Arten von Aktienfonds

Wenn Sie einen oder mehrere Aktienfonds besitzen, brauchen Sie sich zwar nicht mehr um die richtige Aktienauswahl zu kümmern. Denn dies erledigt der Fondsmanager für Sie. Allerdings bleibt es Ihnen nicht erspart, aus dem großen Fondsangebot **den individuell zu Ihnen passenden Aktienfonds auszuwählen.**

! Anstatt aus dem breiten Angebot an Aktienfonds auszuwählen, fällt es leichter, sich zunächst für einen bestimmten Anlageschwerpunkt zu entscheiden (z.B. internationale Aktien, Aktien mit hoher Dividendenrendite etc.). Aus den Aktienfonds mit ähnlich gelagerter Strategie lässt sich dann anhand weiterer Kriterien gezielt ein passender Fonds auswählen. Eine gute Strategie ist es außerdem immer Liquiditätsreserven bereitzuhalten. Für den Fall, dass der Fonds einmal richtig einknickt, können Sie dann zu günstigen Preisen nachkaufen. Das fällt nicht immer leicht. Aber bei langfristiger Ausrichtung Ihrer Anlage sollten Sie den Mut haben, bei fallenden Preisen nachzukaufen.

Im Folgenden finden Sie eine **Einteilung der Aktienfonds nach Anlageschwerpunkten.**

## 5.3.1 Deutsche und europäische Aktienfonds

**Fonds, die ausschließlich in deutsche Aktien investieren,** steigen und fallen mit dem DAX. Selbst wenn der Fondsmanager für den deutschen Aktienmarkt schlechte Zeiten erwartet, kann er nicht auf eventuell besser laufende Auslandsmärkte ausweichen. Dies bedeutet eine Einschränkung. Wenn Deutschland Ihr Heimatland ist, empfinden Sie vielleicht deutsche Aktien als weniger riskant als Aktien anderer Länder. Das ist aber ein Trugschluss: Ein Länderfonds ist immer enger fokussiert als ein international ausgerichteter Fonds und damit schwankungsintensiver. Wenn Sie aber gezielt Aufwärtspotenzial für die deutsche Wirtschaft erwarten, sollten Sie auf einen Deutschland-Aktienfonds setzen.

Etwas breiter für deutsche Anleger investiert ein **Europa-Fonds.** Mit einer solchen Anlage sind Sie breiter aufgestellt als mit einem reinen Deutschlandfonds. Mit einem Europa-Fonds lassen Sie dem Fondsmanager einen breiteren Entscheidungsspielraum und Ausweichmöglichkeiten als mit einem reinen Länderfonds. Denn auch wenn die Wirtschaft innerhalb Europas zusammenwächst, unterscheiden sich die einzelnen Länder trotzdem hinsichtlich ihrer wirtschaftlichen Lage.

### 5.3.2 Internationale Aktienfonds

Mindestens ein **international anlegender Aktienfonds** gehört als Basisanlage in jedes langfristig ausgerichtete Depot. Hier ist der Fondsmanager nicht nur auf einen bzw. einige wenige Aktienmärkte beschränkt, sondern er kann die Chancen der Aktienmärkte weltweit nutzen. Fondsmanager internationaler Aktienfonds haben die Möglichkeit, auf andere Märkte auszuweichen, wenn sie eine Schwächephase in einer bestimmten Region erwarten. Das Risiko eines solchen Fonds wird also verteilt über

- verschiedene Einzelaktien,
- verschiedene Branchen und
- verschiedene Länder.

Das, was an Risiko verbleibt, ist das **allgemeine Marktrisiko.** Diesem ist auch ein international anlegender Aktienfonds ausgesetzt. Ein solcher Fonds ist für Anleger geeignet, die zwar die Chancen des Aktienmarktes nutzen, aber das damit verbundene Risiko möglichst breit streuen möchten. Zudem ist ein internationaler Aktienfonds als Anlage geeignet, die einmal getätigt wird und dann über mehrere Jahre nicht mehr kontrolliert werden muss (Anlegen + Liegenlassen = »Buy and Hold«).

Gezielt »rechtzeitig« aus Aktien auszusteigen, wenn eine Baisse bevorsteht, wäre natürlich sinnvoll. In der Realität gelingt dieses **Timing** jedoch nur den wenigsten Fondsmanagern. Wenn die Kurse ein paar Tage fallen, lässt sich einfach nicht vorhersagen, ob diese bald wieder steigen, oder ob sich der Kursrückgang zu einer Baisse weiterentwickeln wird.

Wenn das so leicht wäre, dürften vermögensverwaltende Fonds von einer Baisse nicht mitgerissen werden, denn immerhin werden sie von Profis verwaltet. Aber trotzdem gibt es kaum vermögensverwaltende Fonds, die einen Börsencrash ohne Blessuren überstehen. Da dieses Dilemma immer mehr Anleger erkennen, verstärkt dies den

Trend zur Anlage in kostengünstige **Exchange Traded Funds.** Diese Fonds verzichten von vornherein auf ein aktives Management und beschränken sich auf die passive Abbildung der den Fonds zugrunde liegenden Indizes.

### 5.3.3 Die Anlage in Spezialitätenfonds

**Spezialitätenfonds** decken die Aktienmärkte nicht branchen- und länderübergreifend ab, sondern spezialisieren sich auf einen bestimmten Teilmarkt, beispielsweise auf ein Land, eine Region oder eine Branche. Unterteilt werden daher die Spezialitätenfonds noch einmal in Regionenfonds/Länderfonds und Branchenfonds. Es gibt auch Spezialitätenfonds, die sich auf eine **besondere Anlagestrategie ausrichten** – beispielsweise auf Aktien mit besonders hoher Dividendenzahlung oder auf kleine und mittelgroße Unternehmen. Die genaue Ausrichtung eines Fonds geht meistens schon aus dem Fondsnamen hervor und ist im Verkaufsprospekt klar beschrieben.

**!** Obwohl sinnvoll, lesen die wenigsten Anleger vor der Anlage den Verkaufsprospekt. Wenn auch Sie zu den Prospekt-Meidern gehören, werfen Sie zumindest einen Blick auf die sogenannten »Wesentlichen Anlegerinformationen« zu Ihrem Fonds. Hierbei handelt es sich um einen standardisierten Kurzprospekt, der zwei Seiten umfasst und den Ihnen Ihr Berater zur Verfügung stellen muss, wenn er einen Fonds empfiehlt. Darin sind u.a. die Anlagepolitik des Fonds, das Risiko- und Ertragsprofil sowie die einmaligen und laufenden Kosten des Fonds beschrieben.

Da einzelne Branchen, Länder oder Strategien bestimmten wirtschaftlichen Zyklen unterliegen, sind auch **die zyklischen Kursverläufe eines Spezialitätenfonds stärker ausgeprägt als bei einem Aktienfonds mit einem breiten Anlagespektrum.** Der Fondsmanager kann auch bei Schwächephasen »seines« Teilmarktes nicht auf andere Märkte ausweichen. Mit einem Spezialitätenfonds können Sie gezielt auf bestimmte Regionen, Branchen oder Strategien setzen, denen Sie in der nächsten Zeit eine besonders gute Entwicklung zutrauen.

Eine **Untergruppe der Branchenfonds** sind zum Beispiel Technologiefonds. Ihr Ziel ist es, von Unternehmen, die technische Produkte oder Lösungen anbieten, zu profitieren. Es gibt natürlich viele andere Branchenfonds, wie z.B. für Biotechnologie, Gesundheitstitel, Finanzwerte, Goldminen, Energie- oder Rohstoff-Unternehmen etc. Solche Branchen unterliegen gewissen Modeströmungen, denen Anleger sich schwer entziehen können. Mal liegen Öko- und Umwelttechnologiefonds im Trend, mal sind es eher Rohstoff- und Energiefonds. Es ist nicht gesagt, dass die aktuell in den Medien hochgejubelten Branchen, die gerade in Mode sind, auch tatsächlich in den kommenden Jahren eine besonders gute Entwicklung haben werden. Die Anlagepraxis beweist eher das Gegenteil.

! Je nach Zyklus des speziellen Teilmarktes kann das Ergebnis eines Spezialitätenfonds für einen bestimmten Zeitraum weit über oder weit unter dem Durchschnitt der weltweit anlegenden Fonds liegen. Diese zyklischen Kursbewegungen gilt es, auszunutzen. Daher ist es bei Spezialitätenfonds wichtig, die Märkte mit ihren Trends im Auge zu behalten und von Zeit zu Zeit von einem Spezialitätenfonds in einen anderen zu wechseln. Anlegen & Liegenlassen (»Buy and Hold«) ist hier nicht die richtige Strategie.

**Häufigere Umschichtungen** setzen die nötige Zeit und Lust voraus, um sich mit der Konjunktur und der Geldanlage zu beschäftigen. Außerdem sind Wirtschaftskenntnisse hilfreich. Der Anleger muss nämlich nicht nur entscheiden, in welchen Spezialitätenfonds er investieren möchte, sondern er muss auch den Zeitpunkt der Umschichtung bestimmen. Spezialitätenfonds eignen sich daher eher für erfahrene Anleger oder für solche, die fachkundig betreut werden. Sie werden auch häufig als Bestandteil eines Dachfonds bzw. einer Vermögensverwaltung genutzt, wenn der Vermögensverwalter nicht jede einzelne Region oder Branche durch Direktinvestitionen abdecken kann oder will.

### So investieren Sie in Spezialitätenfonds

- In Spezialitätenfonds sollten Sie nur dann investieren, wenn Sie sich selbst laufend über die **Chancen und Risiken der einzelnen Märkte informieren** und/oder Sie regelmäßig und kompetent beraten werden.
- **Schärfere Preisbewegungen** sollten Sie aushalten können.
- Sie sollten bereit sein, auch kurzfristig einmal »**Kasse zu machen**« und auszusteigen.
- Da Sie hier eventuell nicht sehr lange investiert sind, spielt der **Ausgabeaufschlag** eine größere Rolle als bei Fonds, denen Sie länger treu bleiben. Es lohnt sich hier also ganz besonders, über den Ausgabeaufschlag zu verhandeln oder auch die ETF-Angebote anzusehen (ETF = Exchange Traded Funds). Dies sind Fonds, die ohne Ausgabeaufschlag an der Börse gehandelt werden und auf aktives Fondsmanagement verzichten).

## 5.3.4 Emerging-Market-Fonds (Schwellenländer-Fonds)

Ein besonders spannendes Kapitel unter den Spezialitätenfonds sind **Emerging-Market-Fonds,** also Fonds, die in Aktien von Schwellenländern investieren. Viele Experten sehen in den Schwellenmärkten interessante Zukunftsmärkte, und zwar aus folgenden Überlegungen heraus:

- **Enorme Bevölkerungsanzahl** mit hohem Anteil an junger Bevölkerung mit steigendem Konsumbedürfnis. 85 % der Weltbevölkerung lebt in Schwellenländern.
- **Ökonomische und politische Reformen,** wie z.B. die Bildung einer Mittelschicht in China oder die Bildung von Freihandelszonen.

- In den Schwellenländern sind mitunter **deutlich höhere Wachstumsraten** zu beobachten als in den gesättigten Wirtschaften der Industrieländer.
- Durch die **Globalisierung** fließt mehr Geld in die Schwellenländer. Die erhöhte Nachfrage nach Schwellenländer-Aktien in Boomzeiten lässt die Kurse in bestimmten Perioden stark steigen.

Interessant an den Schwellenländern ist aber auch, dass **ihre Börsenentwicklung häufig nicht parallel zu den bereits entwickelten Märkten verläuft.** In der Fachsprache heißt dies **geringe Korrelation.** Dies bedeutet, dass Sie durch Beimischung von ca. 10 % bis 20 % Emerging-Market-Fonds in ein Gesamtportfolio eine noch breitere und bessere Risikostreuung erreichen können.

Nicht zu vernachlässigen sind die **besonderen Risiken an den Schwellenländer-Börsen:**

- **Enge Märkte:** scharfe Reaktionen auf positive oder negative Börsennachrichten.
- **Politische Länderrisiken** sowie Terrorismus.
- **Wirtschaftliche Risiken** wie z.B. Abhängigkeit von Rohstoffpreisen.
- **Währungsrisiken.**

## So investieren Sie in Schwellenländer-Fonds

Bei **Schwellenländer-Fonds, die nur in ein einziges Land investieren,** ist es sinnvoll, von Zeit zu Zeit umzuschichten. Hier ist es also erforderlich, die Börsen zu beobachten und gegebenenfalls rasch zu reagieren. Die Entscheidung, ob die Chancen z.B. in China, Vietnam oder Brasilien höher sind, überlassen Sie bei einem globalen Schwellenländer-Fonds dem Fondsmanager. Setzen Sie hingegen auf Länderfonds, müssen Sie sich selbst darüber Gedanken machen.

**!** Schwankungsintensive Schwellenländer-Fonds eignen sich gut als Einstieg für Ansparpläne. Zum einen profitieren Sie durch die hohen Schwankungen vom Cost-Average-Effekt und zum anderen ärgern Sie sich weniger über einen heftigen Kursrückgang, wenn Sie erst ein paar monatliche Einzahlungen geleistet haben. Es ist auf diese Weise leichter, in einen Schwellenländer-Fonds »vorsichtig« einzusteigen.

### 5.3.5 Vermögensverwaltende Fonds/Multiasset-Fonds/Mischfonds

Bei dieser Fondskategorie kümmert sich das Management aktiv um die Asset Allocation, also **um die jeweils vom Fondsmanagement als richtig empfundene Aufteilung zwischen Renten, Aktien, Barbestand und anderen Anlageklassen.** Je nach Marktsituation und Einschätzung schichtet das Management die Anlagen aktiv um. Bei Mischfonds ist das **Timing-Problem** geringer als bei Aktienfonds.

| Vor- und Nachteile vermögensverwaltender Fonds | |
|---|---|
| **Vorteile vermögensverwaltender Fonds** | **Nachteile vermögensverwaltender Fonds** |
| Breite Diversifikation | Sie gehören selten zu den Spitzenreitern, da das Ergebnis durch die breite Streuung geglättet ist |
| Fondsmanagement trifft die Entscheidungen über die aktuelle Aufteilung zwischen den einzelnen Assetklassen (→schnelle Reaktionen möglich) | Auch das Fondsmanagement kann die Börsen nicht zuverlässig voraussehen und trifft evtl. nicht (oder nicht immer) die richtige Allokationsentscheidung |
| Der Anleger muss nicht so oft umschichten, da dies auf Fondsebene erledigt wird (→praktische Anlage) | |
| Anforderungen an die Beratung sind relativ niedrig. Verringert den Dokumentationsaufwand, da nicht so häufig umgeschichtet werden muss wie bei enger spezialisierten Fonds oder reinen Aktienfonds | |

! Vermögensverwaltende Fonds stellen eine komfortable Anlagemöglichkeit dar, insbesondere wenn Sie nicht ständig die Märkte im Blick haben möchten. Bei sehr langfristiger Anlage oder bei Ansparplänen können reine Aktienfonds sinnvoller sein, da Sie beim Ansparplan von heftigeren Kursschwankungen profitieren können (»Cost-Average-Effekt«).

### 5.3.6 Dachfonds und Multimanagerfonds

**Dachfonds investieren in andere Investmentfonds.** Dabei darf der Fondsmanager jedoch nur in vertriebsberechtigte in- oder ausländische Investmentfonds investieren und nicht mehr als 20 % des Fondsvermögens in einen einzigen Unterfonds (»Zielfonds«) anlegen.

Wie bei vermögensverwaltenden Fonds ist auch hier vorteilhaft, dass sich Anleger und Berater nach dem Kauf der Fondsanteile nicht mehr um die Anlage kümmern müssen, da alle notwendigen Umschichtungen vom Fondsmanagement erledigt werden. Dieser Vorteil wird erkauft durch eine **höhere Gebührenbelastung,** die Dachfonds immer haben. Laufende Kosten (neben Managementgebühr auch Kosten für Kursveröffentlichung, Prospekte, Berichte, Wirtschaftsprüfer etc.) fallen nämlich sowohl auf Ebene des Dach- als auch auf Ebene der Zielfonds an. Der Ausgabeaufschlag fällt dagegen nur auf Dachfondsebene an, da ein Dachfonds im Regelfall keinen Ausgabeaufschlag beim Erwerb der Zielfonds zahlen muss.

| Vor- und Nachteile von Dachfonds | |
|---|---|
| **Vorteile von Dachfonds** | **Nachteile von Dachfonds** |
| Breite Diversifikation, auch über Spezialwerte und verschiedene Management-Stile | Oft doppelte Managementgebühr (außer Dach- und Zielfonds gehören derselben Gruppe an) |
| Weniger Einzel-Transaktionen für den Fondsmanager, da er in Fonds und nicht in Einzelwerte investiert | Viele laufende Kosten fallen sowohl auf Dach- als auch auf Zielfonds-Ebene an |
| Der Anleger muss nicht so oft umschichten, da dies auf Dachfonds-Ebene erledigt wird (→praktische Anlage) | Schwierige Abgrenzung zu breit streuenden Einzelfonds bzw. zu vermögensverwaltenden Fonds |
| Anforderungen an die Beratung sind relativ niedrig. Verringert den Dokumentationsaufwand, da nicht so häufig umgeschichtet werden muss wie bei Einzelfonds | |

**!** Wenn es Ihnen schwerfällt, die Gewichtung zwischen Aktien- und Rentenanlagen jeweils an die Börsenentwicklung anzupassen, kommt evtl. ein gemischter Dachfonds für Sie infrage. Hier bestimmt der Fondsmanager die aktuell sinnvolle Gewichtung zwischen Aktien- und Rentenfonds. Bei einem solchen Fonds müssen Sie gar nichts mehr tun. Er ist also eine sehr bequeme Anlage. Ob der Manager mit seiner Einschätzung immer richtig liegt, das zeigt sich erst später. Allerdings gilt dasselbe, wenn Sie die Gewichtung selbst vornehmen.

Ein **Multimanagerfonds** funktioniert im Prinzip ähnlich wie ein Dachfonds. Der Manager eines Multimanagerfonds investiert dabei aber nicht in einzelne Zielfonds, sondern er gibt Teile des Fondsvermögens an Manager, die Spezialisten in dem jeweiligen Anlagegebiet sind. Der Fondsmanager legt also die Asset Allocation (= grobe Vermögensstruktur des Fonds) fest und der jeweilige Spezialist kümmert sich um die Auswahl der Einzelwerte. Von der Kostenseite stellen sich Multimanagerfonds etwas günstiger dar als Dachfonds.

Außerdem ist ein Multimanagerfonds transparenter und es können Klumpenrisiken vermieden werden. Der Manager hat nämlich einen genauen Überblick, welche Einzeltitel sich aktuell im Portfolio befinden, was bei einem Dachfonds nicht der Fall ist – zumindest nicht so zeitnah.

## 5.4 Anlagestile bei Aktienfonds: Die Strategien der Fondsmanager

Es gibt **verschiedene Investmentstile,** die der Fondsmanager verfolgen kann. Meist ist der Investmentstil in den Marketing-Unterlagen der Fondsgesellschaft beschrieben. Je nachdem, welchen Stil ein Anleger für besonders erfolgversprechend hält, sollte er sich einen entsprechenden Fonds auswählen.

- **Value:** Der Fondsmanager sucht nach fundamental unterbewerteten Aktien, beispielsweise nach Aktien mit einem geringen Kurs-Gewinn-Verhältnis. Value-Titel gehören darüber hinaus zu den Marktführern ihrer Branche.
- **Growth:** Beim Growth-Ansatz sucht der Fondsmanager nach Firmen, die hohe Wachstumsraten aufweisen. Da Technologie-Unternehmen oft hohe Wachstumsraten aufweisen, sind Growth-Fonds oft recht technologielastig investiert.
- **Top-down:** Volkswirtschaftlich betonter Ansatz. Aufteilung des Vermögens nach Anlagegattungen, Regionen, Branchen. Erst nach der Branchen- und Länderaufteilung sucht der Fondsmanager die entsprechenden Einzeltitel aus. Die Asset Allocation wird für wichtiger erachtet als die Einzeltitelauswahl.
- **Bottom-up:** Einzelwertbetonter Ansatz. Der Fondsmanager selektiert vielversprechende Aktien und kommt so zu einer bestimmten Branchen- und Länderstruktur (= Asset Allocation). Die Titel-Auswahl bestimmt also die Asset Allocation.

- **Small Cap/Mid Cap/Large Cap (Blue Chip):** Small Caps sind kleine Firmen, Mid Caps mittelgroße und Large Caps große Firmen. Bei großen Firmen, die bekannte Marken darstellen, spricht man auch von »Blue Chips«, bei kleinen Firmen von »Nebenwerten«.

! Meistens laufen nach einem Börsencrash zunächst die Blue Chips gut, da die Anleger hierzu am ehesten wieder Vertrauen fassen können. Erst danach folgen im Regelfall die Nebenwerte und überholen dann bei den Kurssteigerungen die etwas behäbigeren Blue Chips. Wissenschaftliche Untersuchungen zeigen, dass sich Small Caps langfristig besser als Large Caps entwickeln.

- **Turn-around:** Konzentration auf Werte, die stark gefallen sind und denen eine deutliche Kurserholung zugetraut wird. Nur wenn Sie daran glauben, dass Werte, die einen starken Kursrückgang hatten, bald wieder zu alten Kurshöhen zurückfinden, sind Turn-around-Fonds für Sie geeignet.
- **Momentum:** Ansatz, der auf einer Trendfortschreibung beruht. Momentum-Fonds gehen nach dem Motto »Gewinne laufen lassen« vor.
- **Aktienauswahl nach besonderen Kriterien:** Manche Fonds fahren eine besondere Strategie, die als erfolgversprechend angesehen wird. Sie investieren beispielsweise in Titel mit hoher Dividendenrendite oder in Aktien, die besonderen ethischen oder ökologischen Kriterien entsprechen. Hier sollten Sie überprüfen, ob die Strategie überzeugend ist und in der Vergangenheit über dem Marktdurchschnitt oder zumindest gleichauf gelegen hätte. Es gibt auch Fonds, die nach christlichen Kriterien oder gemäß den islamischen Scharia-Regeln anlegen. Hier spielt eher die Überzeugung der Anleger als eine höhere Erwartung an die Wertentwicklung eine Rolle. Ähnliches gilt für Ethik- und Umweltfonds.

- **Smart-Beta – oder Strategic-Beta-Ansätze:** Seit einiger Zeit erleben Smart-Beta – oder Strategic-Beta-Ansätze einen Absatzboom. Bei diesen Fonds wird das Portfolio nicht nach der Marktkapitalisierung der Titel gewichtet, sondern die Gewichtung knüpft an fundamentale Faktoren an. Dies können z.B. die Faktoren Small Cap, Value oder Momentum sein. Beispielsweise setzt sich ein solcher Fonds zu einem Drittel aus Small-Cap-Unternehmen zusammen, zu einem Drittel aus Aktien, die gerade ein positives Momentum aufweisen, und zu einem Drittel aus Titeln, die als fundamental günstig angesehen werden. Durch diese alternative Portfolio-Gewichtung erhofft man sich bessere Ergebnisse als durch eine klassische Index-Gewichtung.
- **Aktives/passives Management:** Ist die Anlage eines Fonds nahe am Index orientiert, wird von »passivem Management« gesprochen. Der Grund: Der Manager muss nicht wirklich aktiv einzelne Titel analysieren und auswählen, sondern der Index gibt die Anlage vor. Solche passiven Fonds haben meist eine geringere Managementgebühr als aktiv gemanagte, da hier keine aktive Aktienauswahl stattfindet. Ihr Ergebnis liegt naturgemäß nahe am Referenz-Index, der sogenannten »Benchmark«.

Die meisten passiven Fonds sind **Exchange Traded Funds** (ETFs), also Fonds, die wie Aktien an der Börse gehandelt werden. Ihr Vorteil liegt in den sehr niedrigen laufenden Kosten (etwa zwischen 0,1 % und 0,7 % p.a.), dem Börsenhandel (dadurch können z.B. Limitorders gegeben werden) und der klaren Indexorientierung (dies ermöglicht Absicherungs-Strategien). Ein DAX-ETF enthält also nur jene deutschen Standardwerte, die im Deutschen Aktienindex (DAX) vertreten sind, und zwar auch in der entsprechenden Gewichtung der einzelnen Aktien zueinander. Dabei gibt es ETFs, die ihren Index mehr oder minder genau nachbilden, und welche, die über sogenannte **SWAP-Verträge** die Indexergebnisse künstlich erzielen.

Viele Anleger glauben, dass selbst ein professioneller Fondsmanager auf Dauer nicht die Börsen »austricksen« kann, dass also durch eine aktive Auswahl von Einzelaktien der Index auf Dauer nicht zu schlagen ist. Für diese Anleger bieten sich Indexfonds an. Die **Befürworter aktiv gemanagter Fonds** glauben hingegen daran, dass ein guter Fondsmanager seinen Vergleichsindex übertreffen (outperformen) kann – sogar nach Kosten. Sie sind daher bereit, für das aktive Fondsmanagement mehr zu bezahlen als für ein passives Management, z.B. bei einem ETF.

Ein **aktiver Fondsmanager** muss sich nicht an die Zusammensetzung eines Index halten, sondern die Fonds-Struktur kann davon abweichen. Sie sollte sogar davon abweichen. Denn wenn ein aktiver Manager zu nahe an seinem Index klebt, kann der Anleger gleich in einen passiven Fonds investieren, der letztlich kostengünstiger ist. Durch die **Abweichung vom Index** (den sogenannten »Active Share«) kann das Ergebnis eines aktiv gemanagten Fonds über, aber auch unterhalb des Index liegen. Bei aktiv gemanagten Fonds kommt es auf die Erfahrung und das Können des Fondsmanagers an, ob er die Märkte richtig einschätzt.

**!** Wissenschaftliche Untersuchungen zeigen, dass besonders intensiv analysierte Märkte, wie z.B. der deutsche oder der US-Aktienmarkt, durch ein aktives Management schwer zu schlagen sind. Im Bereich von Small Caps oder von Schwellenländern haben jedoch gute aktive Manager eine Chance, die Märkte dauerhaft zu schlagen.

## 5.5 So wählen Sie Erfolg versprechende Aktienfonds aus

Aktienfonds sind so unterschiedlich in ihrer Ausrichtung und Performance und so zahlreich, dass es sich lohnt, anhand **der folgenden Entscheidungskriterien Ihr individuelles Fondsportfolio zusammenzustellen:**

- **Anlageausrichtung:** Für alle Investmentfonds gilt: Das wichtigste Kriterium bei der Fondswahl ist die Anlageausrichtung des Fonds. Sie bestimmt maßgeblich das erwartete Ergebnis und das mit der Anlage verbundene Risiko. Es gilt: Je enger ein Aktienfonds spezialisiert ist, desto stärker sind im Regelfall auch die Wertschwankungen.

- **Investmentstil/Strategie:** In der Fondsdokumentation wird meistens der Investmentstil bzw. die Strategie beschrieben, nach der das Fondsmanagement die Aktien auswählt. Die Strategie sollte Ihnen nicht nur vielversprechend vorkommen, sondern der Manager sollte auch unter Beweis gestellt haben, dass sich damit in der Vergangenheit gute Ergebnisse erzielen ließen. Auch die Entscheidung über ein aktives Management (meistens verbunden mit höheren Kosten) oder passives Management (meistens zu deutlich niedrigeren Kosten) gehört dazu.

- **Performance:** Die Performance (Wertentwicklung) eines Fonds ist ein wichtiges Kriterium bei der Auswahl und Beurteilung von Investmentfonds. Natürlich lässt sich das Ergebnis der Vergangenheit nicht einfach in die Zukunft übertragen. Aber es ist logisch, dass Sie einem Fondsmanagement, das in der Vergangenheit immer überdurchschnittlich abgeschnitten hat, auch in der Zukunft mehr zutrauen können als einem, das sich bei der Wertentwicklung schon immer im hinteren Bereich aufhielt.

- **Fondsergebnisse richtig beurteilen:** Hören Sie nicht einfach nur auf eine Anlageempfehlung, sondern vergleichen Sie Ihren Fonds mit ähnlich anlegenden. Entsprechende Finanzseiten im Internet liefern Ihnen die dazu notwendigen Performance-Daten.

> **!** Eine Möglichkeit sind z.B. Fondsvergleiche auf fondsweb.de (weiter unter »Tools«, dann »Fondsvergleich«). Weitere Vergleichsmöglichkeiten bieten auch die diversen Online-Broker, wie z.B. Consors (consorsbank.de) oder Comdirect (comdirect.de). Sehr kurzfristige Ergebnisse können von Sonderbewegungen oder Zufällen geprägt sein. Betrachten Sie einfach das 1-, 3- und 5-Jahres-Ergebnis und wählen Sie einen Fonds, der sich immer in der oberen Hälfte befindet. Noch deutlich längere Perioden zu betrachten ist nicht unbedingt besser. Möglicherweise hat der Fondsmanager in dieser langen Zeit bereits gewechselt oder der Fonds fährt inzwischen eine andere Anlagestrategie.

- **Fondsvolumen:** Da ein Fonds nicht nur variable, sondern auch fixe Kosten hat, die nicht vom Fondsvolumen abhängen (z.B. Preisveröffentlichung, Behörden-Gebühren, Wirtschaftsprüfer), sollte ein Fonds nicht zu klein sein. Bei Fonds mit nur wenigen Millionen Euro Fondsvolumen wirken sich die fixen Kosten zu stark auf das Ergebnis aus. Zu große Volumina hingegen können bei Fonds, die in enge Märkte investieren, hinderlich sein. Mit steigendem Anlagevolumen wird der Fonds schwerfälliger und beeinflusst bereits durch Kauf oder Verkauf seiner eigenen Position den Börsenkurs der ausgewählten Papiere. Bei Osteuropa-, Schwellenländer- oder Nebenwertefonds kann ein milliardenschweres Volumen daher nachteilig sein. Für weltweit anlegende oder in etablierte Aktienmärkte investierende Fonds ist dagegen ein großes Volumen kein Problem.

> **!** Das Fondsvolumen ist im Rechenschaftsbericht aufgeführt und auch auf verschiedenen Finanzseiten im Internet zu finden. Allerdings ist das Fondsvolumen im Internet oft nicht aktuell wiedergegeben. Die zuverlässigsten Angaben finden Sie auf den Webseiten der Fondsgesellschaften.

- **Volatilität:** Die Volatilität (Schwankungsintensität der Kurse) wird als wichtigster Maßstab für die Preisschwankungen herangezogen. Bei gleicher Wertentwicklung sollten Sie den Fonds mit geringerer Volatilität bevorzugen. Ebenso wie bei der Wertentwicklung ist auch hier eine Betrachtungsperiode von drei oder fünf Jahren sinnvoll.

> **!** Auch wenn eine höhere Volatilität an sich nicht wünschenswert ist, kann sie bei Sparplänen durchaus nützlich sein (Stichwort »Cost-Average-Effekt«). Wenn Sie also beabsichtigen in Aktienfonds über monatliche Ansparpläne anzulegen, darf ein Fonds auch etwas schwankungsintensiver sein. Am Anfang befindet sich ja erst wenig Geld im Fonds, das einen Verlust erleiden könnte. Bei einer Einmal-Anlage bevorzugen hingegen die meisten Investoren weniger volatile Fonds.

- **Kosten:** Die Kosten für Ihre Fondsanlage rücken angesichts der gesetzlich vorgeschriebenen Transparenz-Anforderungen zunehmend in den Blickpunkt. Zu Recht, denn die mit der Anlage verbundenen Kosten muss der Fondsmanager erst verdienen, ehe Sie überhaupt in die Gewinnzone kommen.

> **!** Achten Sie dabei nicht nur auf die Kosten, die in den »Wesentlichen Anlegerinformationen« oder im Prospekt ausgewiesen sind. Sondern auch auf die weiteren Kosten – auch auf die, die nicht in der Performance enthalten sind (z.B. Ausgabeaufschlag, Kosten für individuelle Depotführung, Service-Gebühr Ihres Beraters). Kosten hingegen, die in die Performance eingehen (z.B. Management- und Depotbank-

gebühr), verdienen zwar auch Beachtung. Aber diese sind bereits durch die Performance-Betrachtung berücksichtigt. Sämtliche Kosten können Sie dem Prospekt und dem Rechenschaftsbericht entnehmen.

- **Ausgabeaufschläge** sind nicht in Stein gemeißelt. Jeder Vertrieb kann, zumindest bei größeren Anlagesummen, den Ausgabeaufschlag reduzieren.

**!** Außerdem lassen sich mittlerweile seit vielen Jahren Fondsanteile auch über die Börsen erwerben – das gilt nicht nur für ETFs, sondern auch für die meisten anderen Fonds. In diesem Fall zahlen Sie die bankübliche Wertpapier-Transaktionsgebühr (Achtung: bei Kauf und bei Verkauf) und es gibt evtl. einen »Spread« zwischen Geld- und Briefkurs. Fast alle gängigen Fonds gibt es derzeit über die Börse, sehen Sie einfach auf der Homepage der Börsen nach.

| Der Kauf von Investmentfonds über die Börse | |
|---|---|
| **Börse** | **Website** |
| Hamburg-Hannover | boersenag.de |
| Berlin-Bremen | boerse-berlin.de |
| Düsseldorf | boerse-duesseldorf.de |
| Frankfurt | deutsche-boerse.com |
| München | boerse-muenchen.de |
| Stuttgart | boerse-stuttgart.de |

- **Fondspalette/Wechselkosten:** Früher waren die Fondspalette und die Wechselkosten zwischen einzelnen Fonds bei einer Fondsgesellschaft einen Blick wert. Heutzutage werden aber meist die Fonds ganz unterschiedlicher Gesellschaften gesammelt in einem Depot bei der Bank oder einer Fonds-Plattform gehalten. Daher spielen nicht mehr die Switch-Kosten der Fondsgesellschaft eine Rolle, sondern die Konditionen für den Ausgabeaufschlag, die Ihnen Ihr Vermittler anbietet.

! Fragen Sie danach, wie hoch die Ausgabeaufschläge bei Anteilskauf und beim Fondswechsel sind. Viele Vermittler bieten unterschiedliche Gebührenmodelle an. Oft werden beispielsweise die Ausgabeaufschläge deutlich gesenkt (teilweise auf 0 %) und dafür eine jährliche Servicegebühr eingeführt. Eine Servicegebühr ohne Reduzierung der Ausgabeaufschläge sollten Sie nicht akzeptieren.

- **Mindestanlage:** Die Mindestanlage kann bei Anlegern mit kleinerem Anlagevolumen ein Ausschlusskriterium sein. Mittlerweile spielen aber nicht mehr die Mindestanlagen, die durch die Fondsgesellschaften vorgegeben werden, eine Rolle. Sondern die Mindestanlagen, die die Depotstellen für Erstkäufe, Nachkäufe und Ansparpläne vorsehen. Fragen Sie einfach Ihren Anbieter oder Berater danach und überprüfen Sie, ob das mit der von Ihnen angedachten Anlagesumme vereinbar ist.
- **Abwicklung:** Die Abwicklungsqualität kann von Depotstelle zu Depotstelle unterschiedlich sein. Insbesondere weniger erfahrene Anleger werden durch Missgeschicke bei der Abwicklung verunsichert. Auch besondere Serviceangebote wie Spar- oder Auszahlpläne fallen unter die Abwicklungsqualität. Um die Abwicklungsqualität einer Depotstelle oder Fonds-Plattform beurteilen zu können, fragen Sie am besten Ihren Berater oder tauschen Sie sich in den Foren im Internet dazu mit anderen Anlegern aus.
- **Auflagewährung:** Die Auflagewährung des Fonds ist i.d.R. kein wichtiges Auswahlkriterium, da sie lediglich eine Umrechnungsgröße darstellt. Das Währungsrisiko eines Fonds liegt immer im Investment des Fonds (für einen Fonds, der in US-Titel investiert, z.B. im US-Dollar; für einen Mexikofonds im Mexikanischen Peso etc.). Ob der Fonds dann in Euro, Pfund oder Dollar angeboten wird, ist lediglich eine Sache der Umrechnung. Nur wenn der Fondsmanager ausdrücklich die jeweilige Währung hedgt (Kurssicherungsgeschäft), spielt die Auflagewährung des Fonds eine Rolle.

- **Möglichkeit zu Anspar- bzw. Auszahlplänen:** Wer monatlich oder quartalsweise einen bestimmten Betrag in einen Aktienfonds anlegen möchte, für den ist das Angebot für Ansparpläne ein wichtiges Kriterium. Fast alle deutschen und sehr viele ausländische Fondsgesellschaften bieten inzwischen Ansparpläne an, um regelmäßig Fondsanteile zu erwerben. Auch die meisten Depotstellen und Fonds-Plattformen bieten dies an – oft schon für geringe Beträge ab 25,– € pro Monat. Für Anleger, die von ihrem Fondsvermögen leben möchten, ist es auch wichtig, dass die Depotstelle einen Auszahlplan anbietet.
- **Rating oder Ranking:** Es gibt spezialisierte Unternehmen, die sich mit der Beurteilung von Fonds befassen (z.B. Morningstar, Telos). Ein Ranking (engl.: to rank = reihen, ordnen) stellt im engeren Sprachgebrauch eine rein quantitative Betrachtung dar, die Performance- und Volatilitäts-Kennziffern berücksichtigt. Bei einem Rating (engl.: to rate = einschätzen, beurteilen) dagegen werden Fonds von Fondsanalysten unter die Lupe genommen und hinsichtlich der Qualität des Fondsmanagements beleuchtet. Hier geht es um eine qualitative Analyse, aus der sich insbesondere Rückschlüsse für die zukünftige Entwicklung eines Fonds ziehen lassen.

! Der Vorteil von Ratings gegenüber Rankings besteht darin, dass bei einem Ranking ein Fonds ganz oben auf der Hitliste stehen kann, wenn er zufällig ein außergewöhnlich gutes Jahr hatte. Bei einem Rating wird dagegen hinterfragt, nach welchem System das Fondsmanagement vorgeht, um nach Möglichkeit solche Fonds zu kennzeichnen, die dauerhaft eine überdurchschnittliche Performance verzeichnen können. Viele Finanzmagazine veröffentlichen beispielsweise das Morningstar-Rating, bei dem den verschiedenen Fonds ein bis fünf Sterne verliehen werden. Solche Bewertungen erleichtern Ihnen als Anleger die Arbeit.

## 5.6 Vielfältige Informationsmöglichkeiten über Aktienfonds

Durch den enormen Aufschwung der Fondsbranche und den zunehmenden Bedarf an unabhängiger Fondsinformation gibt es inzwischen **ein breit gefächertes Informationsangebot.** Von Fachbüchern über Finanzmagazine bis hin zu interaktiven Informationen im Internet ist alles verfügbar. Das Internet bietet den Vorteil, sehr aktuelle Informationen bereitzuhalten und mit Suchfunktionen zu arbeiten. Hier lässt sich z.B. nach der Wertpapierkennnummer (WKN) des Fonds oder dem Fondsnamen suchen. Sie finden dann viele Treffer zu dem jeweiligen Fonds und können sich weiter informieren. Viele Finanzseiten bieten häufig gestellte Fragen mit Antworten, Glossare, in denen Fachbegriffe erklärt werden, Portraits der Fondsmanager, Fondsvergleiche und Fonds-Rechner. Diese können Sie kostenlos nutzen.

Fast alle **Online-Broker,** über die Sie Fonds erwerben können, bieten sehr gute Informationen im Internet an, beispielsweise auch grafische Vergleichs-Tools (z.B. Consors, Comdirect). Daneben sind auch die folgenden Webseiten hilfreich:

- finanztreff.de
- onvista.de
- infos.com
- bvi.de
- fondsprofessionell.de
- fondsweb.de

## 5.7 Wenn etwas schiefläuft: Die Ombudsstelle für Investmentfonds

Nach der Finanzkrise hat der EU-Gesetzgeber für fast alle Bereiche eine eigene Ombudsstelle eingeführt. Dort sollen Verbraucherstreitigkeiten aus den Bereichen Kauf und Dienstleistung außergerichtlich beigelegt werden. Das spart für die Parteien Kosten und reduziert erheblich die Dauer der Streitfälle im Vergleich zu einem Gerichtsverfahren. Daher gibt es seit 1.9.2011 auch **für Investmentfonds eine Ombudsstelle.** Ihre Zuständigkeit bezieht sich auf folgende Themenbereiche: offene und geschlossene Fonds, inklusive Streitigkeiten über Altersvorsorgeverträge (z.B. Riesterverträge) oder Depotführung.

Die Fonds-Schlichtungsstelle wird vom deutschen Fondsverband BVI organisiert. Finanziert wird sie von der Branche. Fondsgesellschaften und Verwahrstellen können sich der Ombudsstelle freiwillig anschließen und kommen dann anteilmäßig für die Kosten auf. Diese richten sich nach der Größe des verwalteten Publikumsfonds-Vermögens und der Anzahl der Beschwerden über die jeweilige Gesellschaft. So wird auch dem Verursacher-Prinzip Rechnung getragen. Die **Finanz-Aufsichtsbehörde BaFin** hat eine Auffang-Schlichtungsstelle, die bei Streitfällen mit Fondsgesellschaften angerufen werden kann, die nicht freiwillig Mitglied der BVI-Ombudsstelle sind.

! An die Ombudsstelle für Investmentfonds können Sie sich wenden, wenn beispielsweise der Fondsmanager von seiner im Prospekt beschriebenen Anlagestrategie abweicht oder wenn ein Fonds die Rücknahme von Fondsanteilen verweigert, wie dies bei mehreren offenen Immobilienfonds der Fall war. Nicht zuständig ist die Ombudsstelle für Investmentfonds hingegen für Beratungs-Probleme. Im Gegensatz dazu ist der Ombudsmann für Versicherungen beispielsweise auch für Streitigkeiten zwischen Versicherungsvermittlern oder -beratern und Versicherungsnehmern zuständig.

Die **Adresse der Ombudsstelle für Investmentfonds** lautet:

Büro der Ombudsstelle des BVI Bundesverband Investment und Asset Management e.V.

Unter den Linden 42
D-10117 Berlin

Telefon: +49 30 6 44 90 46–0
Mail: info@.ombudsstelle-investmentfonds.de
Internet: www.ombudsstelle-investmentfonds.de

# 6 Vermögensaufbau und Altersvorsorge mit Investmentfonds

## 6.1 Einfach, bequem und flexibel: Eine Geldanlage in Investmentfonds bietet viele Vorteile

In Deutschland gibt es seit über 60 Jahren **Investmentfonds** und ihr Prinzip überzeugt bis heute: Ein Fonds bündelt das Geld vieler Sparer und legt es je nach Art des Fonds in zahlreiche Aktien, Anleihen oder Immobilien an. Wer Fondsanteile kauft, erreicht so schon mit relativ kleinen Beträgen eine **breite Streuung über verschiedene Wertpapiere und Anlageklassen** und hinsichtlich der mit ihnen verbundenen Chancen und Risiken. Die Anlage ist einfach und komfortabel. Der Anleger braucht nach dem Kauf keine weiteren Entscheidungen zu treffen. Denn Fonds werden von professionellen Vermögensverwaltern gemanagt, die sich um die Auswahl und Zusammenstellung der Wertpapiere kümmern.

Neben der Risikostreuung ist die **Flexibilität** ein wichtiger Vorteil: Fondsanteile können – bis auf wenige Ausnahmen – **börsentäglich ge- und verkauft werden.** Im Gegensatz zu vielen anderen Geldanlagen sind Fondssparer also nicht an Haltefristen gebunden und können ihren Anteilsbestand jederzeit erhöhen oder verringern.

Die **Entwicklung der Anteilspreise** lässt sich in Tageszeitungen und im Internet jederzeit beobachten. Auch darüber, wie die Gelder angelegt sind, besteht eine weitgehende Transparenz. Investmentgesellschaften informieren über ihre Anlageziele und -grundsätze in den Verkaufsprospekten und Anlegerinformationen. Über alle getätigten Transaktionen geben die Investmentgesellschaften in halbjährlichen **Rechenschaftsberichten** Auskunft. Darüber hinaus stellen die meisten im Internet detaillierte Informationen über die Wertentwicklung und die aktuelle Aufteilung des Fondsvermögens zur Verfügung. Transparenz gilt auch für die Kosten der Fonds. Denn diese müssen in Verkaufsprospekten und Anlegerinformationen ebenfalls offengelegt werden.

Ein weiterer, wichtiger Vorteil aus Anlegersicht ist schließlich die **Sicherheit von Fondsanlagen.** Zwei Aspekte spielen hier eine Rolle:

- Fonds sind **insolvenzgeschützt.** Denn die Wertpapiere und Zahlungsmittel des Fonds werden stets getrennt vom Vermögen der Fondsgesellschaft verwahrt. Sollte die Fondsgesellschaft zahlungsunfähig werden, sind die Vermögensgegenstände des Fonds als rechtlich eigenständiger Bestand davon nicht betroffen.
- Darüber hinaus ist die Investmentbranche stark reguliert, wobei die **Bundesanstalt für Finanzdienstleistungsaufsicht (BaFin)** die Einhaltung der Regeln streng überwacht.

Obwohl sie das Auf und Ab der Wertpapiermärkte grundsätzlich scheuen, erkennen zunehmend mehr deutsche Anleger die Vorteile der Investmentfonds und nutzen diese sowohl als Einmalanlage als auch in Form eines **Ansparplans** für unterschiedliche Sparziele, sei es die finanzielle Absicherung des Ruhestandes, die Ausbildungsfinanzierung der Kinder oder Enkelkinder oder das langfristige Sparen, um sich einen besonderen, exklusiven Wunsch zu erfüllen.

## 6.2 Sparplan mit Investmentfonds: Schritt für Schritt zum großen Vermögen

Fast alle Investmentgesellschaften bieten **langfristige Ansparpläne** mit dem Ziel des **kontinuierlichen Vermögensaufbaus** an. Investmentfonds-Sparpläne haben bei den verschiedenen Fondsgesellschaften unterschiedliche Namen. Sie werden als Vermögensplan, Aufbauplan oder auch als Wachstumsplan bezeichnet. Unabhängig von der Bezeichnung ist das Prinzip jedoch immer gleich. Denn es handelt sich im Grunde um einen Dauerauftrag zum Kauf von Investmentanteilen.

### 6.2.1 So funktioniert der Ansparplan

Mit dem Abschluss eines Ansparplans entscheiden Sie sich **regelmäßig** eine bestimmte Summe über einen längeren Zeitraum in einen Investmentfonds einzuzahlen. Von den eingezahlten Sparraten werden regelmäßig Anteile an einem bestimmten, zuvor individuell ausgesuchten Fonds gekauft und dann in das Depot des Anlegers eingebucht.

Der **Investmentsparplan** bietet dabei in allen zuvor genannten Punkten ein **Höchstmaß an Flexibilität:**

- **Zahlungsrhythmus**: Ansparpläne lassen sich in der Regel monatlich, viertel- oder halbjährlich besparen. Manchmal gibt es auch die zweimonatliche Einzahlungsvariante. Das gewählte Intervall ist jederzeit kostenlos änderbar.

- **Anlagesumme**: In der Regel verlangen die Anbieter eine regelmäßige Einzahlung von mindestens 50,– €. Einige bieten Fondssparpläne schon ab einer Sparrate von 25,– € an. Für die Wahl der Ratenhöhe sind die individuellen Möglichkeiten und Sparziele entscheidend. Die Rate ist auch während der Laufzeit flexibel und kann jederzeit nach oben oder unten an veränderte Lebensumstände angepasst werden.

- **Anspardauer**: Bei Abschluss des Sparplans legen Sie sich nicht auf eine bestimmte Anlagedauer fest. Sie können jederzeit, ohne Einhaltung von Mindestsparzeiten oder Kündigungsfristen, eine oder mehrere Raten auslassen oder die Einzahlungen endgültig stoppen. Zusätzliche Flexibilität bietet die Möglichkeit, bisher erworbene Investmentanteile tagtäglich ganz oder teilweise zu veräußern.

**!** Die freie Wahl des Einzahlungsrhythmus gibt Ihnen die Möglichkeit, Ihre Sparleistung auch bei kleinen Monatsbeiträgen auf mehrere Fonds zu verteilen. Sie können beispielsweise die erste Monatsrate in einen Aktienfonds einzahlen, im nächsten Monat kaufen Sie Anteile an einem Rentenfonds und im dritten Monat Immobilienfonds-Anteile. Dieses Anlagekarussell starten Sie nun vierteljährlich neu und erzielen trotz geringer Anlagesumme eine gute Depotmischung.

### 6.2.2 Kleine Beträge – große Wirkung: So profitieren Sie vom Zinseszinseffekt

Langfristige Sparvorgänge sind unabhängig davon, welche Anlageform gewählt wird, insbesondere durch den **Zinseszinseffekt** interessant. Das angelegte Kapital vermehrt sich zunächst durch die regelmäßigen Sparraten und die darauf – hoffentlich – erzielten Erträge, wie z.B. Zinsen oder Dividendenausschüttungen. Wer sich diese Erträge nicht auszahlen lässt, sondern sie unmittelbar wieder anlegt, erhält in den nächsten Jahren auch darauf Erträge. Dank Zinseszinseffekt wachsen so über die Jahre betrachtet selbst relativ kleine Anlagebeträge zu ansehnlichen Summen heran.

Die nachfolgende Grafik verdeutlicht den **Zinseszinseffekt am Beispiel einer Einmalanlage:**

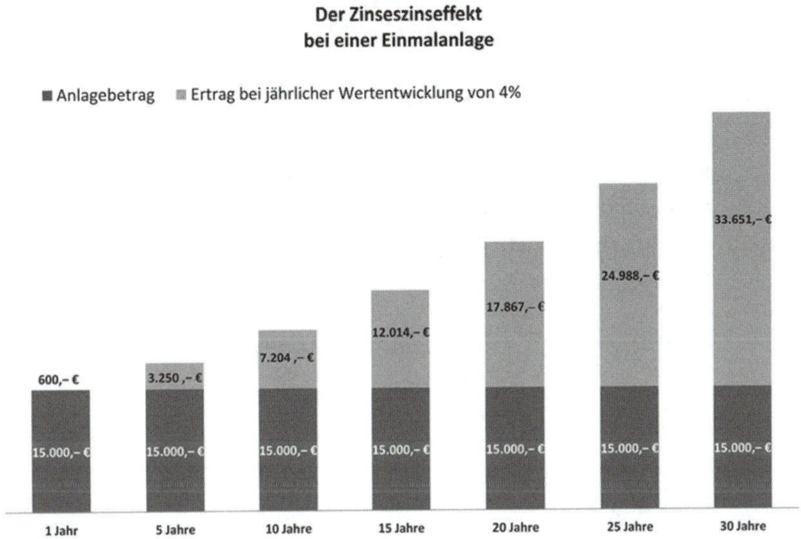


» Betrachtet wird die Verzinsung eines Kapitalbetrages in Höhe von 15.000,– € bei einer angenommenen jährlichen Verzinsung mit 4 %. Ohne die Wiederanlage der Zinsen könnte der Sparer jedes Jahr Zinseinnahmen in Höhe von 600,– € erzielen. Nach einer Spardauer von beispielsweise 5 Jahren hätte er somit insgesamt 3.000,– € Zinsen erhalten. Bei sofortiger Wiederanlage lässt sich der Zinsertrag im gleichen Zeitraum auf 3.250,– € steigern. Bei einer angenommenen Laufzeit von 30 Jahren beträgt der Mehrertrag dank des Zinseszinseffekts sogar 15.651,– € (= 33.651,– € ./. 30 × 600,– €)

Der **Zinseszinseffekt** wirkt sich also umso stärker aus, je langfristiger der Sparvorgang ist, egal ob als Einmalzahlung oder als Sparplan. Auch das nachfolgende Beispiel zeigt, wie vorteilhaft ein **frühzeitiger Vermögensaufbau** ist:

» Anleger A beginnt bereits im Alter von 20 Jahren, jeden Monat 50,– € fürs Alter zurückzulegen. Anleger B fängt erst 10 Jahre später an, investiert dafür aber doppelt so viel, nämlich 100,– € monatlich, in den gleichen Fonds wie Anleger A. Bei einer durchschnittlichen Verzinsung von 4 % pro Jahr entwickelt sich das Vermögen der beiden Anleger im Zeitablauf folgendermaßen:

**Vermögensaufbau mit Sparplänen und Zinseszinseffekt**

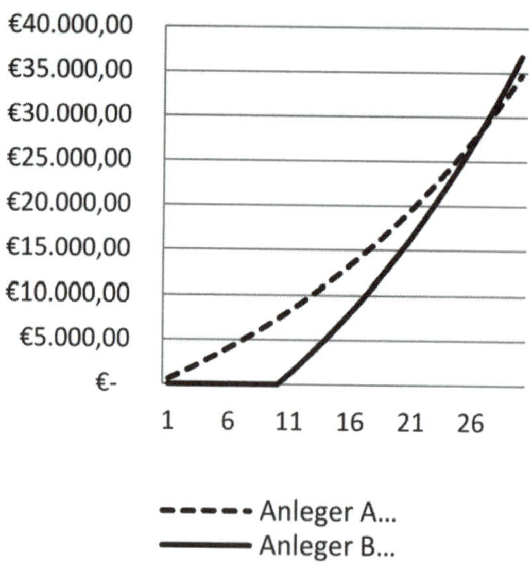


Obwohl die monatliche Sparrate von Anleger B fast doppelt so hoch ist, dauert es fast 17 Jahre, bis er das gleiche Vermögen angesammelt hat wie Anleger A.

!

»Zeit ist Geld«, das gilt insbesondere im Bereich des Vermögensaufbaus. Je mehr Zeit zur Verfügung steht, desto besser lässt sich der Effekt des Zinseszinses ausnutzen und desto stärker kann das eigene Vermögen wachsen. Wer nicht auf regelmäßige Auszahlungen angewiesen ist, sollte sich bei der Anlage seines Investmentfonds-Sparplans für einen »thesaurierenden« Fonds entscheiden, der eine automatische Wiederanlage der erzielten Erträge vornimmt.

## 6.2.3 Cost-Average-Effekt: Durchschnittspreise wirken keine Wunder

Die regelmäßige Geldanlage in Fondssparpläne wurde lange Zeit mit dem »**Cost-Average-Effekt**« beworben. Dieser besagt, dass die konsequente, regelmäßige Einzahlung gleich hoher Sparraten über einen längeren Zeitraum den durchschnittlichen Preis pro erworbenem Fondsanteil senkt. Die Aussage scheint intuitiv richtig: Aufgrund der konstanten Höhe der Zahlungen erwirbt der Anleger bei niedrigen Preisen mehr und bei hohen Preisen automatisch weniger Anteile. Er verhält sich also automatisch **antizyklisch** und erzielt somit langfristig günstigere Preise als bei anderen Kaufstrategien.

### Kursschwankungen sind Voraussetzung für den Cost-Average-Effekt

Der Cost-Average-Effekt kann grundsätzlich nur dann eintreten, wenn der Sparer kontinuierlich eine feste Summe anlegt und die gewählte Anlage **Kursschwankungen unterliegt.**

Im Gegensatz zu anderen Wertpapieren lassen sich Investmentfonds besonders leicht mit festen Beträgen besparen, da auch **Anteilsbruchteile** erworben werden können, beispielsweise 1,45 Anteile.

» Zwei Anleger kaufen regelmäßig Anteile des gleichen Fonds. Während Anleger A stets die gleiche Summe investiert, kauft Anleger B immer die gleiche Anzahl von Anteilen. Im Verlauf der betrachteten fünf Perioden kommt es zu starken Kursschwankungen:

| Zeitpunkt | Preis pro Anteil | Anleger A | | Anleger B | |
|---|---|---|---|---|---|
| | | Sparrate | Anteile | Sparrate | Anteile |
| 1 | 100,– € | 100,– € | 1,00 | 120,– € | 1,20 |
| 2 | 80,– € | 100,– € | 1,25 | 96,– € | 1,20 |
| 3 | 70,– € | 100,– € | 1,43 | 84,– € | 1,20 |
| 4 | 75,– € | 100,– € | 1,33 | 90,– € | 1,20 |
| 5 | 100,– € | 100,– € | 1,00 | 120,– € | 1,20 |
| Summe | | 500,– € | 6,01 | 510,– € | 6,00 |
| Ø Kaufkurs | | 83,19 € | | 85,– € | |

Die **Tabelle** macht deutlich, dass Anleger A sich automatisch antizyklisch verhält und bei dem niedrigsten Kurs von 70,– € besonders viele Fondsanteile erwirbt. Insgesamt bezahlt er 500,– € für 6 Anteile, pro Anteil also durchschnittlich 83,19 €. Anleger B kauft unabhängig vom Kursverlauf stets 1,2 Fondsanteile und besitzt am Ende ebenfalls 6 Anteile. Allerdings hat er 510,– €, also durchschnittlich 85,– € pro Anteil ausgegeben. Der **Cost-Average-Effekt** durch die konstanten Sparraten zeigt sich hier in dem um 2,15 % günstigeren Durchschnittspreis für Anleger A.

## Rechnerische Bestätigung des Cost-Average-Effekts bei fallenden, schwankenden und steigenden Kursen

Das Eintreten des Durchschnittskosteneffekts lässt sich bei verschiedenen **Kursszenarien** rechnerisch belegen:

» Unterstellt wird eine regelmäßige Anlage von monatlich 100,– € innerhalb der kommenden vier Monate:

| **Kursverlauf** | **Fallende Kurse** | | **Schwankende Kurse** | | **Steigende Kurse** | |
|---|---|---|---|---|---|---|
| | **Preis je Anteil** | **gekauft** | **Preis je Anteil** | **gekauft** | **Preis je Anteil** | **gekauft** |
| Monat 1 | 75,– € | 1,333 | 45,– € | 2,222 | 45,– € | 2,222 |
| Monat 2 | 65,– € | 1,538 | 55,– € | 1,818 | 50,– € | 2,000 |
| Monat 3 | 60,– € | 1,667 | 35,– € | 2,857 | 65,– € | 1,538 |
| Monat 4 | 45,– € | 2,222 | 45,– € | 2,222 | 75,– € | 1,333 |
| **Ø Kurs**[1)] | 61,25 € | | 45,– € | | 58,75 € | |
| **Anteile insg.** | 6,760 | | 9,119 | | 7,093 | |
| **Ø Einstandspreis**[2)] | 59,17 € | | 43,86 € | | 56,39 € | |
| **Preisvorteil je Anteil** | **2,08 €** | | **1,14 €** | | **2,36 €** | |

1) bei Kauf eines Anteils pro Monat

2) bei Kauf von Anteilen für 100,– € monatlich

Um den **Durchschnittskosteneffekt** zu belegen, wird jeweils der durchschnittliche Kurs innerhalb der viermonatigen Spardauer verglichen mit dem Preis, den der Anleger durchschnittlich für die von ihm erworbenen Anteile bezahlt hat. Im vorliegenden Beispiel ist der berechnete Preisvorteil bei steigenden Kursen am höchsten, da in den ersten beiden Perioden bei geringen Kursen sehr viele Anteile erworben wurden, die dann von den Kurssteigerungen in den letzten Perioden profitieren. Doch auch bei einem schwankenden Marktumfeld und bei sinkenden Kursen ergibt sich jeweils ein Preisvorteil.

**Mathematisch** betrachtet ist ein »positiver« Effekt auf die Durchschnittskosten in allen Kursszenarien belegbar und in der dargestellten Form auch unbestritten. Kritisch diskutiert wird allerdings dessen praktische Relevanz, denn die Prämissen der Vergleichsrechnung sind wenig plausibel: Im ersten Rechenbeispiel kann die konstante Anzahl von Anteilen, die als Vergleichsmaßstab herangezogen wird, erst **rückwirkend** ermittelt werden. Da beide Anleger am Ende des Betrachtungszeitraums den gleichen Depotwert erzielt haben sollen, wird anhand des unterstellten Kursverlaufs zunächst berechnet, wie viele Fondsanteile der »Cost-Average-Anleger« tatsächlich gekauft hat. Daraus wird dann anschließend der periodisch konstante Anteilskauf der Alternativstrategie errechnet.

Die errechneten Preisvorteile im zweiten Beispiel unterstellen, dass die Alternativstrategie jeweils den Kauf von **exakt einem** Anteil zum jeweiligen Kurs vorsieht. Daher entspricht der durchschnittliche Einstandskurs dem Durchschnittskurs über die betrachtete Zeitspanne. In der Praxis wird kein Anleger, unabhängig davon, wie hoch deren Kurs ist, regelmäßig eine feste Anzahl von Fondsanteilen kaufen. Denn jeder weiß intuitiv, dass ein antizyklisches Investieren bessere Renditechancen eröffnet.

**!** Sinkende Kurse in der Anfangsphase sind kein Grund zur Nervosität. Im Gegenteil: Kräftige Kursrückschläge bieten zu diesem Zeitpunkt vielmehr die Chance, durch Sonderzahlungen auf Ihr Investmentkonto zusätzliche Fondsanteile günstig zu erwerben.

Je länger Sie Ihren Sparplan bereits haben, desto höher ist allerdings bei sinkenden Kursen das Risiko, Verluste bis zum geplanten Ende der Ansparphase nicht mehr ausgleichen zu können. Denn **mit fortschreitender Spardauer** übersteigt das bereits angelegte Vermögen die noch ausstehenden Sparraten um ein Vielfaches und der Sparplan erhält mehr und mehr den Charakter einer Einmalanlage.

**!** Zwar spricht die Wissenschaft dem Cost-Average-Effekt die praktische Relevanz ab. Dennoch sind die Vorteile des regelmäßigen Sparens mit Investmentfonds unbestritten: Feste Sparraten garantieren ein antizyklisches Kaufverhalten. Und je länger Sie dabei zu niedrigen Kursen vergleichsweise viele Anteile einsammeln und so den durchschnittlichen Einstandskurs ihrer gesamten Fondsanteile verbilligen, desto mehr Kapital nimmt anschließend an späteren Wertsteigerungen teil.

### 6.2.4 Ablaufproblematik: Kursschwankungen gegen Laufzeitende wirkungsvoll begegnen

Da ein Ansparplan mit zunehmender Anspardauer und entsprechend großer Anzahl bereits erworbener Anteile mehr und mehr **einer Einmalanlage gleicht,** müssen sich Sparer mit der **»Ablaufproblematik«** auseinandersetzen: Eine schlechte Kursentwicklung am Ende der geplanten Spardauer hat erhebliche Auswirkungen auf den Depotwert und kann die insgesamt erzielte Rendite erheblich reduzieren. Damit Sie nicht gezwungen sind, Ihre Anteile zu ungünstigen Preisen zu verkaufen, bieten sich insbesondere **zwei Vorgehensweisen** an:

#### Pufferzeiträume geben Handlungsspielraum

Bei der Anlage Ihres Sparplans sollten Sie hinsichtlich der Spardauer unbedingt **einige Jahre Pufferzeitraum einkalkulieren.** Je nach gegebener Kurssituation können Sie dann flexibel reagieren:

- Findet gegen Ende Ihrer Anspardauer ein rasanter Kursaufschwung statt, kann das Depot ganz oder teilweise aufgelöst und in weniger kursanfällige Anlageformen umgetauscht werden. Auf diese Weise realisieren Sie bereits erzielte Wertzuwächse und »frieren« diese quasi in einer sicheren Anlage ein.
- Herrscht dagegen am Ende Ihres Ansparplans eine Baisse, können Sie in der Wartephase die niedrigen Kurse aussitzen. Wer über ausreichend liquide Mittel verfügt, nutzt die günstigen Einstandspreise vielleicht sogar für Sonderzahlungen auf sein Depot.

! Dient der Investmentsparplan Ihrer Altersvorsorge, reicht es in der Regel aus, nur einen Teil des angesparten Depotvermögens in risikolose Anlageformen umzuschichten. Denn meist benötigen Sie ja für den Ruhestand keinen größeren Betrag auf einmal, sondern streben regelmäßige Auszahlungen über einen längeren Zeitraum an.

## Fonds mit eingebautem Ablaufmanagement: Zielvorgabe oder Lebenszyklusfonds

Wer sich nicht selber um die Ablaufproblematik kümmern möchte, sondern es lieber bequem hat, kann auf »vorgefertigte« Fondsprodukte zurückgreifen, die **das Anlageergebnis zum Ende der Laufzeit automatisch absichern.** Sie werden allgemein als Zielvorgabefonds (Target Funds) oder als Lebenszyklusfonds bezeichnet.

**Zielvorgabefonds** sind gemanagte Fonds mit einer festen Laufzeit, die bis zu mehrere Jahrzehnte betragen kann. In den ersten Laufzeitjahren wird das Kapital überwiegend in chancenreiche Wertpapierformen investiert. Je näher das Laufzeitende rückt, desto stärker wird das Risikolevel abgesenkt, indem das Vermögen sukzessive in weniger schwankungsintensive Anlageformen umgeschichtet bzw. am Geldmarkt angelegt wird. Zielvorgabefonds sind entweder als Misch- oder als Dachfonds konstruiert:

- **Mischfonds** können die eingezahlten Gelder je nach Marktlage in gewissen Grenzen auf verschiedene Anlagen wie Geldmarkttitel, Rentenpapiere und Aktien verteilen.
- **Dachfonds** ermöglichen ebenfalls eine breite Streuung der Gelder. Sie investieren aber nicht direkt in die unterschiedlichen Anlageformen, sondern kaufen Fondsanteile anderer Investmentfonds.

**!** Zielvorgabefonds, die als Mischfonds aufgelegt sind, sind im Vergleich zu Dachfonds die günstigere Variante. Da sie die Gelder wiederum in Fonds investieren, weisen Dachfonds eine zusätzliche Managementebene auf, die ebenfalls Verwaltungsgebühren verursacht. Damit fällt ihre Nettorendite im Vergleich zu Mischfonds geringer aus.

Am Ende der Laufzeit werden nur die wenigsten Zielvorgabefonds tatsächlich aufgelöst. Meistens bleiben sie auch nach dem geplanten Ende erhalten, in der Regel als reine Geldmarktfonds, und Anleger können ihre Gelder dort belassen. In anderen Fällen ist nach Laufzeitende ein Zeitpuffer vorgesehen, innerhalb dessen das angelegte Kapital allerspätestens in sichere Werte übertragen werden muss.

Für Anleger sind Zielvorgabefonds eine bequeme Form der **Altersvorsorge.** Denn das Fondsmanagement berücksichtigt bei seinen Anlageentscheidungen nicht nur die aktuelle Marktlage, sondern auch den Lebenszyklus der Sparer. Die kontinuierlichen Umschichtungen folgen einer konservativen Anlagestrategie, die dem Erhalt des Kapitals absoluten Vorrang gibt. Diese Strategie wird konsequent verfolgt.

**Zielvorgabefonds** haben allerdings auch **Nachteile:**

- Die strikte Umsetzung der Umschichtungsvorgaben kann in bestimmten Börsenphasen dazu führen, dass Renditechancen ungenutzt bleiben.
- In der Vergangenheit mussten zahlreiche Lebenszyklusfonds geschlossen werden, da die Mittelzuflüsse zu gering und die Fonds für die Gesellschaften nicht rentabel waren. Langfristig lebensfähig sind laut Experteneinschätzung nur solche Fonds, deren Volumen mindestens 50 Millionen Euro beträgt.

**!** Wenn Sie sich für einen Zielvorgabe- bzw. Lebenszyklusfonds interessieren, müssen Sie unbedingt auf das Fondsvolumen und auf die erhobenen Gebühren achten. Die jährliche Verwaltungsgebühr sollte sinken, je mehr Geld der Fonds in Anleihen umschichtet, denn die Kosten für die Verwaltung sind bei Rentenfonds deutlich geringer als bei Aktienfonds.

## Garantiefonds: Sicherheit hat ihren Preis

Zur Vermeidung der Ablaufproblematik bieten sich auch Garantiefonds als Anlagealternative an. Sie garantieren am Ende der festgelegten Laufzeit oder Anlageperiode die **Rückzahlung eines bestimmten Mindestbetrags.** Je nach Fonds werden die Garantiewerte unterschiedlich festgesetzt:

- Bei Garantiefonds mit **Kapitalgarantie** erhält der Anleger seinen Einsatz oder einen bestimmten Prozentsatz davon auf alle Fälle zurück.
- Garantiefonds mit **Höchststandsicherung** sind besonders defensiv ausgerichtet. Denn sie garantieren, dass der Anteilswert zuzüglich Ausschüttungen nicht unter einen festgesetzten Prozentsatz des höchsten erreichten Netto-Inventarwertes des Fonds sinkt. Die Prozentsätze liegen dabei üblicherweise zwischen 75 % und 90 %. Durch die regelmäßige Ermittlung der Garantiewerte steigt die Höhe der Garantie kontinuierlich an.

Garantiefonds sind als **Mischfonds** konstruiert. Ein Teil des Geldes wird in festverzinsliche Anlagen höchster Bonität angelegt, um das gegebene Versprechen erfüllen zu können. Erst wenn das Garantieniveau gesichert ist, kann der noch verbliebene Teil der Gelder in renditestarke, aber zugleich auch risikoreichere Titel investiert werden.

**!** Garantiefonds schützen Anleger zwar vor Verlusten am Laufzeitende. Diese Sicherheit hat jedoch ihren Preis: Insbesondere in Zeiten niedriger Zinsen haben die Fonds nämlich kaum die Möglichkeit in Aktienanlagen zu investieren, da sie die Garantieversprechen über einen extrem hohen Anteil erstklassiger, jedoch extrem niedrig verzinster Anleihen sichern müssen. Dementsprechend mager fällt ihre Rendite dann aus.

### 6.2.5 Ihr Ansparplan: Tipps zum Aufbau und zur Fondsauswahl

Wer einen **passenden Fonds für seinen Investmentsparplan** sucht, hat auf dem deutschen Markt die Auswahl unter fast 8.000 Investmentfonds, die für den Verkauf an Privatanleger zugelassen sind. Die Anzahl der tatsächlich infrage kommenden Fonds reduziert sich allerdings deutlich, wenn Anleger die folgenden wichtigsten Auswahl- und Anlagekriterien bei Abschluss ihres Investmentsparplans beachten.

#### Günstige Depotbank auswählen

Vor der Eröffnung eines Fondssparplans müssen Anleger entweder bei einer Bank, einer Sparkasse oder direkt bei einer Fondsgesellschaft ein **Wertpapierdepot einrichten.** Die Wahl der depotführenden Stelle hat erheblichen Einfluss auf die zur Verfügung stehenden Fonds. Denn Banken und Sparkassen empfehlen vor allem hauseigene Fonds und nicht alle bieten ihren Kunden auch Fremdfonds an. Wer sein Depot direkt bei einer Investmentgesellschaft eröffnet, kann nur Fonds der betreffenden Gesellschaft auswählen.

**!** Eine breite Auswahl an Fonds bieten dagegen Direktbanken und Discountbroker, die zusätzlich mit günstigen Gebühren punkten.

## Risikoneigung und Anlagedauer

Je nach Risikobereitschaft stehen unterschiedliche Fondsgattungen zur Auswahl. Wer in erster Linie auf Sicherheit bedacht ist, sollte grundsätzlich Aktienfonds mit besonders hohen Kursschwankungen wie beispielsweise **Spezialitätenfonds** meiden. Bei der Altersvorsorge spielen aber auch das Lebensalter und der Anlagehorizont eine erhebliche Rolle: Wer jung ist und noch einige Sparjahrzehnte vor sich hat, kann zunächst durchaus auf renditestarke Aktienfonds setzen und seinen Sparplan erst im Laufe der Jahre auf zinssichere Rentenfonds umstellen.

## Gebührenbelastung

Depotführungsgebühr, Ausgabeaufschlag und/oder Managementgebühr: Die Anzahl und die Höhe der für Investmentsparpläne erhobenen Gebühren unterscheidet sich je nach Anbieter und Fonds mitunter erheblich. **Depotführungsgebühren** lassen sich vermeiden: Fondssparpläne werden inzwischen fast ausschließlich ohne Depotgebühren angeboten. Da jede monatliche Rate als neuer Fondskauf gilt, ist ein Vergleich der Transaktionskosten beim regelmäßigen Investmentsparen aber besonders wichtig.

Der Kauf von Anteilen an »klassischen« Investmentfonds erfolgt üblicherweise zum Ausgabepreis der Investmentgesellschaft einschließlich **Ausgabeaufschlägen,** die bis zu 5 % betragen können. Aufgrund der geringen Gebühren werden Sparpläne mit **Exchange Traded Funds** (ETFs) zunehmend beliebter. ETFs sind börsengehandelte Indexfonds, die einen Börsenindex, wie z.B. den DAX oder den weltweiten Aktienindex MSCI, eins zu eins nachbilden. Beim Kauf werden entweder Orderprovisionen, die meist zwischen 1,5 % und maximal 2 % liegen, berechnet oder fixe Gebühren erhoben.

! Je kleiner der Anlagebetrag, desto stärker fallen fixe Gebühren ins Gewicht. Es kann sich daher lohnen, Beträge zu bündeln und lieber quartalsweise einen höheren Betrag zu investieren als monatlich eine kleinere Summe.

## Wertentwicklung in der Vergangenheit

Bei der Fondsauswahl sollten Sie grundsätzlich auch die **Wertentwicklung in der Vergangenheit** berücksichtigen. Entscheidend hierbei ist stets die langfristige Entwicklung und nicht das kurzfristige Ergebnis. Denn: Ein einzelnes, besonders gutes Ergebnis kann ein Zufallstreffer sein. Schlägt der Fonds jedoch regelmäßig den Vergleichsindex, stehen die Chancen auf positive Ergebnisse auch für die Zukunft gut.

Eine schnelle Orientierung über die langfristige Wertentwicklung vergleichbarer Fonds bieten **Fondsratings.** Agenturen wie Feri oder Morningstar bewerten permanent eine Vielzahl von Fonds und teilen diese in jeweils fünf Ratingklassen ein, die von »sehr gut« (Note A bzw. 5 Sterne) bis »schwach« reichen (Note E bzw. 1 Stern).

! Das Internet bietet eine Vielzahl allgemeiner Informationen über die Geldanlage in Investmentfonds und auch Hilfestellung bei der Fondsauswahl. Unter dem Stichwort »Fondssuche« oder »Fonds-Finder« stellen viele Investmentgesellschaften, Direktbanken und Fondsvermittler entsprechende Suchmasken bereit. Sie müssen lediglich den gewünschten Anlageschwerpunkt (Aktien-, Renten- oder Immobilienfonds) und die Region (Deutschland, Europa, weltweit) auswählen und erhalten anschließend eine Liste mit passenden Fonds. Sie zeigt zusätzlich für jeden Fonds auch bestimmte Ertrags- und Risikokennzahlen sowie die Ratingkennziffer.

## 6.3 Einmalanlage in Investmentfonds: Größere Beträge sinnvoll anlegen

Wenn Sie bereits einen größeren Geldbetrag angespart oder z.B. aus einer fälligen Lebensversicherung erhalten haben, bietet sich eine **Einmalanlage in Investmentfonds** an.

### 6.3.1 So funktioniert die Einmalanlage

Bei der Einmalanlage in Investmentfonds wird der zur Verfügung stehende Betrag auf einmal in Fondsanteile investiert. Wie bei Fondssparplänen muss auch hier vor dem Kauf der Anteile zunächst ein **Depotkonto eröffnet** und der bzw. die passenden Fonds ausgesucht werden.

Für Einmalanlagen gelten **Mindestanlagesummen,** die je nach Depotstelle etwa zwischen 500,– € und 2.500,– € liegen. Ist die Mindestsumme einmal in Fondsanteile umgewandelt, haben Sie eine sehr flexible Form der Geldanlage. Denn Sie können

- jederzeit Fondsanteile ganz oder teilweise verkaufen (keine Kündigungsfristen, keine festen Laufzeiten) und
- jederzeit weitere Fondsanteile dazukaufen – sei es als Einmalanlage oder über einen regelmäßigen Sparplan.

! Die Kombination von Einmalanlage mit Sparplan bietet mitunter Vorteile gegenüber einem reinen Ansparplan. Durch die anfängliche hohe Einzahlung können Sie von Kurssteigerungen in den ersten Jahren vergleichsweise stärker profitieren. Denn diese werden durch die folgenden, vergleichsweise geringen Einzahlungen deutlich weniger verwässert.

Wenn Sie sich für einen **thesaurierenden Fonds** entscheiden, kann sich die einmalige Einzahlung dank Zinseszinseffekt im Laufe der Jahre zu einem stattlichen Vermögen entwickeln.

» Zu Beginn des Jahrs werden 10.000,– € in einen thesaurierenden Aktienfonds angelegt. Abhängig von der durchschnittlich erzielten Rendite pro Jahr und der jeweiligen Anlagedauer ergeben sich **folgende Anlageergebnisse (in Euro):**

| Jahre | 2 % | 3 % | 4 % | 5 % | 6 % | 7 % | 8 % |
|---|---|---|---|---|---|---|---|
| 1 | 10.200,– | 10.300,– | 10.400,– | 10.500,– | 10.600,– | 10.700,– | 10.800,– |
| 2 | 10.404,– | 10.609,– | 10.816,– | 11.025,– | 11.236,– | 11.449,– | 11.664,– |
| 3 | 10.612,– | 10.927,– | 11.249,– | 11.576,– | 11.910,– | 12.250,– | 12.597,– |
| 4 | 10.824,– | 11.255,– | 11.699,– | 12.155,– | 12.625,– | 13.108,– | 13.605,– |
| 5 | 11.041,– | 11.593,– | 12.167,– | 12.763,– | 13.382,– | 14.026,– | 14.693,– |
| 10 | 12.190,– | 13.439,– | 14.802,– | 16.289,– | 17.908,– | 19.672,– | 21.589,– |
| 15 | 13.459,– | 15.580,– | 18.009,– | 20.789,– | 23.966,– | 27.590,– | 31.722,– |
| 20 | 14.859,– | 18.061,– | 21.911,– | 26.533,– | 32.071,– | 38.697,– | 46.610,– |
| 25 | 16.406,– | 20.938,– | 26.658,– | 33.864,– | 42.919,– | 54.274,– | 68.485,– |
| 30 | 18.114,– | 24.273,– | 32.434,– | 43.219,– | 57.435,– | 76.123,– | 100.627,– |

## 6.3.2 So lösen Sie das Timing-Problem

Wie bei jedem Einzelinvestment in börsengehandelte Titel stellt sich auch bei der Einmalanlage in Investmentfonds die Frage des **richtigen Einstiegszeitpunkts:** Wie werden sich die Finanzmärkte weiterentwickeln? Ist der Einstieg jetzt schon sinnvoll oder lohnt es sich weiter zu warten?

Da ein optimales Timing nicht möglich ist, empfiehlt sich folgende, sehr einfache Strategie: Sie kaufen einfach nicht alle Fondsanteile auf einen Schlag, sondern erwerben diese – ähnlich wie beim regelmäßigen Investmentfondssparen – nach und nach. Zwei Vorgehensweisen sind denkbar:

- Sie teilen entweder die **Gesamtanlagesumme in eine feste Anzahl von Teilbeträgen** auf und kaufen dafür in einem festen Rhythmus Investmentanteile. Sie könnten beispielsweise Ihre Anlagesumme in vier Raten mit vierteljährlichem Abstand investieren.

- Sie passen Ihre **Fondsauswahl sukzessive an die Börsensituation** an: Je nach Zinssituation investieren Sie zunächst in geldmarktnahe Fonds (im Zinstief) oder in Rentenfonds (im Zinshoch) und schichten dann bei entsprechender Zins- bzw. Kursentwicklung in Aktienfonds um. Auch eine Verteilung auf mehrere Fondsarten kann sinnvoll sein.

**!** Jede Ein- und Auszahlung verursacht Transaktionskosten. Es ist daher wichtig, Fonds mit geringen Ankaufsspesen auszuwählen, wenn Sie Ihr Kapital dort nur vorübergehend »parken«, d.h. innerhalb von 2–3 Jahren umschichten wollen. Suchen Sie am besten gezielt nach Fonds, die ganz ohne Ausgabeaufschlag angeboten werden.

## 6.4 Der Auszahlplan: Flexibel und individuell

Wer sich im Alter ein regelmäßiges zusätzliches Einkommen sichern möchte, kann seinen **Ansparplan in einen Auszahlplan umwandeln.** Während Sie Ihre Anteile nach und nach verkaufen, erzielt das verbleibende Guthaben weiterhin Erträge.

Die Einrichtung eines Investment-Auszahlplans erfolgt entweder durch

- **Umwandlung** des über einen Ansparplan entstandenen Vermögens in einen Auszahlplan oder
- **Einzahlung** eines größeren Betrages auf einen Auszahlplan.

Für die Einrichtung des Auszahlplans verlangen die Investmentgesellschaften unterschiedliche **Mindestanlagesummen,** die zwischen 5.000,– € und 25.000,– € liegen.

Auch die **Fonds-Auszahlpläne** sind sehr flexibel: Die Laufzeit bzw. die Höhe der Auszahlung und das Zahlungsintervall werden zu Beginn nach individuellen Bedürfnissen festgelegt und lassen sich jederzeit anpassen. Anleger können die Entnahmen jederzeit stoppen, erhöhen oder reduzieren und sich bei Bedarf auch ihr gesamtes Vermögen auf einmal auszahlen lassen. Bei der **Einrichtung des Entnahmeplans** kommt es im ersten Schritt darauf an, ob das Kapital im Laufe der Zeit aufgebraucht oder erhalten bleiben soll.

### 6.4.1 Von den Zinsen leben: Auszahlpläne mit Kapitalerhalt

Soll trotz der regelmäßigen Auszahlung das angesparte bzw. eingezahlte Kapital unangetastet bleiben, so werden lediglich Erträge oder Wertsteigerungen ausbezahlt. Die Auszahlung erfolgt als **»ewige Rente«.** Denn die Laufzeit ist bei dieser Variante unbegrenzt.

Die folgende Tabelle zeigt für ein Vermögen von 100.000,– € die erzielbare monatliche Rente bei unterschiedlich hohen Wertzuwächsen. Für größere oder kleinere Anlagesummen können die Beträge einfach als entsprechendes Vielfaches bzw. als Bruchteil errechnet werden.

| **Wertsteigerung p.a.** | 0 % | 2 % | 3 % | 4 % | 5 % | 6 % |
|---|---|---|---|---|---|---|
| **Monatliche Rente** | 0,– € | 165,– € | 246,– € | 326,– € | 406,– € | 484,– € |

» Erzielt Ihr Depot mit einem Wert von 100.000,– € eine durchschnittliche Jahresrendite in Höhe von 4 %, so können Sie daraus eine monatliche Rente von 326,– € erhalten, ohne dass Ihr Vermögen sinkt. Wer nur 50.000,– € investiert, erzielt bei gleichem Wertzuwachs eine halb so hohe monatliche Rente.

Die **Höhe der monatlichen Auszahlung** hängt bei dieser Variante allein von der erzielten Wertsteigerung ab und kann im Extremfall auch ganz ausfallen. Sie ist daher nur geeignet, wenn ein sehr großes Vermögen vorhanden ist und/oder eine bescheidene zusätzliche Rente ausreicht.

## 6.4.2 Vermögen, das sich schrittweise auszahlt: Auszahlpläne mit Kapitalverzehr

Die meisten Anleger schließen einen Entnahmeplan ab, um monatlich **gleichbleibende Auszahlungsbeträge** zu erzielen. Die Zahlung erfolgt so lange, bis die Anlagesumme und die Kursgewinne im Depot aufgezehrt sind. Da die Wertentwicklung der Fonds schwankt, lässt sich im Voraus nicht genau bestimmen, wie lange das Geld reichen wird.

Die folgende **Tabelle** zeigt, über welchen Zeitraum aus einem Anfangsvermögen von 100.000,– € unterschiedlich hohe Auszahlungen geleistet werden können:

| Laufzeit des Auszahlplans in Jahren bei einer jährlichen Wertentwicklung von ... | | | | | | |
|---|---|---|---|---|---|---|
| und einer monatlichen Auszahlung von | 6 % | 4 % | 2 % | 0 % | –2 % | –4 % |
| 200,– € | endlos | endlos | 87,84 | 41,67 | 30,28 | 24,48 |
| 300,– € | endlos | endlos | 40,28 | 27,78 | 22,07 | 18,65 |
| 500,– € | 59,35 | 26,95 | 20,21 | 16,67 | 14,37 | 12,75 |

Aufgrund der **Unsicherheit über die zukünftige Wertentwicklung** ist die alleinige Altersvorsorge über einen Auszahlplan mit Fonds riskant: Im vorstehenden Beispiel liegt die Laufzeit bei sehr guter Wertentwicklung je nach Höhe der Auszahlung zwischen unendlich bzw. knapp 60 Jahren. Bei einem jährlichen Wertverlust von 4 % schrumpft sie jedoch deutlich und beträgt im schlechtesten Fall nur noch 12 Jahre und 9 Monate.

Aus der folgenden Tabelle können Sie ablesen, wie hoch bei einem **Entnahmeplan mit Kapitalverzehr** und einem Vermögen von 100.000,– € die jährliche Auszahlung ausfällt, wenn man unterschiedliche Entnahmedauern zugrunde legt.

### Mögliche jährliche Entnahme bei Kapitalverzehr in Abhängigkeit von Wertentwicklung und Entnahmedauer

| Durchschnittliche Wertentwicklung pro Jahr | 10 Jahre | 15 Jahre | 20 Jahre | 25 Jahre |
|---|---|---|---|---|
| –2 % | 9.166,– € | 5.766,– € | 4.099,– € | 3.106,– € |
| –1 % | 9.554,– € | 6.208,– € | 4.537,– € | 3.536,– € |
| 0 % | 10.000,– € | 6.667,– € | 5.000,– € | 4.000,– € |
| 1 % | 10.454,– € | 7.141,– € | 5.487,– € | 4.496,– € |
| 2 % | 10.914,– € | 7.630,– € | 5.996,– € | 5.022,– € |
| 3 % | 11.382,– € | 8.133,– € | 6.526,– € | 5.576,– € |
| 4 % | 11.855,– € | 8.648,– € | 7.075,– € | 6.155,– € |
| 5 % | 12.334,– € | 9.175,– € | 7.642,– € | 6.757,– € |
| 6 % | 12.818,– € | 9.713,– € | 8.225,– € | 7.380,– € |

Bei einer geplanten Entnahmedauer von 15 Jahren schwankt die Höhe der Auszahlung zwischen 5.766,– € und 9.713,– € pro Jahr. Vorausgesetzt, dass es sich bei der unterstellten Wertsteigerung um eine **Nettorendite,** also nach Abzug von Gebühren, handelt und dass auch die Kapitalertragssteuer bereits berücksichtigt wurde, bedeutet dies ein monatliches Zusatzeinkommen in Höhe von rund 480,– € im schlechtesten und rund 810,– € im besten hier unterstellten Fall.

**!** Im Internet finden Sie auf den Seiten der Fondsanbieter und Depotbanken meist spezielle »Entnahmeplan-« oder »Laufzeitrechner«. Mit ihrer Hilfe können Sie sowohl für zeitlich befristete als auch für ewige Rentenzahlungen wahlweise deren monatliche Höhe, die erforderliche Wertsteigerung, das erforderliche Anlagevermögen oder die erzielbare Rentendauer errechnen, indem Sie für jeweils alle übrigen Variablen zuvor entsprechende Eingaben machen.

## Der Cost-Average und seine negative Wirkung bei Auszahlplänen

Um regelmäßig einen festen Auszahlungsbetrag zu erzielen, müssen Sie relativ viele Anteile verkaufen, wenn die Kurse niedrig sind, und nur vergleichsweise wenige bei hohen Kursen. Der **Cost-Average-Effekt** hat bei Auszahlplänen also genau die gegenteilige Wirkung wie bei Einzahlplänen. Seine negative Folge ist unmittelbar einsichtig: Bei einer anhaltenden schlechten Börsenlage sinkt die Anzahl der Anteile entsprechend schneller ab und das Kapital ist schneller »aufgezehrt«.

! Wenn Sie Ihren Auszahlplan durch eine Einmalanlage in Investmentfonds anlegen, ist es ratsam, vergleichsweise wenig schwankungsintensive Fonds auszuwählen. Sie erhalten dadurch eine vergleichsweise stabilere Basis für Ihr regelmäßiges Zusatzeinkommen und können daher besser kalkulieren.

## Gebühren, Steuern und Inflation verringern die monatliche Auszahlung

Bei der Berechnung des erzielbaren monatlichen Zusatzeinkommens sollten Sie grundsätzlich sehr **vorsichtige Annahmen über die zukünftige Rendite** Ihres Fonds treffen. Denn: Um auf den unterstellten Wert zu kommen, müssen sämtliche Kosten sowie Inflation und Steuern bereits abgedeckt sein.

**Entnahmepläne** über ein Investmentfondsdepot sind grundsätzlich kostenfrei, wenn die Anteile direkt an die Fondsgesellschaft zurückgegeben werden können. Wollen Sie jedoch sukzessive einzelne Aktienwerte oder Exchange Traded Funds aus Ihrem Depot verkaufen, fallen für jede einzelne Auszahlung **Order- oder Transaktionskosten** an, deren Höhe je nach Anbieter unterschiedlich ist.

**!** Werfen Sie vor Abschluss eines Auszahlplans unbedingt einen genauen Blick in die Preis- und Leistungsverzeichnisse der einzelnen Anbieter. Insbesondere Online-Broker führen planmäßige Auszahlungen oft zu Konditionen aus, die deutlich günstiger sind als die regulären Transaktionskosten. Auch wenn Ihr Auszahlplan schon läuft, sollten Sie regelmäßig Preisvergleiche durchführen und ggf. den Anbieter wechseln.

## Auszahlpläne von Banken: Eine lohnende Alternative?

Wer die mit einer Fondsanlage verbundenen Wertschwankungen scheut, kann als sichere Alternative einen **Auszahlplan bei einer Bank** wählen. Der Vorteil: Der Zinssatz ist fest vereinbart, sodass bei einer Auszahlung mit Kapitalverzehr sowohl die Laufzeit als auch die Höhe der Auszahlung sicher sind. Außerdem sind die Angebote der Banken stets gebührenfrei.

Der Kalkulierbarkeit und der Sicherheit der Auszahlungen stehen allerdings gravierende **Nachteile** entgegen: Die Auszahlpläne sind in aller Regel wenig flexibel. Während der Laufzeit sind weder Änderungen hinsichtlich der Höhe der Auszahlung noch der Auszahltermine möglich. Auch weitere Einzahlungen, außerordentliche Auszahlungen und eine vorzeitige Kündigung sind ausgeschlossen.

## Selbst gebastelte Auszahlpläne mit individuellem Risiko-Rendite-Mix

Beim **Standardangebot an Auszahlplänen** haben Anleger oft nur die Wahl zwischen unflexiblen und mager verzinsten Angeboten der Banken oder den mit Kursrisiken behafteten Auszahlplänen mit Investmentfonds.

**!** Da beide Varianten unbestrittene Vorteile haben, liegt es nahe, sie zu kombinieren. Basteln Sie sich also Ihren Entnahmeplan selber, indem Sie Ihre Geldanlage splitten. Die Faustregel lautet, rund die Hälfte des Geldes in einen sicheren (Bank-)Auszahlplan und die andere Hälfte in renditestarken Investmentfonds anzulegen. Je nach Risikoneigung und Anlagehorizont kann der Fondsanteil dabei durchaus auch höher ausfallen.

Da Bank-Entnahmepläne, die in **Niedrigzinsphasen** abgeschlossen werden, konstant niedrig verzinst bleiben, bietet sich unter Umständen ein attraktiv verzinstes **Tagesgeldkonto** für die zinssichere Anlage an. Von diesem kann man über einen Dauerauftrag ebenfalls feste monatliche Auszahlungen auf ein laufendes Konto veranlassen.

Am einfachsten zu handhaben ist der selbst gebastelte Auszahlplan, wenn Sie gleich hohe Auszahlungen aus beiden Anlagen vornehmen. Im Zeitablauf müssen Sie jedoch **regelmäßig kontrollieren,** wie sich das Verhältnis der gewählten Anlageformen zueinander verändert hat und dieses gegebenenfalls durch Umschichtungen korrigieren.

## 6.5 Informationen, Suchfunktionen, Vergleiche und Rechner: Surftipps für Investmentsparer

Das **Internet** bietet eine Fülle an Informationen zum Thema Fonds und Fondssparpläne. Alle Finanzseiten, Investmentgesellschaften und ihr Bundesverband (BVI) stellen ebenso wie Banken und Online-Broker auf ihren Seiten detaillierte Informationen zur allgemeinen Funktionsweise von Investmentfonds sowie ihren Chancen und Risiken bereit. Für die Auswahl des passenden Fonds sind nicht nur die Suchfunktionen sehr hilfreich, sondern auch die Portraits einzelner Fonds und die Fondsvergleiche.

Die **nachfolgende Liste mit informativen Adressen und Internetadressen zahlreicher Anbieter** soll Ihnen lediglich den Einstieg erleichtern:

### Informationsmöglichkeiten für Fonds-Sparer

| | |
|---|---|
| Bundesverband Investment und Asset Management e.V. | bvi.de |
| Direktbanken/Online-Broker | consorsbank.de<br>comdirect.de<br>flatex.de<br>ing-diba.de<br>maxblue.de<br>s-broker.de |
| Finanzseiten | finanzen.net<br>finanztreff.de<br>fondsprofessionell.de<br>fondsweb.de<br>onvista.de |

# 7 Aktienanleihen: Üppige Zinskupons mit eingebautem Aktienrisiko

## 7.1 Aktienanleihen: Zinskuponjagd mit Augenmaß

Ein solches Angebot würden sicherlich viele Anleger gerne unterschreiben: eine Rendite von 4% oder 5% im Jahr, vielleicht sogar noch mehr. Bei einer überschaubaren Anlagedauer von einem oder maximal drei Jahren. Und das alles bei noch weitgehend kalkulierbarem Risiko. Aktienanleihen bieten genau das. In Zeiten von Minuszinsen gelten diese Papiere mit ihren attraktiven Zinskupons daher bei vielen Investoren als **gut rentierende Alternative zu gängigen kurz und mittelfristigen Anlagen.** Denn die derzeit angebotenen Konditionen der Banken für Tages- oder Festgeldkonten sind weitestgehend unattraktiv. Bundesanleihen bringen inzwischen über den gleichen Anlagezeitraum gar keine Rendite mehr.

Ganz so einfach wie z.B. Bundesanleihen sind Aktienanleihen jedoch nicht gestrickt. Entgegen ihrem Namen handelt es sich nicht um echte Anleihen, sondern um eine **spezielle Form von Zertifikaten.** Dennoch besitzen diese Papiere ähnliche Eigenschaften wie klassische Anleihen. Wie Zinspapiere besitzen Aktienanleihen ein **Emittentenrisiko.** Zudem haben sie allesamt einen **festen Zinskupon.** Der Unterschied zur klassischen Anleihe: Die Art und Höhe der Rückzahlung bei Aktienanleihen ist an bestimmte Bedingungen geknüpft. Hier kommt dann das Risiko der **Aktienkomponente** ins Spiel.

### 7.1.1 Die Funktionsweise von Aktienanleihen

Außergewöhnlich ist bei Aktienanleihen vor allem die Art und Weise der **Rückzahlung am Laufzeitende.** Im Unterschied zu einer klassischen Anleihe erhalten Sie bei einer Aktienanleihe am Ende der Laufzeit

- entweder Ihr eingesetztes Kapital zurück plus einen oft hohen einstelligen oder sogar zweistelligen Zins oder
- die Zinsen und ein Paket Aktien, das zusammen weniger wert sein kann als Ihr ursprünglich eingesetztes Kapital.

Jeder Aktienanleihe liegt eine bestimmte Aktie zugrunde. Dieser Wert, auf den sich die Aktienanleihe bezieht, wird »**Basiswert**« genannt. Der Wert einer Aktienanleihe leitet sich somit zu einem wesentlichen Teil aus der Kursbewegung des zugrunde liegenden Basiswertes ab. Basiswerte für Aktienanleihen sind vorwiegend klassische Standardwerte des deutschen Aktienmarktes, wie BASF, Siemens oder SAP. Ebenso können andere bekannte europäische oder amerikanische Aktien als Basiswerte dienen.

Basiswerte bei Aktienanleihen müssen nicht unbedingt Aktien sein. So gibt es Anleihen, deren Rückzahlung von der Entwicklung des Deutschen Aktienindexes DAX oder einem anderen Börsenindex abhängig sind. Entscheiden Sie sich für eine solche »**Indexanleihe**«, so setzen Sie anstelle von Einzelaktien auf die Entwicklung eines gesamten Marktes.

! Mit einem breit gestreuten Aktienindex vermeiden Sie die Risiken, die von einer Anlage in Einzelaktien ausgehen. Denn negative Wertentwicklungen einzelner Aktien in einem Index können durch andere im Index enthaltenen Papiere wieder ausgeglichen werden. Die Tilgung von Indexanleihen erfolgt entweder durch die Lieferung von Indexzertifikaten oder durch die Zahlung des Indexstandes am Laufzeitende in Geld. Indexanleihen haben jedoch im Vergleich zu den Aktienanleihen keine große Bedeutung erlangt.

Aktienanleihen werden meist mit einer **Laufzeit zwischen sechs Monaten und drei Jahren** emittiert. Sie erzielen dann Ihren maximalen Ertrag, wenn der **Kurs des Basiswerts** am Laufzeitende der Anleihe **über dem schon bei der Emission vereinbarten »Basispreis«**, d.h. einem vereinbarten Kurs des Basiswertes zum Zeitpunkt der Rückzahlung, schließt. In diesem Fall kassieren Sie die hohen Zinsen und erhalten Ihr eingesetztes Kapital komplett wieder zurück. Fällt jedoch der Kurs der Aktie unter den vereinbarten Basispreis, so erfolgt die Rückzahlung des eingesetzten Kapitals in Aktien statt in Geld.

**Achtung:** Bei der Namensfindung von Aktienanleihen ist die Kreativität der Banken grenzenlos. Ob »Equity-linked Bonds«, »Yes-Anleihen«, »Progressio-Aktienanleihen«, »Goals«, »Reverse Convertibles« oder »Hochkuponanleihen mit Andienungsrecht«: Diese mehr oder weniger werbewirksamen Wortschöpfungen werden nur dazu benutzt, um sich von den Mitwettbewerbern abzugrenzen. Leider sorgt die Namensvielfalt für Verunsicherung unter den Kaufinteressenten und erschwert vielen Anlegern den Preisvergleich.

Mit dem Kauf einer Aktienanleihe gehen Sie quasi eine **Wette gegen Ihre Bank** ein. Der Inhalt dieser Wette: Die Hoffnung, dass der Kurs der Aktie, die der Aktienanleihe zugrunde liegt, auf keinen Fall unter den bei der Emission vereinbarten Basispreis sinkt. Andererseits wetten Sie auch gegen Ihre Bank, dass der Kurs nicht stärker steigt, als Sie an Zinsen während der Laufzeit der Anleihe erhalten. Ansonsten hätten Sie mit dem Direktkauf der Aktie mehr verdienen können.

» Eine Aktienanleihe auf die X-AG mit einer Laufzeit von zwölf Monaten ist mit einem Zinskupon von 12 % ausgestattet. Die Anleihe kann zum Nennwert von 2.500,– € getilgt werden oder durch Lieferung von 200 X-Aktien. Der Basispreis der zugrunde liegenden X-Aktie beträgt 12,50 €. Den Beispielsrechnungen liegt die Annahme zugrunde, dass ein Anleger die Anleihe zu einem Kurs von 100 % erwirbt und insgesamt 2.500,– € investiert.

Weitere Annahme: Im Fall einer Auszahlung in Aktien würde der Anleger diese sofort wieder verkaufen. Für die Höhe des Aktienkurses am Stichtag gibt es nun (ohne Berücksichtigung von Kaufgebühren) drei unterschiedliche Szenarien:

- Notiert die X-Aktie am Fälligkeitstag über dem Basispreis von 12,50 €, erhält der Anleger 2.800,– € zurück (sein eingesetztes Kapital von 2.500,– € plus 12 % Zinsen = 300,– € für die Laufzeit von zwölf Monaten). Der Gewinn nach oben ist allerdings durch den festen Kupon begrenzt: Beträgt der Kurs der Aktie am Stichtag mehr als 14,– € (= 2.800,– € : 200), so wäre ein direktes Investment in die X-Aktien günstiger gewesen.
- Notiert die Aktie am Fälligkeitstag unter dem Basispreis von 12,50 €, aber höher als 11,– €, so ist die Anlage dank der erhaltenen Zinsen von 300,– € immer noch im Gewinn. Um zu ermitteln, wie hoch die Aktie im Kurs nachgeben kann, ohne mit Ihrem Engagement in die Verlustzone zu geraten, müssen Sie die erhaltenen Zinsen (300,– €) durch die Anzahl der erhaltenen Aktien (200 Stück) dividieren. Das Ergebnis (1,50 €) ist der Betrag, um den die Aktie nachgeben kann, ohne dass Sie mit Ihrer Aktienanleihe rote Zahlen schreiben (dazu später mehr).
- Notiert die Aktie am Fälligkeitstag unter 11,– €, so verlieren Sie mit Ihrer Aktienanleihe Geld, da die erhaltenen Zinsen den Verlust aufgrund des Kursrückgangs nicht mehr ausgleichen können.

## Der Spitzenausgleich bei Aktienanleihen

Bei Aktienanleihen gibt das **Bezugsverhältnis** Aufschluss über die Anzahl der zu liefernden Aktien. Falls der Kurs des Basiswertes am Bewertungstag unterhalb des Basispreises notiert, werden dem Inhaber der Aktienanleihe die entsprechenden Aktien in sein Depot eingebucht. Bruchteile von Basiswerten werden dabei jedoch grundsätzlich nicht geliefert. Stattdessen zahlt der Emittent einen Betrag in Euro (oder in einer anderen Währung), den sog. **Spitzenausgleichsbetrag,** der durch die Multiplikation des Bruchteils mit dem Referenzpreis am Bewertungstag ermittelt wird. Die Zusammenfassung mehrerer Spitzenausgleichsbeträge zu einem Anspruch auf Lieferung von Basiswerten ist ausgeschlossen. Konkret bedeutet dies, dass bei einem ungeraden Bezugsverhältnis die Nachkommastellen nicht kumuliert, sondern in bar abgegolten werden.

» Bei einem Bezugsverhältnis von 10,4 und vier gehaltenen Aktienanleihen werden dem Anleger insgesamt 40 Aktien geliefert und 1,6 Aktien in bar abgegolten.

### 7.1.2 Börsentäglicher Handel mit Aktienanleihen

Aktienanleihen werden wie Aktien **täglich an der Börse gehandelt.** Sie müssen also nicht von Anfang an dabei sein. Kaufen Sie die Aktienanleihe vielmehr zu einem Ihnen geeignet erscheinenden Zeitpunkt. Eine Aktienanleihe brauchen Sie auch nicht unbedingt bis zum Ende der Laufzeit zu behalten. Während der Laufzeit können Sie das Wertpapier jederzeit veräußern. Dies ist vor allem dann ratsam, wenn sich Ihre fundamentale Einschätzung für die als Basiswert dienende Aktie geändert hat.

#### Der Spread

Aktienanleihen werden teurer ge- als verkauft. Die Spanne zwischen Kauf- und Verkaufskurs wird auch »**Spread**« genannt. Wenn Sie sich nach dem Preis einer Aktienanleihe erkundigen, werden Ihnen immer zwei Kurse genannt: ein **Briefkurs** (englisch: Offer oder Ask), zu dem Sie das Papier kaufen können, und ein **Geldkurs** (Bid), zu dem das gleiche Papier verkauft werden kann. Dabei ist der Brief-Kurs höher als der Geld-Kurs. Beim Erwerb einer Aktienanleihe zahlen Sie also mehr, als Sie beim gleichzeitigen Verkauf wieder erhalten würden.

Die **Höhe des Spreads ist unterschiedlich und hängt ab**

- von der **Intensität der Kursschwankungen** (»Volatilität«) der Aktie und
- von der **Qualität der jeweiligen Emissionsbank** und deren Bereitschaft, faire Kurse zu stellen.

## Unterschied zwischen Nennwert und Kurswert

Bei Aktienanleihen müssen Sie zwischen den Begriffen Nennwert und Kurswert unterscheiden. Der **Nennwert** ist der Betrag, auf den sich die Leistungen des Emittenten (Verzinsung und Rückzahlung zum Nennwert) beziehen. Zugleich entspricht der Nennwert aus der Sicht des Anlegers dem Mindestanlagebetrag.

! Informieren Sie sich vor dem Kauf, in welcher Stückelung die von Ihnen gewünschte Anleihe angeboten wird. Üblich ist bei den meisten Emittenten ein Nennwert von 1.000,– €. Entscheiden Sie sich zum Kauf einer solchen Aktienanleihe, sind Sie bei Ihren Anlageentscheidungen flexibler, als wenn der Nennwert 5.000,– € beträgt. Denn bei einem Nennwert von nur 1.000,– € können Sie auch Beträge von z.B. 3.000,– € oder 7.000,– € investieren. Dagegen müssen Sie bei einem Mindestnennwert von 5.000,– € immer 5.000,– € oder ein Vielfaches davon anlegen.

Für den Kauf einer Aktienanleihe ist der **Kurswert** entscheidend. Anleihen notieren an der Börse in Prozent des Nennwertes. 100 % entsprechen z.B. bei einer Aktienanleihe mit 1.000,– € Nennwert genau 1.000,– €, 98 % 980,– € und 102 % 1.020,– €. Den Kauf- oder Verkaufsauftrag können Sie wie gewohnt bei Ihrer Hausbank oder Direktbank erteilen. Neben dem Spread fallen noch die beim Aktienkauf üblichen Gebühren Ihrer Bank an.

**!** Der Bundesgerichtshof (BGH) hat klargestellt, dass Aktienanleihen für Privatanleger keine Börsentermingeschäfte sind (Az. XI ZR 258/01). Demzufolge können auch nicht börsentermingeschäftsfähige Personen Aktienanleihen erwerben. Die für die Erlangung der Börsentermingeschäftsfähigkeit erforderliche Unterzeichnung der Risikoinformationsschrift (das Formular heißt: Erklärung zu besonderen Verlustrisiken bei Börsentermingeschäften) ist somit zum Erwerb von Aktienanleihen nicht erforderlich.

### 7.1.3 So verhält sich der Kurs einer Aktienanleihe während ihrer Laufzeit

Aktienanleihen orientieren sich **während der Laufzeit** in erster Linie an der **Kursentwicklung des zugrunde liegenden Basiswertes.** Ein steigender Kurs beim Basiswert führt normalerweise zu steigenden Kursen bei der Aktienanleihe. Auf den Kursverlauf einer Aktienanleihe haben aber noch weitere Faktoren Einfluss. Hierzu zählen insbesondere:

- die Restlaufzeit der Aktienanleihe,
- die Volatilität (Schwankungsfreude) des Basiswertes,
- die Entwicklung der Kapitalmarktzinsen sowie
- die Dividendenschätzungen beim Basiswert.

#### Der Einfluss der abnehmenden Restlaufzeit

Mit abnehmender Restlaufzeit wird sich bei ansonsten konstanten Einflussfaktoren der Kurs einer Aktienanleihe zu ihrem **inneren Wert** hin bewegen. Der innere Wert einer Aktienanleihe entspricht dem Tilgungsbetrag bei Fälligkeit (ohne Zinsen) bezogen auf den Nennbetrag. Liegt der Kurs des Basiswerts, z.B. der Aktienkurs eines bestimmten Unternehmens, über dem Basispreis, dann liegt der innere Wert einer Aktienanleihe bei 100%. Notiert der Aktienkurs um oder unter dem bei der Emission vereinbarten Basispreis, dann nähert sich der Wert der Aktienanleihe dem inneren Wert in der Regel von unten an.

## Der Einfluss der Volatilität

Ein wichtiger Gradmesser für die Volatilität in Deutschland ist der **VDAX-NEW.** Dieser Index zeigt die erwartete kurzfristige Schwankungsbreite des deutschen Leitindex DAX in den nächsten 30 Tagen in Prozentpunkten an. In diesem Zusammenhang sprechen Experten auch von der **impliziten Volatilität.** Ein hoher Wert ist dabei ein Zeichen für einen unruhigen Markt, während niedrige Werte signalisieren, dass es am Markt relativ schwankungsarm zugeht. Wahlweise wird der VDAX-NEW daher auch als »Angstmesser« oder »Euphoriemesser« bezeichnet.

! Bei sinkender Volatilität legt der Kurs der Aktienanleihe zu. Denn dadurch sinkt das Risiko, dass am Ende der Laufzeit die Aktienanleihe durch Lieferung von Aktien getilgt wird. Steigt dagegen die Volatilität während der Laufzeit, so verliert die Aktienanleihe an Wert.

## Der Einfluss der Kapitalmarktzinsen

Die Erwartung sich ändernder Kapitalmarktzinsen findet bereits bei der Emission einer Aktienanleihe in deren Kupon Berücksichtigung. Eine zu diesem Zeitpunkt bereits von der Europäischen Zentralbank angekündigte Zinsänderung wird folglich keinen Einfluss mehr auf den Kurs der Aktienanleihe haben. Fallen **Zinsänderungen während der Laufzeit** einer Aktienanleihe jedoch stärker oder schwächer aus als erwartet, so können sich diese auf den Wert der Aktienanleihe auswirken. Besonders bei Aktienanleihen mit einer Laufzeit von mehreren Jahren ist dieser Einfluss von Bedeutung.

**!** Wie bei normalen festverzinslichen Wertpapieren beeinflusst eine Erhöhung des Zinsniveaus den Kurs der Aktienanleihe negativ. Eine Zinssenkung führt hingegen zu einem steigenden Kurs der Aktienanleihe. Mit abnehmender Restlaufzeit verliert dieser Einflussfaktor aber an Bedeutung.

## Der Einfluss von Dividendenänderungen

Die Höhe der während der Laufzeit einer Aktienanleihe zu erwartenden Dividendenausschüttung wird bereits bei der Emission einer Aktienanleihe in deren Emissionskurs berücksichtigt. Da die **Besitzer von Aktienanleihen nicht dividendenberechtigt** sind, führen Änderungen dieser Erwartungen zu Kursänderungen bei der jeweiligen Aktienanleihe. Steigende Dividendenerwartungen haben tendenziell einen sinkenden Kurs der Aktienanleihe zur Folge. Sinkende Dividendenerwartungen führen hingegen zu steigenden Kursen einer Aktienanleihe. Mit abnehmender Restlaufzeit verliert jedoch auch dieser Einflussfaktor an Bedeutung.

**!** Dividendenausschüttungen erfolgen bei deutschen Aktiengesellschaften am sog. ex-Tag. Dieser entspricht dem Tag nach der Hauptversammlung. Zeitgleich mit der Ausschüttung der Dividende erfolgt ein Abschlag der Bruttodividende vom Börsenkurs der Aktie. In der Regel ist dadurch der Aktienkurs unmittelbar nach der Dividendenzahlung geringer als davor. Sofern der Aktienkurs durch den Dividendenabschlag am Laufzeitende unterhalb des Basiskurses notiert, wird die Emittentin die entsprechende Anzahl an Aktien liefern. Das Risiko, dass der Kurs einer Aktie aufgrund des Dividendenabschlags unter den Basispreis fällt, sollten Sie auf jeden Fall bei Ihrer Anlageentscheidung mit berücksichtigen.

### 7.1.4 Zinszahlung und Fälligkeit bei Aktienanleihen

Die Attraktivität einer Aktienanleihe liegt in ihrer hohen Verzinsung. Die Zinsen gibt es in jedem Fall; die Zinszahlung erfolgt im Gegensatz zur Tilgung der Anleihe unabhängig vom Kurs der als Basiswert zugrunde liegenden Aktie.

#### Die Zinszahlung

Der Zinsertrag errechnet sich aus dem jeweiligen Nennwert der Aktienanleihe. Der **Nominalzins,** der bei der Emission festgelegt wird, bleibt **für die gesamte Laufzeit konstant** und wird als Zins pro Jahr angegeben.

Ein Zinssatz von z.B. 10 % bedeutet deshalb bezogen auf einen Nennwert von z.B. 5.000,– € eine Zinszahlung von 500,– €, vorausgesetzt, die Aktienanleihe hat eine Laufzeit von genau einem Jahr. Ist die Laufzeit kürzer, ist auch der Zinsertrag in Euro gerechnet geringer. Läuft die Aktienanleihe länger als ein Jahr, so erhöht sich deren Zinsertrag. Bei Aktienanleihen mit einer Laufzeit von mehreren Jahren werden die Zinsen üblicherweise jährlich nachträglich zu bestimmten Terminen gezahlt. Den **Zinstermin** können Sie den **Anleihebedingungen** entnehmen.

#### Stückzinsen

Wie bei »normalen« Anleihen sind auch beim Kauf einer Aktienanleihe zu einem **Zeitpunkt,** der **zwischen dem Beginn des Zinslaufs** (entspricht dem Kupontermin) **und dem nächsten Zinstermin** liegt, dem Verkäufer der Anleihe die aufgelaufenen anteiligen Zinsen zu vergüten. Dieser Zinsanspruch für die Haltezeit der Anleihe wird als **Stückzinsen** bezeichnet. Damit wird gewährleistet, dass ein Anleihebesitzer auch bei einem Verkauf seiner Aktienanleihe vor dem nächsten Zinstermin die ihm zustehenden anteiligen Zinsen erhält.

Erwirbt ein Anleger eine Aktienanleihe nach Beginn des Zinslaufs, so erhält er am nächsten Kupontermin (bei einjährigen Anleihen identisch mit dem Fälligkeitstag der Anleihe) den gesamten Zinsertrag. Abzüglich der dem Anleiheverkäufer gezahlten Stückzinsen ergibt sich für den Käufer der Zinsertrag bezogen auf seine Haltedauer. Jeder Inhaber der Aktienanleihe erhält also die Zinsen der Aktienanleihe genau für die Dauer, die er die Anleihe in seinem Depot hält.

Der Anleihekäufer zahlt nach Beginn des Zinslaufs einen Betrag für die Anleihe (Briefkurs in Prozent × Nennwert in Euro) zuzüglich aufgelaufener Stückzinsen. Der Verkäufer bekommt neben dem aktuellen Geldkurs in Prozent multipliziert mit dem Nennbetrag auch noch Stückzinsen gutgeschrieben, also die Zinsen, die vom Beginn des Zinslaufs der Anleihe bis zum Tag des Verkaufs aufgelaufen sind.

! In der Regel notieren die Kurse von Anleihen ohne Berücksichtigung von Stückzinsen als sog. »Clean Price«. Enthält der Kaufkurs dagegen auch die aufgelaufenen Stückzinsen, spricht man vom »Dirty Price«. Anleiheinteressenten müssen also bei der Kursangabe nachfragen: Bei einer Notierung als Clean Price können ggf. noch Stückzinsen anfallen.

Für die **Berechnung der Stückzinsen** gibt es unterschiedliche Methoden. Weit verbreitet ist die Zinsberechnungsmethode »30/360«: Danach wird ein Jahr mit 360 Tagen und jeder Monat mit 30 Tagen gerechnet.

## Rückzahlung

Die Rückzahlung von Aktienanleihen ist stets **von der Kursentwicklung des zugrunde liegenden Basiswerts abhängig.** Die Rückzahlung erfolgt entweder zum Nennwert (in Geld) oder in Aktien. In jedem Fall erhält der Anleger außerdem die fälligen Zinsen.

Für die **Rückzahlung von Aktienanleihen** sind zwei Tage maßgeblich:

- Zum einen der »**Fälligkeitstag«,** d.h. der Zeitpunkt, an dem die Anleihe aus Ihrem Depot ausgebucht und im Gegenzug die Rückzahlung in Euro gutgeschrieben wird oder Aktien in Ihr Depot gebucht werden.
- Zum anderen gibt es den »**Ausübungstag**« (»Bewertungstag«), an dem die Entscheidung fällt, ob die Anleihe in Geld oder Aktien getilgt wird. Dieser Tag liegt aus abwicklungstechnischen Gründen einige Tage vor dem Fälligkeitstag.

### 7.1.5 Nur auf Aktienanleihen von Emittenten mit guter Bonität setzen

Als **Emittent** wird die Bank bezeichnet, die die jeweilige Aktienanleihe auflegt und in Umlauf bringt. Rechtlich betrachtet ist der Emittent Schuldner einer Aktienanleihe. Er kassiert den Erlös aus dem Verkauf der Aktienanleihe und ist im Gegenzug dazu verpflichtet, zu bestimmten im Voraus festgelegten Terminen eine Leistung zu erbringen. Zu den Leistungen gehören

- die **Zahlung der Zinsen** und
- die **Rückzahlung** (»Tilgung«) am Fälligkeitstag zum Nennwert.

Während die Zinsen auf jeden Fall gezahlt werden, hat der Emittent **bei der Rückzahlung ein Wahlrecht.** Er ist berechtigt, seine Verpflichtung entweder

- durch Zahlung des Nennbetrags oder
- durch Lieferung des zugrunde liegenden Basiswerts zu erfüllen.

! Die Bonität, also die Fähigkeit des Emittenten, seine Verpflichtungen zu erfüllen, ist von großer Bedeutung. Denn die Verpflichtungen aus Anleihen aller Art unterliegen im Gegensatz zu Giro-, Termin- und Spareinlagen bei Banken und Sparkassen nicht der Einlagensicherung. Bei einer Insolvenz des Emittenten gibt es keinen Gläubigerschutz, das Geld ist dann teilweise oder ganz verloren.

Der Emittent sollte zudem über ein **umfassendes Serviceangebot** im Internet zum Thema Aktienanleihen verfügen. Zu einem vernünftigen Emittenten gehört auch, dass für die Aktienanleihen jederzeit handelbare Kurse gestellt werden, zu denen Sie die Papiere kaufen oder verkaufen können. Zu den wichtigen Emittenten von Aktienanleihen gehören hierzulande die **Deutsche Bank und** die Schweizer Großbank **UBS.**

## 7.2 Spezielle Aktienanleihen: Zur klassischen Variante gibt es zahlreiche Alternativen

Neben den klassischen Aktienanleihen wurden inzwischen verschiedene **Varianten von Aktienanleihen** emittiert. Diese bieten Ihnen unter bestimmten Marktbedingungen deutlich höhere Erträge als die klassische Form oder sie reduzieren Ihr Verlustrisiko.

### Höhere Zinsen mit Multi-Aktienanleihen kassieren

Wem die Zinsen bei normalen Aktienanleihen noch zu niedrig sind, greift nach Doppel-Aktienanleihen, oft auch **Multi-Aktienanleihen** genannt. Anstelle eins Basiswerts wie bei einer klassischen Aktienanleihe besitzen Multi-Aktienanleihen **zwei oder mehr Basiswerte.** Der Erfolg der Anlage hängt somit von der Kursentwicklung mehrerer Unternehmen ab.

Die maximale Rendite erzielen Sie mit diesen Papieren aber nur dann, wenn die Kurse aller zugrunde liegenden Aktien bei Fälligkeit über ihren jeweiligen Basispreisen liegen. Schafft dies ein Aktienwert nicht, so erhalten Sie statt des Nennwerts der Anleihe eine vorher festgelegte Anzahl dieser Aktie. Liegen alle Aktien bei Fälligkeit unter ihrem jeweiligen Basispreis, wird Ihnen die Aktie mit der **schlechtesten Wertentwicklung angedient.** Da die Rückzahlung von der Kursentwicklung mehrerer Basiswerte abhängig ist, steigt das Risiko für den Anleger, am Ende der Laufzeit Aktien zu erhalten.

Als Ausgleich für das **höhere Risiko bei Multi-Aktienanleihen** gegenüber einer klassischen Aktienanleihe gewährt Ihnen der Emittent

- einen höheren Zinskupon oder
- tiefere Basispreise.

In der Praxis bewegt sich die Ausgestaltung von Multi-Aktienanleihen in der Regel zwischen diesen beiden Möglichkeiten. Daher bieten die Papiere sowohl für konservative als auch für eher spekulativ orientierte Investoren eine interessante Anlagealternative. **Risikoscheue Anleger** setzen eher auf Konstruktionen mit **tiefen Basispreisen,** während **spekulative Naturen** Doppel-Aktienanleihen mit **hohen Zinskupons** bevorzugen.

Wie hoch der Zinskupon bzw. wie tief die Basispreise einer Doppel-Aktienanleihe sind, hängt noch von einem weiteren Einflussfaktor ab: der »**Korrelation**« zwischen Aktie A und Aktie B. Bewegen sich deren Kurse weitestgehend parallel, sind die Unterschiede zwischen einfachen und Doppel-Aktienanleihen nur gering. Verlaufen Aktie A und B hingegen unabhängig voneinander oder genau entgegengesetzt (negative Korrelation), so führt das zu höheren Renditen oder niedrigeren Basispreisen – oder beidem. Für den Anleger steigt in diesem Fall das Risiko deutlich, dass einer der beiden Basiswerte am Fälligkeitstag unterhalb seines Basispreises liegt.

Multi-Aktienanleihen sind vor allem für Investoren interessant, die davon ausgehen, dass sich die zugrunde liegenden Aktien stabil bis aufwärts entwickeln. Stimmt diese Erwartung, streichen Anleger höhere Zinsen als bei klassischen Aktienanleihen ein.

**!** Bevor Sie sich für den Kauf von Multi-Aktienanleihen entscheiden, sollten Sie zuerst Erfahrungen mit dem Kauf von klassischen Aktienanleihen sammeln. So lernen Sie die mit dem Besitz von Aktienanleihen verbundenen Risiken besser kennen. Dadurch können Sie eher einschätzen, ob z.B. der höhere Zins bei Doppel-Aktienanleihen das größere Risiko wert ist.

## Zusätzlicher Risikopuffer mit Protect-Aktienanleihen und Protect-Chance-Aktienanleihen

Bei der Protect-Aktienanleihe ist neben dem Basispreis noch ein weiterer Preis von Bedeutung, der »**Protect-Preis**«. Dieser liegt deutlich unter dem Basispreis und bietet Ihnen folgenden Vorteil: Fällt während der Laufzeit der Anleihe der Kurs der zugrunde liegenden Aktie nicht unter den Protect-Preis bzw. berührt er ihn nicht, dann erhalten Sie bei Fälligkeit auf jeden Fall den Nennwert der Anleihe zurückgezahlt. Dabei ist es egal, ob die Aktie zu diesem Zeitpunkt unter oder über dem Basispreis notiert.

Bei der Protect-Aktienanleihe werden Ihnen auch dann keine Aktien angedient, wenn der Protect-Preis während der Laufzeit zwar unterschritten wurde, der Aktienkurs zum Fälligkeitstermin aber wieder über dem Basispreis liegt. Eine **Andienung der Aktien** erfolgt bei der Protect-Aktienanleihe nur für den Fall, dass die Aktie am Verfallstag unter ihrem Basispreis notiert und der Kurs der Aktie während der Laufzeit mindestens einmal den Protect-Preis berührt oder unterschritten hat.

Dank dieses Mechanismus ist die Wahrscheinlichkeit geringer, dass die Aktienanleihe in Aktien getilgt wird. Im Vergleich zu einer klassischen Aktienanleihe bezahlen Sie diesen Vorteil jedoch mit einem **niedrigeren Zinskupon.**

» 12 %-Aktienanleihe-Plus auf die X-AG, Basispreis 54,– €, Protect-Preis 43,– €. Bei Fälligkeit dieser Protect-Aktienanleihe gibt es folgende Rückzahlungsvarianten:

- Schließt die Aktie der X-AG auf oder oberhalb des Basispreises von 54,– €, so erfolgt die Rückzahlung der Protect-Aktienanleihe wie bei einer klassischen Aktienanleihe zum Nennwert.
- Schließt die Aktie der X-AG unterhalb des Basispreises von 54,– €, erfolgt die Rückzahlung dennoch zum Nominalwert, wenn die Aktie während der Laufzeit der Anleihe niemals den Protect-Preis von 43,– € berührt oder unterschritten hat.
- Die Tilgung dieser Aktienanleihe erfolgt dann in Aktien, wenn der Kurs der X-AG am Laufzeitende unter dem Basispreis schließt und der Kurs der X-Aktie während der Laufzeit mindestens einmal den Protect-Preis von 43,– € berührt oder unterschritten hat.

! Zur Überbrückung unsicherer Zeiten stellen kurz laufende Protect-Aktienanleihen eine interessante Alternative für kurzfristig kalkulierende Anleger dar. In Zeiten niedriger Kapitalmarktzinsen erzielen diese eine höhere Rendite, ohne Kursschwankungen zu sehr ausgesetzt zu sein.

Eine Weiterentwicklung der Protect-Aktienanleihe ist die **Protect-Chance-Aktienanleihe.** Das Besondere an diesem Papier ist die Chance auf Teilhabe an steigenden Kursen des Basiswerts. Der Anleger erhält am Laufzeitende, wenn der Referenzpreis des Basiswerts am Bewertungstag auf oder über einer bei der Emission festgelegten Bonusschwelle liegt, zusätzlich zur Kuponzahlung einen Bonusbetrag.

Zum **Nennbetrag** wird die Anleihe getilgt, sofern der Referenzpreis des Basiswerts während der Beobachtungszeit die Barriere (Bonusschwelle) nicht verletzt hat oder sofern er zwar die Barriere verletzt hat, aber am Bewertungstag dem Basispreis entspricht oder diesen überschreitet. Andernfalls kommt es je nach Basiswert zu einem Barausgleich oder zur Aktienlieferung. Den Zinskupon erhält der Anleger, wie bei der Protect-Aktienanleihe, unabhängig von der Kursentwicklung des Basiswerts ausgezahlt.

## Barrier-Aktienanleihe: Zusätzlicher Risikopuffer gegen Kursverluste der zugrunde liegenden Aktie

Im Gegensatz zu klassischen Aktienanleihen sind **Barrier-Aktienanleihen** mit einer weiteren Kursmarke, der Barriere, ausgestattet, die auch als **Schwellenkurs** bezeichnet wird. Dieser Schwellenkurs bietet Anlegern einen zusätzlichen Risikopuffer gegen Kursverluste der zugrunde liegenden Aktie. Denn erst, wenn der Schwellenkurs während der Laufzeit berührt oder unterschritten wird (Schwelleereignis), verhalten sich Barrier-Aktienanleihen wie klassische Aktienanleihen.

Zuvor bieten Barrier-Aktienanleihen eine höhere Wahrscheinlichkeit, bei Fälligkeit eine Rückzahlung in Höhe des Nennwerts zu erhalten. Denn solange der **Schwellenkurs** während der Laufzeit **nicht berührt** wird, erhalten Anleiheinhaber bei Fälligkeit eine Rückzahlung in Höhe des Nennwerts. Selbst dann, wenn die Aktie unter dem Basispreis notiert. Klassische Aktienanleihen würden bereits in diesem Fall eine Rückzahlung durch Lieferung der Aktien vorsehen.

Wird dagegen der **Schwellenkurs berührt,** ist entscheidend, ob die Aktien bis zum Laufzeitende wieder bis zum oder über den Basispreis hinaus steigen können. Auch in diesem Fall haben Anleger noch die Chance, bei Fälligkeit eine Rückzahlung in Höhe des Nennwerts zu erhalten. Kann sich jedoch die Aktie nicht mehr erholen und notiert am Laufzeitende unter dem Basispreis, wird die festgelegte Anzahl an Aktien geliefert. Den Risikopuffer und die höhere Wahrscheinlichkeit auf Rückzahlung zum Nennwert gibt es allerdings nicht umsonst. In der Regel sind Barrier-Aktienanleihen gegenüber vergleichbaren klassischen Aktienanleihen mit einem geringeren Zinskupon ausgestattet.

## Progarant-Aktienanleihen mit Teilgarantie

Progarant-Aktienanleihen bieten im Gegensatz zu klassischen Aktienanleihen eine **Kapitalgarantie für einen bestimmten Prozentsatz des Nennwerts.** Der Wert der Rückzahlung kann so einen bestimmten Betrag nicht unterschreiten. Den Kauf von Progarant-Aktienanleihen sollten Sie erwägen, wenn Sie zwar attraktive Zinsen erzielen, aber gleichzeitig Ihr Verlustpotenzial begrenzen möchten.

Progarant-Aktienanleihen beziehen sich auf jeweils einen Aktienwert. Zusätzlich zum Basispreis gibt es einen **Progarant-Preis,** der unter dem Basispreis, z.B. auf einem Niveau von 70 % des Basispreises, liegt. Notiert die Aktie zur Fälligkeit der Anleihe bei oder über dem Basispreis, erfolgt die Rückzahlung der Anleihe zum Nennwert. Notiert die Aktie unter dem Basispreis, aber über dem Progarant-Preis, so erfolgt die Lieferung von Aktien.

**Fällt der Aktienkurs auf oder unter den Progarant-Preis,** so leistet der Emittent stattdessen eine Geldzahlung. Diese Zahlung errechnet sich aus der Anzahl der Aktien multipliziert mit dem Progarant-Preis, z.B. 70 % des Nennwerts. Damit ist der Anleger von einem starken Kursverfall der Aktie, in diesem Beispiel nur bis zu einer Höhe von 30 % des Nennwerts, betroffen. Vor einem weiteren Kursverfall schützt ihn der Progarant-Preis.

## 7.3 Erfolgreiche Anlagestrategie: Zielsicher in Aktienanleihen investieren

Bei der Entscheidung für eine Investition in Aktienanleihen sollte für Sie nicht allein die Höhe des Zinskupons maßgeblich sein. Viel wichtiger ist, dass Ihnen die **Funktionsweise der Papiere** verständlich ist und die ausgewählte Anlage zu Ihrer zukünftigen Markterwartung passt.

! Berücksichtigen Sie, dass Aktienkurse, je nach Volatilität, selbst in einem Seitwärtsmarkt schwanken können. Da sich die Dauer einer Seitwärtsbewegung kaum abschätzen lässt, sollten Sie bei der Produktauswahl Ihre grundsätzlichen Markterwartungen einfließen lassen und einen Blick auf die Wertentwicklung des Basiswerts in den vergangenen Monaten und Jahren werfen. Besonders im Hinblick auf eine mögliche Lieferung der Aktie am Laufzeitende sollte der Aufbau des Gesamtportfolios berücksichtigt werden, d.h., der Basiswert der Aktienanleihe sollte zur Anlagestruktur Ihres Depots passen.

Solide Grundkenntnisse helfen, die Ertragsaussichten und Risiken von Aktienanleihen besser einzuschätzen. Bei dem großen Angebot an Aktienanleihen können Sie ganz **nach persönlichem Geschmack** den zu Ihnen passenden Zinskupon, den Sicherheitspuffer und die Restlaufzeit aussuchen.

Zwischen **Sicherheitspuffer und der Höhe des Zinskupons** herrscht in der Regel ein Wechselspiel: Je höher der Zinskupon, desto geringer der Sicherheitspuffer und umgekehrt. Das liegt daran, dass die Emittenten die hinter einer Aktienanleihe steckenden Erträge (Dividendeneinnahmen, Optionsprämien) nur einmal verteilen können: entweder in Form eines hohen Zinskupons oder einer großzügiger ausfallenden Sicherheitsmarge.

**!** Für die Tilgung der Aktienanleihe ist die Kursentwicklung des zugrunde liegenden Basiswerts entscheidend. Lassen Sie sich nicht von der Aussicht auf üppige Zinskupons irritieren. Planen Sie die Wahl des Basiswerts sorgfältig. Überlegen Sie genau, welche Kursbewegungen Sie bei diesem Wert während der Laufzeit Ihrer Aktienanleihe erwarten.

In der Regel lohnt sich der Kauf einer Aktienanleihe nur dann, wenn der Basiswert seitwärts läuft. Oder wenn Sie von leicht fallenden Kursen einer Aktie ausgehen und Sie sich diese Aktie in der Hoffnung auf eine Kurserholung in Ihr Depot legen wollen. Gegen leichte Kursrückschläge schützen Sie die festgeschriebenen Zinszahlungen. Allerdings nur so lange, wie diese die Kursverluste kompensieren. **Übersteigt der Wertverlust die Zinszahlungen,** ist dieser Risikopuffer nur ein schwacher Trost. Zwar stehen Sie in diesem Fall gegenüber einem Direktinvestment im Basiswert besser da. Dennoch erleiden Sie Verluste.

Anleger profitieren bei klassischen Aktienanleihen nicht davon, wenn der **Kurs des Basiswerts am Laufzeitende stark gestiegen ist.** Denn die Aktienanleihe wird auch in diesem Fall nur zum Nennwert zurückgezahlt. Hinzu kommt noch der Zinskupon. Das Gewinnpotenzial ist also bei stark steigenden Kursen des Basiswerts begrenzt. Investoren, die starke Kursgewinne erwarten, sind mit einem direkten Investment in den Basiswert besser beraten. Nur so profitieren sie vollständig vom Kursplus.

### 7.3.1 Der Basispreis einer Aktienanleihe sollte zu Ihrer persönlichen Risikobereitschaft passen

Aktienanleihen können Sie nicht nur im Wege der Zeichnung einer Neuemission erwerben – kaufen können Sie auch **bereits an der Börse gehandelte Aktienanleihen.** Vorteil: Dank der verkürzten Restlaufzeit können Sie Ihr Risiko besser abschätzen. Nachdem Sie sich für einen Basiswert entschieden haben, von dessen Kursentwicklung Sie überzeugt sind, sollten Sie die dazu gehandelten Aktienanleihen nach der Restlaufzeit und der Höhe ihrer Basiswerte vergleichen. Die Wahl des für Sie geeigneten Basispreises sollten Sie **von Ihrer persönlichen Risikobereitschaft abhängig machen:**

- **Entspricht der aktuelle Börsenkurs der Aktie ungefähr dem Basispreis,** besitzen Sie sowohl eine aussichtsreiche Gewinnchance als auch einen Risikopuffer. Die Aktie kann leicht ansteigen, ohne dass Ihnen Gewinne im Vergleich zu einem Direktkauf entgehen. Fällt die Aktie, gleicht zunächst der Zinsertrag mögliche Verluste aus. Erst wenn der Kursverlust größer ist als Ihre Zinsgutschrift, schreiben Sie mit Ihrer Aktienanleihe rote Zahlen.

- **Liegt der Basispreis weit unter dem aktuellen Börsenkurs der Aktie,** besitzen Sie von vornherein einen großzügig bemessenen Risikopuffer. Die Aktie kann deutlich fallen, ehe Sie Verluste erleiden. Dafür ist jedoch der mögliche Höchstgewinn gering, da Sie die Aktienanleihe zu Kursen deutlich über 100 %, das heißt über dem Nennwert, erwerben müssen. Das Papier wird aber am Ende nur zum Nennwert zurückgezahlt. Dieser Rückzahlungsverlust mindert den Ertrag aus dem Zinskupon.

- **Liegt der Basispreis weit über dem aktuellen Aktienkurs,** besteht die Gefahr, dass der Emittent am Laufzeitende nicht in Geld tilgt, sondern Ihnen die entsprechenden Aktien überträgt. Andererseits liegt in einem solchen Fall der Kurs der Aktienanleihe meist weit unter dem Nennwert. Das bedeutet eine hohe laufende Verzinsung. Außerdem besteht natürlich auch ein Kurserholungsspielraum bei der Anleihe: Bei steigenden Börsennotierungen der zugrunde liegenden Aktie kann der Anleihekurs wieder bis auf 100 % (= dem Nennwert) steigen, was für Sie einen zusätzlichen Kursgewinn bedeutet.

### 7.3.2 So ermitteln Sie Ihre Gewinnschwelle bei Aktienanleihen

Vor dem Kauf einer Aktienanleihe sollten Sie Ihre Gewinnschwelle, den »**kritischen Aktienkurs**«, ermitteln. Dieser Kurs zeigt an, bis zu welchem Aktienkurs Sie der hohe Zinskupon gegen Kursverluste beim Basiswert absichert. Erst bei Notierungen unterhalb des kritischen Aktienkurses beginnt für Sie die Verlustzone.

» Eine Aktienanleihe auf die X-AG mit einer Laufzeit von zwölf Monaten ist mit einem Zinskupon von 12 % ausgestattet. Die Anleihe kann zum Nennwert von 2.500,– € getilgt werden oder durch Lieferung von 200 X-Aktien. Der Basispreis der zugrunde liegenden Aktie beträgt 12,– €. Den Beispielsrechnungen liegt die Annahme zugrunde, dass ein Anleger die Anleihe zu einem Kurs von 100 % erwirbt und insgesamt 2.500,– € investiert.

Bis zu welchen Kursen sichert Sie der hohe Zinskupon gegen Verluste ab? Ganz einfach: Zunächst ziehen Sie die in Aussicht gestellten Zinsen (die sind Ihnen auf jeden Fall sicher) vom Kaufbetrag der Anleihe ab. Bei einem Verkaufskurs der Anleihe von 100 % beträgt der Kaufbetrag der Anleihe 2.500,– €. Bei einem Kupon von 12 % auf 2.500,– € für die Zeit von zwölf Monaten sind das 300,– €. Den Restbetrag von 2.200,– € teilen Sie durch die Anzahl der Aktien, mit der getilgt werden darf, also in unserem Beispiel 2.200,– € : 200 = 11,– €. Wenn zum Zeitpunkt der Fälligkeit die Aktien der X-AG tiefer als diese 11,– € stehen, erleiden Sie einen Verlust. Denn dann gleichen die hohen Zinsen den Kursverlust bei der Aktie nicht mehr aus. In diesem Fall bleibt Ihnen nur die Hoffnung auf eine spätere Kurserholung der gelieferten Aktien.

### 7.3.3 Diese Kursszenarien sind nach dem Kauf der Aktienanleihe für Sie von Bedeutung

Vor dem Kauf einer Aktienanleihe ist es wichtig, eine **klare Meinung zur Kursentwicklung der zugrunde liegenden Aktie** zu haben. Je nach Kursrichtung der Aktie ergeben sich für Ihre Aktienanleihe folgende drei Kursszenarien:

#### Die Aktie bewegt sich seitwärts oder steigt mäßig

Die Aktie klettert während der Laufzeit der Anleihe nur mäßig oder verharrt während einer Seitwärtsbewegung innerhalb eines bestimmten Kursbandes. Das ist der Idealfall für den Besitzer von Aktienanleihen. Während der Aktionär in diesem Szenario kaum etwas verdienen kann, sorgt der hohe Zinskupon beim Inhaber der Aktienanleihe für ein lukratives Geschäft.

#### Stärkerer Anstieg des Aktienkurses

Steigende Kurse der zugrunde liegenden Aktie bedeuten auch höhere Kurse bei der Aktienanleihe. Ihre Anleihe kann vorübergehend deutlich über 100 % notieren. Trotz der hohen Kurse wird die Anleihe am Ende der Laufzeit aber maximal mit 100 % des Nennwerts zurückgezahlt; Ihr Ertrag beschränkt sich auf die Verzinsung. Wichtig: Je stärker die Aktie während der Laufzeit steigt, **desto wahrscheinlicher ist die Tilgung der Anleihe am Laufzeitende zu 100 %,** da ein Kursrückschlag der Aktie unter den Basispreis immer unwahrscheinlicher wird.

! Notiert die Aktienanleihe aufgrund der vorangegangenen Kurssteigerungen deutlich über 100 %, ist es überlegenswert, die Anleihe vorzeitig zu veräußern, um sich die anteiligen Zinsen und die Kursgewinne zu sichern (Ihre Anleihe wird ja nur zu 100 % zurückgezahlt). Falls Sie der Meinung sind, dass noch ein weiterer, starker Anstieg der Aktie bevorsteht, so können Sie das frei werdende Kapital direkt in die Aktie investieren.

## Der Kurs der Aktie fällt

Bei fallenden Kursen ist Fingerspitzengefühl gefragt. Wie stark wird der Kursrückgang ausfallen? Ein Kursrückgang bis oberhalb des Basispreises ist für Sie unerheblich, da auf diesem Niveau die Anleihe auf jeden Fall zum Nennwert getilgt wird. Bei einem weiteren Kursrückgang ist die **Kenntnis Ihrer Gewinnschwelle** (»kritischer Aktienkurs«) wichtig. Denn Sie erzielen mit Ihrer Aktienanleihe selbst dann eine positive Rendite, wenn die Aktie unter dem Basispreis, aber oberhalb Ihrer Gewinnschwelle bleibt: Die hohen Zinsen kompensieren teilweise den Kapitalverlust bei Tilgung durch Aktien. Sobald jedoch die Aktie unter Ihre Gewinnschwelle fällt, geraten Sie mit Ihrer Anlage in die Verlustzone. In diesem Fall reichen die Zinszahlungen nicht mehr aus, um die durch den Kursverfall entstandenen Verluste auszugleichen.

! Im Gegensatz zu normalen Anleihen ist bei Aktienanleihen die Anlagestrategie »Kaufen und Liegenlassen« nicht immer das beste Rezept. Verfolgen Sie deshalb aufmerksam die Kursentwicklung der zugrunde liegenden Aktie. Befürchten Sie während der Laufzeit Ihrer Aktienanleihe einen stärkeren Kursverfall der Aktie, sollten Sie die Anleihe vorzeitig veräußern. Sie sollten auch nur Geldbeträge in Aktienanleihen anlegen, die Sie zum Rückzahlungstermin nicht unbedingt benötigen. Denn sofern Ihnen bei Fälligkeit der Aktienanleihe die entsprechenden Aktien angedient werden (= Übertragung der Aktien in Ihr Wertpapierdepot), brauchen Sie den erzielten Verlust nicht sofort zu realisieren, sondern können auf eine spätere Erholung der Aktien setzen.

## 7.3.4 Diesen Anteil Ihres Vermögens können Sie in Aktienanleihen investieren

Es gibt keine allgemeingültige Regel, wie viel Geld Sie in Aktienanleihen anlegen sollten. Das hängt vielmehr von der **Höhe und Struktur Ihres Vermögens ab.** Grundsätzlich gilt: Sie sollten nur so viel Geld für Aktienanleihen aufwenden, dass ein eventueller Verlust Sie nicht schmerzt. Vor allem sollten Sie nicht darauf angewiesen sein, über das Geld genau zum Zeitpunkt der Fälligkeit wieder verfügen zu müssen. Sonst können Sie bei einer Lieferung von Aktien nicht frei entscheiden, ob Sie auf eine spätere Kurserholung setzen und die Aktien noch für eine gewisse Zeit in Ihrem Depot behalten oder doch sofort veräußern und damit den Verlust realisieren.

Halten Sie nur risikoarme Wertpapiere wie Staatsanleihen mit erstklassiger Bonität oder Pfandbriefe in Ihrem Depot, können Sie durchaus 10 % bis 20 % Ihres Wertpapiervermögens in Aktienanleihen investieren. Setzen Sie allerdings nicht alles auf eine Karte. Streuen Sie den freien Betrag für Aktienanleihen auf verschiedene Titel.

**!** Auch wenn es auf den ersten Blick attraktiv aussieht: Kaufen Sie niemals Aktienanleihen auf Kredit. Zwar ist die Aussicht verlockend, für die Aktienanleihe höhere Zinsen zu erhalten, als Sie für einen Kredit an Zinsen aufwenden müssen. Doch die Gefahr ist viel zu groß, dass die der Aktienanleihe zugrunde liegende Aktie im Kurs stärker nachgibt. Nach Fälligkeit der Anleihe reicht dann der Gegenwert der gelieferten Aktien u.U. nicht aus, um den Kredit vollständig zurückzuzahlen.

### 7.3.5 Zwölf goldene Regeln für den erfolgreichen Kauf von Aktienanleihen

- **Wählen Sie eine solide Aktie:** Bevor Sie eine Aktienanleihe kaufen, sollten Sie sich mit dem Aktienmarkt beschäftigen. Entscheiden Sie sich für eine Aktienanleihe auf eine Aktie, der Sie auch mittel- bis langfristig Vertrauen entgegenbringen. Entscheiden Sie sich im Zweifelsfall lieber für eine solide Aktie mit geringen Kursschwankungen (= geringer Volatilität). Zwar kassieren Sie mit solchen Basiswerten bei Aktienanleihen weniger Zinsen als bei Basiswerten mit hoher Volatilität. Langfristig machen Sie aber wegen den geringeren Verlustgefahren das bessere Geschäft.

- Machen Sie sich **Gedanken über die zukünftige Kursentwicklung des Basiswerts:** Wichtig ist, dass vor allem bei Fälligkeit der Aktienanleihe die Aktie Stabilität beweist. Denn nur dann wird die Aktienanleihe zu 100 % zurückgezahlt und Sie erzielen den maximalen Anlageerfolg. Ist die Aktie ein Wackelkandidat, wird Ihnen die Aktienanleihe wenig Freude bereiten.

- **Wählen Sie den richtigen Basispreis:** Sein Abstand zum aktuellen Börsenkurs ergibt den Risikopuffer der Anleihe: Je größer dieser ausfällt, desto geringer die Gefahr, dass der Basispreis unterschritten wird und der Anleger seinen Einsatz nicht mehr komplett zurückerhält. Allerdings geht ein großer Sicherheitsabstand oft einher mit einem niedrigeren Zinskupon. Umgekehrt legen Emittenten den Basispreis sogar schon mal über dem aktuellen Börsenkurs einer Aktie fest, um so eine möglichst hohe, teils sogar zweistellige Verzinsung aufweisen zu können. Will der Anleger seinen Einsatz in diesem Fall wieder in bar zurück, muss die Aktie bis Laufzeitende der Anleihe demnach ansteigen. Der Anleger kommt daher nicht daran vorbei, die für ihn passende Relation zwischen Ertrag (Zinskupon) und Risiko (Abstand zum Basispreis) auszuloten.

- **Vergleichen Sie die Aktienanleihen verschiedener Emittenten:** Nutzen Sie die Konkurrenz der Emittenten untereinander und vergleichen Sie verschiedene Aktienanleihen mit Ihrer Wunschaktie als Basiswert.

- **Kaufen Sie Aktienanleihen von marktführenden Emittenten:** einem Emittenten, der eine breite Palette von Aktienanleihen anbietet, der jederzeit faire, handelbare Kurse stellt und Ihnen mit seinen Informationen einen Rundum-Service zum Thema Aktienanleihen bietet.

- **Am besten »unter pari« kaufen:** Aktienanleihen werden in der Regel mit einer Stückelung von 1.000,– € und zum Kurs von 100 % begeben. Notiert ein Papier deutlich unter dieser Marke (z.B. bei 98 %), ist das oft ein Zeichen dafür, dass die Aktie den Basispreis unterschritten hat oder nur noch ein minimaler Sicherheitspuffer besteht. Für harte Spekulanten kann es durchaus reizvoll sein, auf eine Kurserholung der Aktie zu spekulieren. Geht die Spekulation auf, würden bei der Aktienanleihe neben dem hohen Zinskupon auch noch Erträge in Form von Kursgewinnen anfallen. Umgekehrt ist eine Notiz über pari (z.B. bei 102 %) häufig ein Zeichen dafür, dass die Aktienanleihe stark gefragt ist. Entsprechend gering fallen dann die Ertragschancen aus. Da das Papier nur zum Kurs von 100 % zurückgezahlt wird, sind Kursverluste programmiert.

- **Verfolgen Sie den Kurs Ihrer Aktienanleihe:** Aktienanleihen sind nicht mit sicheren Bundesanleihen vergleichbar. Die Kurse von Aktienanleihen hängen vor allem davon ab, wie sich die jeweilige Aktie entwickelt. Sie verändern sich täglich vom Kauf bis zur Fälligkeit.

- **Setzen Sie sich klare Ziele** – Gewinne realisieren, Verluste begrenzen: Solange sich die Aktie nicht groß bewegt, besteht kein Grund zum Handeln. Kommt die Aktie deutlich in Fahrt und die Aktienanleihe notiert deutlich über 100 %, sind Gewinnmitnahmen überlegenswert. Bei einem drohenden Kursgewitter dagegen sollten Sie nicht zögern und notfalls Ihre Verluste durch den vorzeitigen Verkauf der Aktienanleihe begrenzen.

- **Informieren Sie sich über die Anleihebedingungen:** Wer mehrere Tausend Euro investiert, sollte sich die Zeit für einen Blick in den Verkaufsprospekt nehmen. Nur das Kleingedruckte ist rechtsverbindlich und schließt Fehlinterpretationen aus. Im Internet können Sie auf den Serviceseiten der Emittenten den Verkaufsprospekt einsehen bzw. herunterladen.

- **Auf die Stückzinsen achten:** Wie bei normalen Anleihen fallen auch bei Aktienanleihen Stückzinsen an. Das heißt, die Kuponzahlung wird rechnerisch über das ganze Jahr verteilt. Das sollte der Anleger beachten. Kauft er nämlich während der Laufzeit der Aktienanleihe, werden ihm die bis dahin angefallenen Stückzinsen in Rechnung gestellt. Diese Zahlung muss er bei der Renditeberechnung vom Anleihekaufpreis abziehen.

- **Setzen Sie nicht alles auf eine Aktienanleihe:** Legen Sie im Voraus fest, wie viel Prozent Ihres Vermögens Sie in Aktienanleihen anlegen wollen. Verteilen Sie diesen Betrag möglichst auf mehrere Aktienanleihen. Bei zahlreichen Aktienanleihen können Sie schon ab einem Nennbetrag von 1.000,– € einsteigen.

- **Überwinden Sie Vorurteile bei Ihren Anlageentscheidungen:** Konzentrieren Sie sich bei der Auswahl des Basiswertes nicht nur auf Aktien, die gerade im Mittelpunkt des allgemeinen Interesses stehen. Ziehen Sie bei der Auswahl auch vernachlässigte Aktien in Erwägung. Denn Sie wissen: Je weniger sich die Aktie bewegt, umso sicherer ist Ihr Anlageerfolg.

## 7.4 Aktienanleihen und Discount-Zertifikate im Vergleich

Ob hoher Zinskupon bei Aktienanleihen oder der Preisrabatt bei Discount-Zertifikaten – die Idee dahinter ist ähnlich. Wie die folgende Übersicht zeigt, gibt es trotz vieler Gemeinsamkeiten auch **Unterschiede zwischen den beiden sich ähnelnden Anlageformen.**

| Vergleich von Discount-Zertifikaten mit Aktienanleihen | | |
|---|---|---|
| | **Discount-Zertifikat** | **Aktienanleihe** |
| **Ausgabepreis** | Erfolgt mit einem Abschlag auf den aktuellen Aktienkurs | Zum Zeitpunkt der Emission meist in der Nähe des Nennwerts der Anleihe |
| **Kursnotierung** | Preisnotierung in Euro | Preisnotierung in Prozent |
| **Verzinsung** | Keine Zinszahlung | Jährliche Zinszahlung unabhängig vom Aktienkurs |
| **Zahlung am Ende der Laufzeit** | Auszahlung des Cap-Höchstbetrags oder Lieferung von Aktien, wenn der Kurs des Basiswerts unter der Cap-Grenze liegt | Rückzahlung des Nennwerts der Anleihe oder Lieferung von Aktien, wenn der aktuelle Kurs des Basiswerts unter dem Basispreis liegt |
| **Verwässerungsschutz** | Anpassung bei Kapitalmaßnahmen der Aktie, sodass der wirtschaftliche Wert erhalten bleibt | Anpassung bei Kapitalmaßnahmen der Aktie, sodass der wirtschaftliche Wert erhalten bleibt |
| **Handelbare Einheit** | Mindestens ein Zertifikat | Mindestens 1.000,– € |
| **Kauf und Verkauf** | Jederzeit möglich, Kauf zum teureren Briefkurs, Verkauf zum billigeren Geldkurs | Jederzeit möglich, Kauf zum teureren Briefkurs, Verkauf zum billigeren Geldkurs |
| **Steuer** | Gewinne werden mit Abgeltungsteuer belastet | Gewinne werden mit Abgeltungsteuer belastet |

Immer wieder ist zu hören, dass Anleger bei Aktienanleihen einen »**Verpackungszuschlag**« zahlen. Soll heißen: Aktienanleihen werden teurer verkauft als Discount-Zertifikate, obwohl sie die gleichen Chance-Risiko-Profile aufweisen. Eine **Studie der European Derivates Group (EDG)** unterstützt diese Vermutung. Danach beträgt die erwartete Marge für den Emittenten bei Aktienanleihen 0,65 % pro Jahr, bei Discountern sind es 0,50 %. Wegen der Kostenunterschiede sollten Anleger die Konditionen von Aktienanleihen und Discount-Zertifikaten mit gleichem Basiswert und gleicher Laufzeit vergleichen. Weiterhin sollte der Basispreis der Aktienanleihe der Gewinnobergrenze (Cap) des Discount-Zertifikats entsprechen.

! Aktienanleihen sind vor allem dann für Sie interessant, wenn Sie hohe, garantierte laufende Zinseinnahmen wünschen und davon überzeugt sind, dass die jeweilige Aktie sich mittelfristig eher seitwärts bewegt oder keine starken Kurszuwächse eintreten. Gleichzeitig sollten Sie – im Falle einer ungünstigen Kursentwicklung – die Lieferung der Aktien zum Basispreis als günstigen Einstieg in einen Aktienwert betrachten. Sollte die Rückzahlung der Anleihe in Aktien erfolgen, so besteht schließlich die Chance, den zunächst eingetretenen (Buch-)Verlust bei einer späteren Erholung der Aktie wieder auszugleichen.

Für was sollen sich Anleger also entscheiden? Kräftiger Rabatt oder hohe Zinsen? Das kommt auf die **persönlichen Anlagepräferenzen** an. Discount-Zertifikate wenden sich an aktienorientierte Investoren, die durch den gewährten Rabatt einen vergünstigten Einstieg in den Basiswert suchen. Aktienanleihen wenden sich dagegen eher an zinsorientierte Investoren, die Zinszahlungen auf ihr eingesetztes Kapital erhalten wollen.

# 8 Discount-Zertifikate: Geldanlage mit Rabatt und Sicherheitsnetz

## 8.1 Discount-Zertifikate: Je unruhiger die Börsenzeiten, desto attraktiver sind die Papiere

Die großen Beben der Finanzwelt entstehen, wenn es in der Weltwirtschaft knirscht, zum Beispiel, wenn die Zahlungsfähigkeit des gesamten Systems infrage gestellt wird. So etwa 2001 und 2002, als die Attentate in den USA die Technologieblase endgültig platzen ließen. Oder 2008. Damals geriet die Welt an den Rand des Finanzkollapses, weil die Folgen der Insolvenz der Investmentbank Lehman eine Kettenreaktion auszulösen drohte.

In solch unruhigen Börsenphasen schlägt die Stunde der Discount-Zertifikate. Denn steigt die Schwankungsfreude (»Volatilität«) der Kurse, dann wird der mittels Discount-Zertifikaten gewährte Rabatt beim Einstieg an der Börse größer. Die Grundidee bei Discount-Zertifikaten: Mit dem Erwerb dieser Papiere erhalten Sie Aktien oder führende Börsenindizes mit einem **Preisnachlass (Rabatt) auf den aktuellen Kurswert.** Dieser Rabatt kann je nach Aktie und Emittent beträchtlich sein. 30 % und mehr sind keine Seltenheit. Der Rabatt dient gleichzeitig als **Verlustpuffer gegenüber Kursrückschlägen.** Selbst bei stagnierenden Kursen der entsprechenden Aktien können Sie mit Discount-Zertifikaten noch gutes Geld verdienen. So erfüllen Discount-Zertifikate eher als Aktien das Bedürfnis der Anleger nach Sicherheit und Ertrag.

Gefragt sind bei Discount-Zertifikaten vor allem die **kürzeren Laufzeiten zwischen drei und neun Monaten.** Denn Anleger tun sich leichter mit einer Markteinschätzung über die nächsten Monate als gleich über ein oder mehrere Jahre. Kurz laufende Discount-Zertifikate profitieren zudem von einer Besonderheit in ihrer Konstruktion. Ihr Preis steigt mit abnehmender Restlaufzeit selbst dann, wenn sich der Basiswert nicht bewegt. Die Zertifikate bestehen unter anderem aus dem Verkauf einer Kaufoption (Call). Diese wird durch den **Zeitwertverlust** immer weniger wert, das Zertifikat im Gegenzug teurer. Allein durch diesen Effekt ist es für den Anleger theoretisch besser, zwölfmal in einem Jahr einen Discounter mit einmonatiger Laufzeit zu kaufen als einen mit einer Jahreslaufzeit.

### 8.1.1 So funktionieren Discount-Zertifikate

Am 3.8.1995 erblickte das erste Discount-Zertifikat das Licht der Welt. Basiswert war der deutsche Leitindex DAX. Das Zertifikat kostete am Ausgabetag DM 21,11. Am Ende der Laufzeit, am 1.10.1996, wurden DM 24,– pro Zertifikat ausbezahlt. Seitdem hat sich einiges geändert. Die Mark heißt nun Euro, und der Emittent der ersten deutschen Discount-Zertifikate firmierte noch unter dem Namen Trinkaus & Burkhardt (heute HSBC). Nicht geändert dagegen hat sich die **einfache Funktionsweise der Papiere:** Die Papiere werden gegenüber dem zugrunde liegenden Titel (z.B. Aktie oder Index), im Fachjargon auch **»Basiswert«** oder **»Underlying«** genannt, mit einem **Preisabschlag (»Discount«) zum aktuellen Börsenkurs** emittiert. Statt einer Aktie, die an der Börse 40,– € kostet, zahlen Sie für ein entsprechendes Discount-Zertifikat beispielsweise nur 35,– €. Dieser Preisvorteil hat zwei Ursachen:

- Die Gewinnchancen von Discount-Zertifikaten sind nach oben hin durch einen festgelegten Höchstbetrag **(»Cap«)** begrenzt. Von Kurssteigerungen über diesen Cap hinaus profitieren die Besitzer der Zertifikate nicht mehr.
- Im Gegensatz zum Aktienbesitzer erhalten die Anleger von Discount-Zertifikaten keine Dividende.

Die **Ersparnis beim Kauf** ist dabei ein zusätzlicher Gewinn und gleichzeitig ein **Risikopuffer.** Steigt der Kurs der Aktie beispielsweise bis zum Laufzeitende des Zertifikats auf 45,– €, macht der Käufer des Discount-Zertifikats zehn Euro Gewinn. Der Aktionär dagegen kann nur fünf Euro Kursgewinn für sich verbuchen. Solange bei fallenden Kursen der zugrunde liegende Basiswert den reduzierten Kaufbetrag von 35,– € für Ihr Zertifikat nicht unterschreitet, erzielen Sie einen Gewinn.

Discount-Zertifikate besitzen eine **begrenzte Laufzeit.** Bei Ablauf dieser erhalten Sie entweder den entsprechenden Geldwert ausbezahlt oder die Aktien in Ihr Depot eingebucht. Bei Discount-Zertifikaten auf Aktien erhalten Sie im Regelfall den zugrunde liegenden Dividendentitel, wenn der Kurs der Aktie unter dem festgelegten Cap liegt.

! Für Discount-Zertifikate auf Rohstoffe gibt es immer Geld, nie den Rohstoff. Für Discount-Zertifikate, die sich auf Aktienindizes beziehen, ist die Bartilgung die übliche Variante. Liegt der Index bei Fälligkeit unter der Gewinnobergrenze, liefern jedoch einige wenige Emittenten dem Anleger ein Indexzertifikat ins Depot. Um vor unliebsamen Überraschungen geschützt zu sein, sollten Sie sich daher vor dem Kauf von Discount-Zertifikaten über die Form der Bezahlung bei Endfälligkeit informieren.

Die Einbuchung selbst kostet kein Geld. Spesen werden aber fällig, wenn Sie die eingebuchten Aktien oder Indexzertifikate verkaufen. Möchten Sie die Einbuchung verhindern, so sollten Sie Ihr **Discount-Zertifikat vor der Endfälligkeit verkaufen.** In der Praxis bleiben die wenigsten Anleger bis zum Schluss dabei und lassen sich die Papiere liefern.

Liegt der **Aktienkurs über der Gewinnobergrenze,** wird der Cap-Betrag bar ausbezahlt. Bei Discount-Zertifikaten auf Indizes ist regelmäßig bei Ablauf der Laufzeit eine Barzahlung vorgesehen. Allerdings auch hier immer nur bis zur festgelegten Gewinngrenze, dem Cap.

! Achten Sie bei Discount-Zertifikaten auf den Unterschied zwischen Bewertungstag und Fälligkeitstag. Berechnungsgrundlage für Höhe und Art der Auszahlung ist der Bewertungstag. In der Regel eine Woche später, am Fälligkeitstag, erhalten Sie dann je nach Situation die dem Bezugsverhältnis entsprechende Anzahl von Aktien bzw. Index-Zertifikaten oder den Cap-Betrag ausgezahlt. Auf den Bewertungstag zu achten ist vor allem dann für Sie wichtig, wenn die Rückzahlung nicht in Geld, sondern in Aktien erfolgt. So können Sie überprüfen, ob die Tilgung statt in Geld in Aktien zu Recht vorgenommen wurde.

Das nachfolgende Beispiel zeigt, wie vorteilhaft sich die Anlage in ein Discount-Zertifikat gegenüber dem Direktkauf einer Aktie auswirken kann.

» Anleger A kauft ein Discount-Zertifikat auf die X-AG mit einer Restlaufzeit von einem Jahr und einer Gewinnbegrenzung (Cap) bei 45,– €. Anleger A bezahlt dafür den Betrag von 38,49 €. Zum gleichen Zeitpunkt ordert Anleger B die Aktien der X-AG zu 47,19 €. Für Anleger A ist durch den Cap bei 45,– € der maximal erzielbare Gewinn auf 16,91 % begrenzt. Damit Anleger B in etwa den gleichen prozentualen Gewinn einfahren kann, muss der Kurs der X-AG auf 55,– € klettern. Erst bei Kursen von über 55,– € fährt Anleger B mit seiner Aktie besser. Kommt es dagegen zu einem Kursverfall der X-AG, kann Anleger A gelassen bleiben. Erst wenn der Kurs der X-AG unter den Kaufkurs seines Zertifikates von 38,49 € fällt, beginnt für ihn die Verlustzone. Anleger B dagegen ist zu diesem Zeitpunkt mit seiner X-Aktie schon deutlich in die roten Zahlen gerutscht.

| X-AG-Kurs bei Fälligkeit | Rück-zahlung in Aktien | Rück-zahlung in € | Gewinn/Verlust Discount-Zertifikat | Gewinn/Verlust Aktienanlage |
|---|---|---|---|---|
| 65,– € | | 45,– € | 16,91 % | 37,74 % |
| 60,– € | | 45,– € | 16,91 % | 27,15 % |
| 55,– € | | 45,– € | 16,91 % | 16,55 % |
| 50,– € | | 45,– € | 16,91 % | 5,95 % |
| 45,– € | | 45,– € | 16,91 % | –4,64 % |
| 40,– € | 1 | | 3,92 % | –15,24 % |
| 35,– € | 1 | | –9,07 % | –25,84 % |
| 30,– € | 1 | | –22,06 % | –36,43 % |

**So lesen Sie die Tabelle:** Bei Endfälligkeit des Discount-Zertifikates und einem Kurs der X-AG von 40,– € erhält Anleger A eine Gutschrift von einer Aktie der X-AG in seinem Depot. Damit erzielt Anleger A seit dem Kauf seines Discount-Zertifikates, trotz gesunkener Kurse der X-AG, immerhin noch eine Verzinsung von 3,92 %. Anleger B ist dagegen bei einem Aktienkurs von 40,– € mit einem Minus von 15,24 % schon deutlich in der Verlustzone.

### 8.1.2 Die unterschiedlichen Bezugsverhältnisse und ihre Bedeutung

Bei Discount-Zertifikaten auf Aktien beträgt das **Bezugsverhältnis meistens 1:1.** Das bedeutet: Für ein Discount-Zertifikat erhalten Sie eine Aktie. Wenn Sie also 50 Discount-Zertifikate auf BASF besitzen, so erhalten Sie dafür am Ende der Laufzeit 50 BASF-Aktien in Ihr Depot eingebucht. Voraussetzung dafür: Der Kurs der Chemieaktie liegt unter dem vereinbarten Cap. Papiere auf Indizes dagegen beziehen sich meist auf ein Zehntel oder Hundertstel ihres zugrunde liegenden Marktbarometers. Zusätzlich gibt es Discount-Zertifikate, die sich bei Indizes auf ein Tausendstel beziehen. In diesem Fall entspricht ein Indexpunkt einem Betrag von 0,001 €. Dadurch werden die Papiere auch bei hohen Indexständen für Kleinanleger erschwinglich.

» **Beispiel für ein Index-Discount-Zertifikat**

Bei einem DAX-Stand von 11800 Punkten kauft ein Anleger ein Discount-Zertifikat auf den DAX mit einem Cap bei 11.600 Punkten und einer Restlaufzeit von zwölf Monaten. Für dieses Zertifikat bezahlt er 106,– €. Bei einem Bezugsverhältnis von 100:1 ergibt sich für ihn nach zwölf Monaten folgendes Gewinn-Verlust-Profil:

| DAX-Stand bei Fälligkeit | Rückzahlung in Euro | Gewinn/Verlust p.a. |
|---|---|---:|
| 13.000 | 116,– € | 9,23 % |
| 12.000 | 116,– € | 9,23 % |
| 11.600 | 116,– € | 9,23 % |
| 11.000 | 110,– € | 3,64 % |
| 10.600 | 106,– € | 0,00 % |
| 10.000 | 100,– € | −6,00 % |
| 9.600 | 96,– € | −10,42 % |

Klar erkennbar: Selbst bei einem Kursrückschlag auf 11.000 Punkte verdient der Anleger mit seinem Engagement noch Geld. Erst bei einem Abtauchen des DAX am Ende der Laufzeit unter 10.600 Punkte (»**Break-even-Point**«) beginnt für ihn die Verlustzone.

Wer jedoch in den nächsten zwölf Monaten mit einem Kursanstieg beim DAX-Index rechnet, fährt mit dem Kauf eines gewöhnlichen Index-Zertifikates besser. Bis zu welchem Kursniveau der Kauf eines Discount-Zertifikates gegenüber dem eines gewöhnlichen Index-Zertifikates eine gleich hohe Rendite erzielt (Break-even), lässt sich mit folgender Formel errechnen:

[(Cap : Bezugsverhältnis) : Einstiegspreis des Discount-Zertifikats] × Kurs des Basisobjekts zum Anlagezeitpunkt = Break-even-Point

Auf unser obiges Beispiel angewandt zeigt die Formel, dass bei einem DAX-Stand von 12.914 Punkten der Break-even-Point der Anlage liegt.

---

[(11.600 : 100) : 106] × 11.800 = 12.914 Punkte

---

Steht der DAX in zwölf Monaten über 12.914 Punkten, so wäre der Kauf eines gewöhnlichen Index-Zertifikates profitabler gewesen.

### 8.1.3 Der Handel der Papiere

Discount-Zertifikate werden wie Aktien **täglich gehandelt.** Deshalb brauchen Sie Ihre Discount-Zertifikate nicht unbedingt bis zur Endfälligkeit zu behalten. Diese Papiere können Sie jederzeit verkaufen. Das ist vor allem dann empfehlenswert, wenn sich Ihre fundamentale Einschätzung für die Aktie oder die jeweilige Börse geändert hat. Beim Handel der Papiere wird zwischen **börslichem und außerbörslichem Handel** unterschieden:

- **Börslicher Handel:** Beim Kauf oder Verkauf von Discount-Zertifikaten an der Börse erteilt der Anleger zunächst einen Auftrag über seine Bank. Dazu benötigt er ein Depot bei seinem Institut. Der Makler überprüft nun in kürzester Zeit, ob die Order mit anderen Kauf- bzw. Verkaufsaufträgen in Einklang zu bringen ist. Ist dies nicht der Fall, wird das Geschäft sofort mit dem Emittenten abgewickelt, der als Market Maker ständig handelbare Kurse zur Verfügung stellt. Die Auftragsausführung ist also immer gewährleistet, auch wenn im entsprechenden Zertifikat schon länger kein Umsatz an der Börse zustande gekommen ist.
- **Außerbörslicher Handel:** Hier überspringt der Anleger die Börse und handelt über seine depotführende Bank direkt mit dem Emittenten. Nach einer Kursanfrage wird ihm von dort zunächst ein handelbarer Preis übermittelt, den er akzeptieren oder ablehnen kann. Der Anleger sieht also im Vorhinein ganz genau, zu welchem Kurs die Order ausgeführt werden kann. Akzeptiert

der Anleger den angebotenen Kurs, kommt das Geschäft zustande. Der Anleger hat die Möglichkeit, diverse Stopp-Kurse für seinen Kauf bzw. Verkauf zu platzieren.

Discount-Zertifikate werden teurer ge- als verkauft. Diese Preisdifferenz, auch »**Spread**« genannt, ist die Spanne zwischen dem An- und Verkaufskurs der Emittenten. Wenn Sie sich nach dem Preis eines Zertifikates erkundigen, werden Ihnen immer zwei Kurse genannt: ein **Brief-Kurs** (englisch: **Offer** oder **Ask**), zu dem Sie das Papier kaufen können, und ein **Geld-Kurs (Bid),** zu dem das gleiche Papier verkauft werden kann. Dabei ist der Brief-Kurs teurer als der Geld-Kurs – beim Erwerb von Discount-Zertifikaten zahlen Sie also mehr, als Sie beim gleichzeitigen Verkauf wieder erhalten würden.

Die **Höhe der Spreads** ist unterschiedlich und hängt

- sowohl von der Intensität der Kursschwankungen der zugrunde liegenden Aktien bzw. Indizes ab
- als auch von der Qualität der jeweiligen Emissionsbank und deren Bereitschaft, faire Kurse zu stellen.

**!** Discount-Zertifikate können Sie schon ab wenigen Euro und einer Mindestordergröße von einem Zertifikat kaufen. In der Praxis macht diese geringe Stückzahl jedoch wegen der von den Banken verlangten Mindestgebühren wenig Sinn.

### 8.1.4 Die Höhe der Credit-Spreads gibt Aufschluss über die Bonität

Bei der Auswahl geeigneter Discount-Zertifikate sollten Sie unbedingt auf die **Bonität der Emittenten** achten. Denn Discount-Zertifikate sind verbriefte Schuldverschreibungen, d.h., mit dem Kauf der Papiere leihen Sie dem Emittenten Geld und werden so zum Gläubiger der Bank. Deshalb werden bei Zahlungsunfähigkeit eines Emittenten Ihre in Discount-Zertifikaten angelegten Gelder auch nicht durch den **Einlagensicherungsfonds** ersetzt.

Bei den meisten Herausgebern von Discount-Zertifikaten ist eine ausbleibende Rückzahlung allerdings eher theoretischer Natur. Schließlich handelt es sich bei den marktbeherrschenden Häusern in diesem Segment um renommierte Geschäftsbanken. Wenn z.B. die Deutsche Bank zusammenbrechen würde, wäre dies eine derartige Gefährdung für unsere Volkswirtschaft, dass die ausbleibende Rückzahlung eines Zertifikates nur mehr ein unwesentlicher Zusatzschaden wäre.

**!** Achten Sie beim Kauf von Zertifikaten sehr genau auf die Zahlungsfähigkeit des Emittenten. Denn Zertifikate sind Instrumente, die konstruiert werden, um einen Mehrwert zum Beispiel gegenüber einem Direktinvestment in Aktien zu bieten. Diese Vorteile können sie aber nur dann ausspielen, wenn sie am Laufzeitende auch zurückgezahlt werden. Schließlich nützt das größte Renditepotenzial nichts, wenn die Rückzahlung am Ende ausbleibt.

Eine schnelle Möglichkeit, Emittentenrisiken besser einzuschätzen, bieten sog. **Credit Spreads.** Der in Basispunkten angegebene Wert stellt die Höhe der Versicherungsprämie dar, die institutionelle Anleger zahlen müssen, um sich gegen den Zahlungsausfall des betreffenden Schuldners (Emittenten) abzusichern. Ein Credit Spread von z.B. 160 Basispunkten bedeutet, dass zur Absicherung z.B. eines Anleihekaufs im Wert von einer Million Euro 16.000,– € pro Jahr zu zahlen sind. Eine geringe Risikoprämie spricht für eine hohe Bonität und umgekehrt. Diese Prämien können zeitnäher und genauer Aufschlüsse über die Bonität geben als **Rating-Einstufungen** von Rating-Agenturen.

**!** Der Derivateverband (www.derivateverband.de) veröffentlicht täglich auf seiner Homepage die aktuellen Credit Spreads. Risikoscheue Anleger sollten Emittenten mit einem Credit Spread von über 80 meiden.

Doch nicht alle Anleger meiden die Papiere von scheinbar unsicheren Emittenten. Es gibt auch **risikobereite Investoren,** die bewusst Zertifikate von Emittenten kaufen, die als weniger solvent eingeschätzt werden. Um die nötigen Gelder für die Refinanzierung zu erhalten, werden die institutseigenen Zertifikate solcher Emittenten mit besseren Konditionen als konkurrierende Produkte ausgestattet. Darüber sprechen die Emittenten zwar nicht gerne, aber an den Konditionen und den Kursen der Papiere lässt es sich ablesen. Bei baugleichen Papieren bieten Discount-Zertifikate von Instituten mit schwächerer Bonität somit oft einen größeren Discount an als die Konkurrenz.

! Ein anderer Aspekt des Emittentenrisikos ist die Gefahr, dass ein Institut beschließt, seinen Geschäftsbereich »Zertifikate« einzustellen, weil dieser die hauseigene Profitvorgabe nicht erfüllt. Dies ist vor allem bei Anbietern mit geringem Marktanteil denkbar. Zwar steht die generelle Rückzahlung am Laufzeitende bei einer Einstellung der Tätigkeit außer Zweifel. Fraglich ist aber die Qualität der für die Zwischenzeit zugesagten Preisfeststellung. So besteht durchaus die Gefahr, dass bei einem vorzeitigen Verkauf zu schlechte Kurse gestellt werden, da es dem Emittenten an dem nötigen Engagement mangelt.

## 8.1.5 Die wichtigsten Emittenten im Überblick

Das große Interesse der Anleger an Discount-Zertifikaten unterstützen die Banken mit einem **reichhaltigen Informationsangebot im Internet.** Mit einem Telefonanruf bei den Service-Nummern der Emittenten erhalten Sie neben den aktuellen Kursen auch Informationen über Neuemissionen von Discount-Zertifikaten und deren Konditionen.

! Nutzen Sie die große Zahl von Anbietern und vergleichen Sie deren Konditionen bei Discount-Zertifikaten. Es ist durchaus möglich, ein vergleichbares Discount-Zertifikat auf eine bestimmte Aktie bei der Bank A zu günstigeren Konditionen zu erhalten als bei der Bank B.

| Die wichtigsten Emittenten von Discount-Zertifikaten im Überblick | | |
|---|---|---|
| **Emittent** | **Internet** | **Servicetelefon** |
| BNP Paribas | derivate.bnpparibas.de | 069/71933498 |
| Societe Generale | sg-zertifikate.de | 0800/8183050 |
| Deutsche Bank | xmarkets.de | 069/91038807 |
| DZ Bank | eniteo.de | 069/74477035 |
| HSBC | hsbc-zertifikate.de | 0800/4000910 |
| UBS | keyinvest-de.ubs.com | 0800/8000404 |

! Im Internet finden Sie unter www.onvista.de oder www.finanztreff.de wertvolle Informationen rund um Discount-Zertifikate. Besonders wichtig bei der Vielzahl an Discount-Zertifikaten sind die dort angebotenen Suchfunktionen. So können Sie sich z.B. sämtliche ausgegebenen Discount-Zertifikate zu BASF anzeigen lassen, übersichtlich geordnet nach der Höhe der Caps oder der Restlaufzeit. Wenn Sie Ihr Depot nicht jeden Tag im Blick haben können, ist es empfehlenswert, auf automatische Warnfunktionen im Internet zurückzugreifen. Einige Finanzportale und Onlinebroker wie z.B. comdirect (www.comdirect.de) bieten dazu kostenlos Musterdepots oder Beobachtungslisten an. Hier ist es möglich, für jede Aktie individuelle Warnwerte bei den Kursen anzugeben. Werden diese erreicht, dann erhalten Sie per E-Mail oder SMS die entsprechenden Informationen.

## 8.2 Einflussfaktoren auf die Höhe des Discounts und das Kursverhalten während der Laufzeit

Anders als beim Cap ist die **Höhe der eingeräumten Discounts** keine willkürliche Entscheidung seitens der Emittenten, sondern von einer Reihe von Variablen abhängig. Auf die Höhe des gewährten Rabatts und das Kursverhalten eines Discount-Zertifikats wirken während der Laufzeit verschiedene Faktoren ein. Die Kenntnis dieser Variablen erleichtert Ihnen zu beurteilen, ob z.B. die Höhe der Discounts bei Ihren Zertifikaten auch marktgerecht ausfällt.

### 8.2.1 Der Einfluss der Laufzeiten auf die Höhe des Rabatts und das Kursverhalten

Discount-Zertifikate weisen bei der Emission meist Laufzeiten zwischen drei Monaten und zwei Jahren auf. Es gibt auch ausgesprochene Langläufer unter den Discount-Zertifikaten mit Laufzeiten zwischen drei und vier Jahren. Der **Schwerpunkt der Laufzeiten** bei Discount-Zertifikaten liegt jedoch zwischen 6 und 15 Monaten.

Für ein **Discount-Zertifikat mit der Laufzeit von drei Jahren** muss Ihnen ein deutlich höherer Discount eingeräumt werden als bei einer Laufzeit von nur einem Jahr. Denn je länger die gewählte Laufzeit, desto größer ist die Gefahr für Sie, dass die Aktien oder die Indizes über den Cap hinausklettern. Auch der umgekehrte Fall, der Sturz der Aktien oder Indizes unter den Kaufpreis der Zertifikate, wird wahrscheinlicher. Mit längerer Laufzeit wächst außerdem das Risiko, dass Sie mit Ihrem Discount-Zertifikat eine geringere Rendite erzielen als mit der Direktanlage.

#### Langläufer eher meiden

Wählen Sie keine Discount-Zertifikate mit Laufzeiten von mehr als zwei Jahren aus. **Gegen Langläufer sprechen gleich drei Gründe:**

- Discount-Zertifikate bieten sich vor allem dann an, wenn Sie **leicht steigende oder stagnierende Börsenkurse** erwarten. Eine solche Markteinschätzung zu treffen ist schon für die Dauer eines Jahres schwer genug. Für den Zeitraum von drei Jahren sind seriöse Markteinschätzungen nicht möglich.
- Die hohen Rabatte bei Discount-Zertifikaten mit langen Laufzeiten machen die Rendite-Aussichten schwer berechenbar, da die Dividenden gegengerechnet werden müssen. Beim Kauf eines Langläufers müsste beachtet werden, auf welche Dividendenzahlungen der Anleger bis zum Laufzeitende im Vergleich zum Aktienkauf verzichtet. Liegt die durchschnittliche Dividenden-

rendite bei 5 % pro Jahr, verzichtet der Zertifikateinhaber bei drei Jahren Laufzeit auf insgesamt 15 %. Hinzu kommt noch der Zinseszinseffekt. Ein scheinbar hoher Preisabschlag von 30 % beim Zertifikat gegenüber dem Basiswert relativiert sich so schnell.

- Während der Laufzeit notieren Discount-Zertifikate erfahrungsgemäß leicht unter ihrem rechnerisch fairen Wert. Um den optimalen Verkaufspreis zu erzielen, sollte das Zertifikat möglichst bis zum Laufzeitende gehalten werden. Bei einem Zertifikat mit dreijähriger Laufzeit ist das eine langfristige Kapitalbindung.

**!** Empfehlenswerter sind eher Discount-Zertifikate mit Laufzeiten zwischen drei und zwölf Monaten. Dieser Zeitraum ist für Börsenprognosen noch einigermaßen überschaubar.

## Der Einfluss der Restlaufzeit

Während der Laufzeit eines Discount-Zertifikats wird der Zeitraum bis zur Fälligkeit des Zertifikats immer kürzer. Diese **laufende Abnahme der Restlaufzeit** hat einen großen Einfluss auf die Entwicklung der Kurse beim Discount-Zertifikat. Mit jedem Tag, der verstreicht, steigt der Wert des Zertifikats, da sich der anfänglich gewährte Discount im Zeitverlauf abbaut. Es gilt: Je geringer die Restlaufzeit, desto niedriger der Discount. Am Ende der Laufzeit entspricht der Kurs des Discount-Zertifikats entweder dem Höchstbetrag oder aber dem Kurs des Basiswerts:

- **Höchstbetrag (Cap) wird erreicht oder überschritten:** Notiert der Kurs des Basiswerts auf oder über dem Cap, steigt der Kurs des Discount-Zertifikats mit abnehmender Restlaufzeit. Denn der Wert des Discount-Zertifikats kann maximal dem Höchstbetrag entsprechen. An Kurssteigerungen des Basiswerts über den Höchstbetrag hinaus ist das Discount-Zertifikat nicht beteiligt. Mit abnehmender Restlaufzeit nähert sich daher der Kurs des Zertifikats dem Höchstbetrag an.

- **Cap wird nicht erreicht oder überschritten:** Liegt der Kurs des Basiswerts unter dem Cap, orientiert sich die Wertentwicklung des Discount-Zertifikats an der Wertentwicklung des Basiswerts. Da sich der Preisabschlag des Discount-Zertifikats mit abnehmender Restlaufzeit abbaut, nähert sich der Kurs des Discount-Zertifikats dem des Basiswerts an. Am Ende der Laufzeit entspricht der Kurs des Discount-Zertifikats dem Kurs des Basiswerts.

### 8.2.2 Die Höhe der Differenz zwischen Kurs des Basiswerts und Cap

Ein wichtiger Bestimmungsfaktor für die Höhe des gewährten Discounts ist die **Höhe der Differenz zwischen Kurs des Basiswertes und Cap.** Je näher der aktuelle Börsenkurs des Basiswerts am Cap des Discount-Zertifikats liegt, umso höher muss der Ihnen gewährte Abschlag ausfallen. Denn bei dieser Konstellation ist die Gefahr für Sie besonders groß, dass der Aktienkurs oder der Index über die Cap-Grenze klettert und Sie von weiteren Wertsteigerungen nicht mehr profitieren. Die geringeren Gewinnchancen müssen Ihnen mit einem attraktiven Rabatt schmackhaft gemacht werden.

Das **Kursverhalten** von Discount-Zertifikaten ist **während der Laufzeit** vor allem von der Kursentwicklung des zugrunde liegenden Basiswerts abhängig. Am Ausgabetag notiert das Discount-Zertifikat entsprechend seinem Preisabschlag (Discount) unter dem Kurs des Basiswerts. Es gilt: Steigt der Kurs des Basiswerts während der Laufzeit, dann sinkt die Wahrscheinlichkeit der Einlösung durch Aktienlieferung am Laufzeitende, der Kurs des Discount-Zertifikats steigt. Fällt dagegen der Kurs des Basiswerts, so sinkt auch der Kurs des Discount-Zertifikats und eine Einlösung durch Aktienlieferung wird wahrscheinlicher. Auch wenn der zugrunde liegende Basiswert über dem Cap notiert, wird der Kurs des Discount-Zertifikats während der Laufzeit niemals über den Höchstbetrag steigen.

### 8.2.3 Die Intensität der Kursschwankungen beim Basiswert

Die **Volatilität** misst die **Stärke und Häufigkeit der Kursausschläge** eines Basiswerts (Schwankungsintensität). Es gilt: Je häufiger und stärker ein Basiswert schwankt, umso höher ist seine Volatilität. Bei Aktien oder Indizes mit hoher Volatilität ist die Gefahr größer, dass der Kurs am Laufzeitende deutlich über die jeweilige Cap-Barriere klettert, Sie also von diesen Kurssteigerungen nicht mehr profitieren. Andererseits geraten Sie bei Aktien mit großen Kursschwankungen schneller mit Ihrem Engagement in die Verlustzone. Dies ist der Grund, warum die Emittenten bei Discount-Zertifikaten z.B. auf amerikanische Hightech-Aktien einen höheren Discount gewähren als auf deutsche Standardwerte mit geringerer Volatilität, wie z.B. RWE oder BASF. Generell gilt:

- **Am Ausgabetag des Zertifikats:** Eine hohe Volatilität am Ausgabetag des Discount-Zertifikats wirkt sich positiv auf die Konditionen der Discount-Zertifikate aus. Es gilt: Je höher die erwartete Volatilität des Basiswerts, desto höher der Preisabschlag auf den Basiswert (Discount).
- **Während der Laufzeit:** Ein Anstieg der Volatilität während der Laufzeit eines Discount-Zertifikats wirkt sich jedoch negativ auf den Kurs des Zertifikats aus. Denn eine höhere Schwankungsintensität des Basiswerts erhöht die Wahrscheinlichkeit, dass der Kurs des Basiswerts am Bewertungstag unter dem Cap notiert und somit das Discount-Zertifikat durch Lieferung des Basiswerts getilgt wird. Ein Rückgang der Volatilität wirkt sich hingegen positiv auf den Kurs des Discount-Zertifikats aus.

**!** In Zeiten großer Unsicherheiten an den Weltbörsen ist der Kauf von Discount-Zertifikaten besonders lohnend. Denn dann weisen selbst solide Standardwerte hohe Volatilitäten auf und der Rabatt bei diesen Werten fällt besonders kräftig aus.

### 8.2.4 Weitere Einflussfaktoren auf Rabatt und Kursverhalten

#### Währungen des zugrunde liegenden Basiswerts

Investieren Anleger in Basiswerte, die in einer fremden Währung notieren, z.B. US-Aktien, Edelmetalle oder Rohstoffe, muss Folgendes beachtet werden: Da die von den Emittenten angebotenen Discount-Zertifikate in Euro notieren, der Handelspreis der Basiswerte allerdings in der entsprechenden Fremdwährung, besteht für Anleger ein **Währungsrisiko,** wenn der Kurs der Fremdwährung steigen sollte.

! Ein steigender Wechselkurs (Abwertung der Fremdwährung im Vergleich zum Euro) führt dabei zu einem sinkenden Kurs des Discount-Zertifikats, wohingegen ein fallender Wechselkurs (Aufwertung der Fremdwährung im Vergleich zum Euro) zu einem steigenden Kurs des Discount-Zertifikats führt.

Um das Wechselkursrisiko für den Anleger auszuschalten, bieten Emittenten häufig neben einer nicht währungsgesicherten Variante (Non-Quanto) auch eine währungsgesicherte Variante **(Quanto)** an. Allerdings ist hier zu beachten, dass für die **Währungssicherung** Kosten anfallen können, die den Wert des Discount-Zertifikats mindern. Anleger haben also die Wahl, sollten aber bedenken, dass bei der nicht währungsgesicherten Variante neben dem Risiko natürlich auch die Chance entfällt, mit einem fallenden Wechselkurs eine höhere Rendite zu erzielen.

#### Die Höhe der vom Basiswert gezahlten Dividende

Berücksichtigt werden muss bei der Höhe des Abschlags, ob der betreffende Basiswert keine, eine geringe oder hohe Dividende ausschüttet. Da Sie als Inhaber eines Discount-Zertifikates – im Gegensatz zum Direktbesitzer der Aktie – **während der Laufzeit keine Dividende** erhalten, muss als Ausgleich die Höhe der Discounts entsprechend angepasst werden. Während die zukünftig erwarteten Dividendenzahlungen des Basiswerts bereits bei Ausgabe im Preis des Discount-Zertifikats berücksichtigt sind, führen Änderungen der Dividendenerwartungen während der Laufzeit zu Kursänderungen des Discount-Zertifikats.

! Steigende Dividendenerwartungen sorgen tendenziell für einen negativen Effekt (der Kurs des Discount-Zertifikats fällt), sinkende Dividendenerwartungen führen hingegen zu steigenden Kursen der Discount-Zertifikate.

### Das Zinsniveau am Kapitalmarkt

Ähnlich wie Volatilität und Dividendenerwartung beeinflusst auch **das am Kapitalmarkt herrschende Zinsniveau** den Kurs eines Discount Zertifikats, jedoch deutlich geringer. Generell führen steigende Zinsen zu sinkenden Kursen des Discount-Zertifikats. Bei fallenden Kapitalmarktzinsen tritt der gegenteilige Effekt ein. Steigt die Wahrscheinlichkeit, dass am Laufzeitende der Höchstbetrag zur Auszahlung kommt, steigt der Einfluss des Zinsniveaus auf den Kurs des Zertifikats. Steigt die Wahrscheinlichkeit, dass es am Laufzeitende zu einer Aktienlieferung kommt, sinkt der Zinseinfluss auf das Kursverhalten des Zertifikats.

## 8.3 Discount-Zertifikate: Neben dem Klassiker bereichern spezielle Varianten den Kurszettel

Neben dem klassischen Discount-Zertifikat bieten die Emittenten auch verschiedene Variationen von Discount-Zertifikaten an. Diese Kreationen sind nicht von vornherein unbedingt besser oder schlechter als der Klassiker. Entscheidend ist vielmehr ein geeigneter Kaufzeitpunkt und ob das geänderte Risikoprofil einer speziellen Discount-Variante zu Ihrer persönlichen Anlagestrategie passt.

### 8.3.1 Rolling-Discount-Zertifikate: Die flexiblen Dauerläufer mit Rollautomatik

Die **höchsten Rabatte** erzielen Discount-Zertifikate mit **extrem kurzer Restlaufzeit.** Sinnvoll wäre es deshalb, die Papiere stets kurz vor dem Verfall zu erwerben und sich dann den entsprechenden Geldbetrag oder die zugrunde liegenden Wertpapiere aushändigen zu lassen. Der ins Depot gebuchte Basiswert müsste umgehend wieder verkauft und der frei werdende Betrag erneut in ein Discount-Zertifikat mit kurzer Restlaufzeit investiert werden. Aufgrund des hohen Aufwands und der entstehenden Transaktionskosten ist diese Vorgehensweise in der Praxis jedoch weniger zu empfehlen.

#### Mit Rolling-Discounts monatlich in neue Papiere investieren

An dieser Stelle greift das Konzept der **Rolling-Discount-Zertifikate.** Bei diesen Papieren investiert der Emittent im Monatsrhythmus in aktuelle Discount-Zertifikate mit einer Restlaufzeit von jeweils einem Monat. Dadurch profitiert der Käufer dieser Zertifikate von dem relativ hohen Rabatt kurz laufender Discount-Zertifikate, ohne die Kosten für die regelmäßigen Umschichtungen tragen zu müssen. Rolling-Discount-Zertifikate besitzen kein Laufzeitende **(»Open End-Papiere«).**

Verglichen mit dem Kauf einer Aktie schneiden rollierende Discount-Zertifikate besonders **in Jahren mit stagnierenden Börsen gut ab.** Denn in diesem Umfeld kann **Monat für Monat die Prämie vereinnahmt werden,** während Aktien über das Gesamtjahr betrachtet nicht von der Stelle kommen. Aber auch bei moderat steigendem Basiswert können die Zertifikate überzeugen. Nur in Zeiten stark steigender Börsenkurse fallen sie deutlich hinter den Markt zurück.

Ein Manko der Papiere: Erfolgt das sog. **»Rollover«** in ein neues Zertifikat unmittelbar nach einem starken Markteinbruch, macht das Zertifikat eine anschließend eventuell eintretende Gegenbewegung nur in sehr geringem Umfang mit. Denn die Wertentwicklung bei Discount-Zertifikaten ist bekanntlich nach oben durch den Cap (Gewinngrenze) begrenzt. Deshalb sind kurzfristig auch einmal höhere Verluste möglich.

**!** Zu Ihrer Sicherheit sollten Sie in Rolling-Discount-Zertifikate nur Gelder investieren, die Sie nicht zu einem bestimmten Stichtag wieder benötigen. Denn nur so können Sie den Zertifikaten Zeit geben, sich innerhalb von 12 bis 18 Monaten wieder von einem kräftigen Rückschlag zu erholen.

## Für jeden Geschmack das richtige Rolling-Discount-Zertifikat

Je nach **Risikobereitschaft** lässt sich das Verlustrisiko mit Rolling-Discount-Zertifikaten weiter minimieren. Denn die beiden führenden Emittenten von Rolling-Discount-Zertifikaten, die Schweizer Großbank UBS und die Deutsche Bank, haben verschiedene Varianten von Zertifikaten auf den Markt gebracht. Bei der **defensivsten Variante** von UBS auf den EuroStoxx50 kann der führende europäische Börsenindex z.B. Monat für Monat 7,5 % an Kurswert verlieren. Trotzdem können Sie mit dem Zertifikat noch Geld verdienen.

Riskanter, aber auch profitabler sind Zertifikate, deren Cap am Geld liegt **(neutrale Variante).** In diesem Fall liegt der Cap beim aktuellen Kurs des Basiswertes und nicht 7,5 % darunter wie bei der defensivsten Variante. Für Börsenoptimisten gibt es noch eine **offensive Variante,** bei der der Cap über dem Kurs des Basiswertes liegt.

| Die wichtigsten Rolling-Discount-Zertifikate im Überblick | | | |
|---|---|---|---|
| **Emittent** | **ISIN** | **Basiswert** | **Cap** |
| UBS | DE0001728723 | DAX | 1 % aus dem Geld |
| UBS | DE0001581759 | EuroStoxx50 | am Geld (neutral) |
| UBS | DE0001150548 | EuroStoxx50 | 5 % im Geld (defensiv) |
| UBS | DE000A0AB8D9 | EuroStoxx50 | 7,5 % im Geld (defensiv) |

### 8.3.2 Deep-Discount-Zertifikate: Hohe Sicherheitspuffer gegen Kursrückschläge dienen als Ersatz für Anleihen

Die **risikoärmste Variante der Discount-Zertifikate** sind Deep-Discount-Zertifikate. Bei diesen Papieren liegt der Cap deutlich, teilweise um 40 % oder 50 %, unterhalb des aktuellen Kursniveaus. Es ist also weniger wahrscheinlich, dass der Cap bis zum Ende der Laufzeit unterschritten wird. Daher stehen die Chancen gut, dass am Ende der Laufzeit eine Auszahlung in Höhe des Caps erfolgt. Die Rendite dieser Deep-Discount-Zertifikate liegt in der Regel um einige Prozentpunkte über der von Anleihen mit gleicher Laufzeit.

» Ein Anleger kauft heute ein Deep-Discount-Zertifikat auf einen Börsenindex mit einer Laufzeit von 12 Monaten und einer Gewinnobergrenze von 2.800 Punkten. Er bezahlt dafür derzeit 26,50 € je Zertifikat. Der Kurs des Index liegt gleichzeitig bei 3.600 Punkten. Er erwirbt den Index also mit einem deutlichen Kursabschlag. Dafür verzichtet er auf eine Partizipation an einem möglichen Kursanstieg.

Sollte der Index zum Laufzeitende in 12 Monaten über 2.800 Punkten notieren, erhält der Anleger den Maximalbetrag von einem Hundertstel des Schwellenwertes pro Zertifikat, in diesem Fall 28,– €, zurückgezahlt. Eine Gesamtrendite von immerhin ca. 5,66 %. Notiert der Index in 12 Monaten bei 2.700 Punkten, erhält der Anleger 27,– € (ein Hundertstel des Basiswertes) pro Zertifikat zurück. Die Gesamtrendite reduziert sich in diesem Fall auf ca. 1,89 %. Erst ab einem Indexstand von unter 2.650 Punkten gerät der Anleger in die Verlustzone. Bei einem Indexstand von beispielsweise 2.400 Punkten erhält er pro Zertifikat 24,– € ausgezahlt.

**!** Deep-Discount-Zertifikate eignen sich insbesondere für konservative Anleger mit neutraler bzw. negativer Marktmeinung. Sie bieten dem Anleger bei sehr geringem Risiko eine Rendite, die in der Regel klar über der einer Anlage in Rentenpapieren liegt. Bei überschaubarer Laufzeit sind Deep-Discount-Zertifikate ein denkbarer Ersatz für festverzinsliche Wertpapiere.

### 8.3.3 Protect-Discount-Zertifikate: Ausgestattet mit einem zusätzlichen Schutzmechanismus gegen Kursverluste

Alternativen zur Direktanlage sind vor allem in Seitwärtsmärkten gesucht. Besonders geeignet dafür sind **Protect-Discount-Zertifikate,** auch häufig **Discount Plus** genannt. Wie herkömmliche Discount-Zertifikate ermöglichen sie Anlegern, interessante Seitwärtsrenditen zu erzielen. Protect-Discount-Zertifikate verfügen über eine bei der Emission festgelegte **Kursschwelle,** die die Auszahlung des Höchstbetrages (Cap) schützt, selbst wenn der Basiswert am Laufzeitende unter dem Cap schließt. Einzige Bedingung: Der Basiswert darf während der gesamten Laufzeit niemals die Kursschwelle berühren oder durchbrechen.

Wenn die Kursschwelle während der Laufzeit erreicht oder durchbrochen wurde, entscheidet **der Schlussstand des Basiswertes am Laufzeitende** über die Rückzahlung. Notiert der Basiswert auf oder über dem Höchstbetrag, wird dieser ausbezahlt. Notiert er darunter, erhält die Emittentin das Recht, stattdessen den Basiswert zu liefern. Dieser zusätzliche Schutz ist natürlich nicht umsonst: Durch die Absicherung ist es dem Emittenten nicht möglich, die gleichen Konditionen wie bei einem vergleichbaren klassischen Discount-Zertifikat anzubieten. Der Anleger muss Abstriche bei der maximal möglichen Rendite, dem Discount oder bei beidem hinnehmen.

» Der Anleger möchte in die Aktien der X-AG investieren. Grundsätzlich erwartet er, dass der Aktienpreis steigt. Er schließt aber die Möglichkeit gelegentlicher Kursrückgänge nicht aus. Deshalb investiert er in ein Protect-Discount-Zertifikat auf die X-AG mit einer Gewinnbegrenzung (Cap) von 88,– €. Der Kurs der X-Aktie beträgt 89,26 €. Das Protect-Discount-Zertifikat erwirbt er zu einem Kurs von 78,57 €, also deutlich tiefer als der Kurs der Aktie. Dafür verzichtet er auf das weitere Gewinnpotenzial bei einem stark steigenden Aktienkurs. Der maximale Gewinn, den der Anleger am Ende der Laufzeit erzielen kann, beträgt somit 9,43 € (88,– € ./. 78,57 €). Zusätzlich ist das Zertifikat mit einer Barriere ausgestattet, die bei 61,– € festgelegt ist. Der Maximalertrag von 9,43 € ist gewährleistet, solange der Aktienkurs während der Laufzeit nie die Barriere von 61,– € berührt oder unterschreitet.

### 8.3.4 Korridor-Discount-Zertifikate: Profite innerhalb festgelegter Kurszonen

Im Unterschied zu klassischen Discount-Zertifikaten reicht es bei Korridor-Discount-Zertifikaten zur Auszahlung des Höchstbetrags nicht aus, dass der Basiswert bei Endfälligkeit über der bei der Emission festgelegten Obergrenze (Cap) notiert. Der Preis des Basiswerts muss vielmehr **zum Laufzeitende innerhalb eines zuvor festgelegten Kurskorridors liegen.** Die Höhe der unteren und oberen Gewinngrenze legt der Emittent bei der Emission fest. Auch hier gilt: Je höher die Schwankungen am Aktienmarkt, desto größer fällt der Discount aus. Ein zwischenzeitlicher Ausbruch aus dem festgelegten Kurskorridor hat keinen Einfluss auf die Rückzahlung.

Wenn der Basiswert zum Ende der Laufzeit ober- oder unterhalb der festgelegten Kurskorridore liegt, sich aber nicht allzu weit vom Korridor entfernt hat, sind auch in diesem Fall für Anleger noch positive Renditen möglich. Die **genaue Höhe der oberen und der unteren Gewinngrenze** richtet sich nach dem jeweiligen Discount und dem Emissionspreis des Zertifikats. Darüber hinaus werden mögliche Verluste durch den Discount-Mechanismus gepuffert.

» Bei einem Index-Stand von 4.350 Punkten kostet ein Korridor-Discount-Zertifikat mit einer unteren Begrenzung bei 4.000 Punkten und einem Cap bei 5.000 Punkten 87,36 €. Sollte der zugrunde liegende Basiswert (hier: Index) am Laufzeitende zwischen den beiden Kurskorridoren liegen, kommen 100,– € zur Auszahlung. Liegt der Basispreis am Ende ober- oder unterhalb des Kurskorridors, dann sinkt die Rückzahlung des Papiers sukzessive.

! Irreführend bei Korridor-Discount-Zertifikaten ist die Bezeichnung »Discount«. Ein Zertifikate-Anleger denkt beim Begriff Discount-Zertifikat automatisch an das nach oben durch den Cap limitierte Gewinnpotenzial bei vergünstigtem Einstiegskurs. Bei Korridor-Discount-Zertifikaten entstehen jedoch bei einer kräftigen Kursentwicklung des Basiswertes über die Ober- oder Untergrenze des Korridors hinaus Kursverluste.

### 8.3.5 Doppel-Discount-Zertifikate: Mit zwei Basiswerten gleichzeitig eine höhere Rendite erzielen

**Doppel-Discount-Zertifikate** besitzen **als Basiswert gleich zwei verschiedene Aktien.** Dadurch steigt natürlich die Wahrscheinlichkeit, dass die Rückzahlung nicht zum Höchstbetrag, sondern durch Lieferung einer der beiden Aktien erfolgt. Am Ende der Laufzeit entscheidet der Emittent, welche dieser beiden Aktien Sie erhalten werden. Dabei wird sich der Emittent natürlich für die Aktie entscheiden, die sich am schlechtesten im Kurs entwickelt hat. Notieren beide Aktien bei Fälligkeit über dem jeweiligen Cap, dann erhalten Sie den in den Emissionsbedingungen festgelegten Höchstbetrag ausbezahlt. Bei dieser Spielart von Discount-Zertifikaten wird das höhere Risiko der Käufer – gegenüber den traditionellen Discount-Zertifikaten – mit einem deutlich höheren Discount belohnt.

**!** Wenn Sie sich für diese risikoreichere Variante der Discount-Zertifikate entscheiden, so sollten Sie darauf achten, nur solche Zertifikate auszuwählen, bei denen Sie auf jeden Fall von beiden zugrunde liegenden Aktien längerfristig überzeugt sind. Denn erhalten Sie bei Ablauf der Zertifikate von der Emissionsbank eines der Papiere angedient, können Sie die Aktien im Depot behalten, verbunden mit der Hoffnung auf eine baldige Kurserholung.

### 8.3.6 Reverse-Discount-Zertifikate: Besonders in Zeiten fallender Märkte geeignet

Mit Reverse-Discount-Zertifikaten kann der Anleger in fallenden Märkten bis zu einer bestimmten Grenze (Cap) von fallenden Kursen profitieren. Reverse-Discount-Zertifikate **funktionieren genau umgekehrt wie klassische Discount-Zertifikate.** Wie bei einem klassischen Discount-Zertifikat erhält der Anleger dabei einen Discount. Ermöglicht wird dieser Preisnachlass durch den Cap, der den möglichen Gewinn begrenzt. Der Preisabschlag bietet Anlegern einen Risikopuffer für den Fall, dass sich die Erwartung fallender Kurse des Basiswertes nicht erfüllt.

Die **Rückzahlung eines Reverse-Discount-Zertifikates** am Laufzeitende hängt davon ab, ob der Basiswert über oder unter dem Cap notiert. Ist der Basiswert unter diese Kursuntergrenze gefallen, wird der bei Emission festgelegte maximal mögliche Rückzahlungsbetrag erstattet. Das bedeutet, dass für den Fall sehr starker Kursverluste des Basiswertes Anleger nicht in vollem Umfang von diesen profitieren können. Notiert der Basiswert zum Laufzeitende dagegen oberhalb des Caps, entspricht die Rückzahlung der inversen Performance des Basiswertes. Verluste würden für Anleger jedoch nur dann entstehen, wenn eine positive Performance des Basiswertes den Discount vollständig aufgebraucht hat. Daher ist eine positive Rendite auch noch bei gewissen Kurssteigerungen des Basiswertes möglich.

## 8.4 Sinnvolle Anlagestrategien mit Discount-Zertifikaten: Zug um Zug Rabatte sichern

Discount-Zertifikat ist nicht gleich Discount-Zertifikat. Die Palette reicht von Papieren, die von ihrer Rendite-Risiko-Struktur her einer Anleihe gleichen, bis hin zu Papieren, die annähernd so stark schwanken wie Aktien.

Wie wählen Sie als Anleger **die zu Ihrer Anlagestrategie passenden Discount-Zertifikate** aus? Wichtig ist zunächst, einen geeigneten Basiswert zu finden. Discount-Zertifikate versetzen Sie zwar in die angenehme Situation, dass Sie nicht ein Zukunftsszenario vor Augen haben müssen, in dem die ins Auge gefasste Aktie oder der Index vor immensen Kurssteigerungen steht. Denn Rabattpapiere erlauben Ihnen ja gerade die Erzielung attraktiver Renditen auch in Seitwärtsmärkten und – bei konservativer Ausstattung – sogar in relativ deutlichen Schwächephasen des Basiswertes. Doch eine weitgehend stabile Entwicklung sollten Sie dem Basiswert durchaus zutrauen, damit sich eine Investition in Discount-Zertifikate lohnt.

Auf welche Papiere Sie setzen, sollte neben Ihrer Risikofreude vor allem **von Ihrer jeweiligen Markteinschätzung abhängig** sein. Planen Sie Ihren Anlagehorizont. Maßgeblich sind hierbei zunächst Ihre ganz persönlichen Präferenzen: Mit welchen Investitionszeiträumen fühlen Sie sich wohl? In welchem Zeitraum erwarten Sie die Kursbewegung im Basiswert? Erwarten Sie nur auf kurze Sicht weitgehend stabile bis steigende Basiswertnotierungen oder orientieren Sie sich an einem längerfristigen Ausblick?

| Zur jeweiligen Markteinschätzung das passende Anlageprodukt wählen | |
|---|---|
| **Markteinschätzung** | **Anlageprodukt** |
| sehr optimistisch | Aktien |
| optimistisch | Discount-Zertifikate |
| neutral | Discount-Zertifikate |
| pessimistisch | Deep-Discount-Zertifikate |
| sehr pessimistisch | Anleihen |

**!** Die risikoärmste Variante sind Deep-Discount-Zertifikate. Bei diesen Papieren liegt der Cap deutlich, teilweise um 40 % oder 50 %, unterhalb des aktuellen Kursniveaus. Es ist also deutlich unwahrscheinlicher als bei anderen Zertifikaten, dass der Cap bis zum Ende der Laufzeit unterschritten wird. Daher stehen die Chancen gut, dass Sie am Ende eine Auszahlung in Höhe des Caps erhalten. Die Rendite dieser Deep-Discounts liegt in der Regel um einige Prozentpunkte über der von Anleihen mit vergleichbarer Laufzeit.

Deutlich spekulativer sind hingegen Papiere, deren **Obergrenze sich oberhalb des aktuellen Preisniveaus der Aktie befindet.** Das zusätzliche Risiko wird Ihnen aber durch ein attraktives Renditepotenzial versüßt. Nicht selten sind Maximalrenditen von 30 % und mehr möglich. Gleichzeitig kann der Preisnachlass im Bereich von z.B. 10 % liegen, was immer noch einen attraktiven Risikopuffer darstellt.

**!** Die höchsten Erträge mit Discount-Zertifikaten können Sie erzielen, wenn Sie regelmäßig kurz laufende Discount-Zertifikate mit einem Cap leicht über dem aktuellen Kursniveau der Aktie oder des Index kaufen. Nachteil dieser Strategie sind die damit verbundenen Transaktionskosten. Wenn Sie diese Strategie mit Discount-Zertifikaten verfolgen, sollten Sie daher darauf achten, Ihre Wertpapiertransaktionen über eine günstige Direktbank wie z.B. Flatex abzuwickeln. Eine Alternative zu dieser Strategie ist der Kauf von Rolling-Discount-Zertifikaten.

Lang laufende Discount-Zertifikate sind hingegen dann für Sie interessant, wenn Sie mit einem deutlichen Rückgang der zukünftigen Kursschwankungen (»**impliziten Volatilität**«) rechnen. Denn bei Langläufern drückt sich die nachlassende Intensität von Kursschwankungen in steigenden Kursen beim Discount-Zertifikat aus. So können Sie selbst in stagnierenden Märkten attraktive Renditen erzielen.

! Einen Blick sind Discount-Zertifikate auch dann wert, wenn Sie von den langfristigen Perspektiven einer Aktie überzeugt sind, ihnen das Kursniveau aber derzeit noch zu hoch für einen Direktkauf ist. Mit einem entsprechenden Discount-Zertifikat steigen Sie mit einem Rabatt in diese Aktie ein. Fällt die Aktie, erhalten Sie den Titel über den Umweg Discount-Zertifikat zu einem günstigen Kurs ins Depot gebucht. Steigt der zugrunde liegende Basiswert dagegen, so erzielen Sie mit Ihrem Zertifikat eine attraktive Rendite.

Aber auch die umgekehrte Strategie ist denkbar: Hat sich eine Aktie gut entwickelt und trauen Sie ihr **nur noch ein beschränktes Kurspotenzial** zu, so verkaufen Sie Ihre Aktie und investieren das Geld in ein entsprechendes Discount-Zertifikat. Während einer möglichen Stagnationsphase erzielen Sie so zusätzliche Erträge, die Ihnen als Direktbesitzer der Aktie entgangen wären.

! Sind Sie für die Börse optimistisch gestimmt und halten moderat steigende Kurse für wahrscheinlich, so sollten Sie auf ein Zertifikat mit einem Cap zurückgreifen, der oberhalb des aktuellen Kursniveaus des Basiswertes liegt. So können Sie Kursgewinne erzielen, ohne dass ein zu niedrig angesetzter Cap Ihnen diese beschneidet. Wenn Sie erwarten, dass die Märkte sich eher seitwärts bewegen, dann liegen Sie mit Discount-Zertifikaten richtig, deren Cap auf der Höhe des aktuellen Kurses liegt. Und wenn Sie von moderat sinkenden Kursen ausgehen, so sollten Sie über Zertifikate mit einem Cap unterhalb des aktuellen Kurses nachdenken.

Nur wenn Sie für die weitere Kursentwicklung an den Börsen sehr optimistisch gestimmt sind, bieten Ihnen Discount-Zertifikate keine Lösung an. Denn erweist sich Ihre Einschätzung als richtig, so verdienen Sie mit dem Direktkauf der entsprechenden Papiere deutlich mehr als mit dem Erwerb von Discount-Zertifikaten.

Wie eine **offensive oder defensive Strategie mit Discount-Zertifikaten** auf einen Börsenindex angewendet werden kann, zeigen folgende Beispiele:

| Strategien mit Discount-Zertifikaten auf einen Börsenindex bei einem Stand von 6.000 Punkten | | | |
|---|---|---|---|
| **Gewinnobergrenze (CAP)** | **Laufzeit** | **Discount auf fallenden Index-Stand** | **Maximale Rendite** |
| 4.500 | 11 Monate | 30,12 % | 5,07 % |
| 5.000 | 11 Monate | 20,19 % | 6,32 % |
| 5.500 | 11 Monate | 15,95 % | 7,38 % |
| 6.200 | 11 Monate | 8,25 % | 11,25 % |

Diese Beispiele verdeutlichen: Sie haben beim Kauf von Discount-Zertifikaten die Wahl zwischen einem hohen Rabatt (= geringere Rendite) oder einer erhöhten Rendite-Chance (= geringerer Sicherheitspuffer).

### 8.4.1 Discount-Zertifikat oder Direktkauf der Aktie? So treffen Sie die richtige Entscheidung

Entscheidend, ob der Direktkauf der Aktie oder der indirekte Weg über ein entsprechendes Discount-Zertifikat die besseren Renditechancen verspricht, ist **das zu erwartende Kurspotenzial.** Flüchtig betrachtet sieht es so aus, dass die Gewinnobergrenze (Cap) die entscheidende Grenze ist: Liegt das erwartete Kurspotenzial des Basiswertes unter dem Cap, lohnt sich das Discount-Zertifikat. Besitzt der Basiswert Kurspotenzial über das Cap hinaus, ist der Direktkauf der Aktie vorteilhafter. Diese Sichtweise ist jedoch falsch, da bei der Rendite-Berechnung auch die Höhe des Preisabschlags beim Discount-Zertifikat einkalkuliert werden muss. Hierzu ein Beispiel:

| Discount-Zertifikat oder Aktie? | | |
|---|---|---|
| | **Aktie** | **Discount-Zertifikat** |
| **Laufzeit** | unbegrenzt | 12 Monate |
| **Gewinnobergrenze (Cap)** | – | 240,– € |
| **Kurs zum Kaufzeitpunkt** | 200,– € | 160,– € |
| **Discount (Rabatt)** | – | 40,– € = 20 % |
| **Maximale Rendite** | unbegrenzt | 80,– € = 50 % (Differenz Gewinnobergrenze und Zertifikatekurs) |
| **Rendite bei Seitwärtsbewegung der Aktie** | 0,00 % | 40,– € = 25 % (Differenz Aktienkurs und Zertifikatekurs) |
| **Beginn der Verlustschwelle** | 200,– € (aktueller Kurs) | 160,– € = 20 % Sicherheitspuffer (Kaufpreis Zertifikat) |
| **Kurs, zu dem die Aktienrendite höher ist** | – | 300,– € = 50 % (bei diesem Kurs übertrifft die Aktien-Rendite die Zertifikate-Rendite) |

Der Aktienkurs muss also nur um 40,– € zulegen, damit das Discount-Zertifikat die maximale Rendite von 50 % abwirft. Um die gleiche Performance zu erreichen, muss sich die Aktie dagegen um 100,– € auf 300,– € verteuern.

Das Gewinnpotenzial des Zertifikates ist in diesem Beispiel auf 50 % begrenzt. Dafür wird diese Rendite aber deutlich früher als bei der Aktie erreicht: Die Aktie muss nur um 20 % zulegen, damit das Zertifikat die maximal erreichbare Rendite von 50 % erzielt. Bei leichten Kurssteigerungen entwickeln Discount-Zertifikate also eine Art **»Kursturbo«.** Ein Vorteil gegenüber den spekulativen Optionsscheinen und Hebel-Zertifikaten: Diesen schnellen Extra-Gewinn erkaufen Sie sich nicht mit einem höheren Risiko.

Da die Börse keine Einbahnstraße ist, lohnt sich auch ein **Blick auf die Entwicklung bei fallenden Kursen.** Wenn der Kurs der Aktie in unserem Beispiel von 200,– € auf 180,– € fällt, dann erleidet der Aktienbesitzer einen Kursverlust von 10 %. Der Besitzer des Zertifikates dagegen verdient noch Geld. Am Ende der Laufzeit würde sein Zertifikat (Kaufpreis 160,– €) in eine Aktie umgetauscht, die dann 180,– € wert ist. Das ist ein Gewinn von immerhin 12,5 % – und dies trotz sinkender Kurse.

Selbst bei einem **Kursrutsch der Aktie** auf 160,– € würde der Zertifikate-Inhaber noch ohne Kursverluste davonkommen. Erst bei höheren Kursverlusten der Aktie gerät auch das Zertifikat in die Verlustzone. Durch den Puffer schneidet der Zertifikate-Besitzer bei fallenden Kursen aber besser ab als der Aktienkäufer.

Das Beispiel zeigt: Außer in Phasen mit hohen Kurssteigerungen schneiden Sie mit Discount-Zertifikaten immer besser ab als mit Aktien.

| **Vergleich der Wertentwicklung Aktie und Discount-Zertifikat in unterschiedlichen Marktphasen** | | |
|---|---|---|
| **Kursentwicklung der Aktie** | **Kursentwicklung des Discount-Zertifikates** | **Vorteil** |
| Aktie verliert stark | Zertifikat verliert an Wert, jedoch weniger als die Aktie | Discount-Zertifikat |
| Aktie gibt leicht nach | Je nach Höhe des Risikopuffers sogar positive Rendite möglich | Discount-Zertifikat |
| Aktie stagniert | Zertifikat gewinnt an Wert | Discount-Zertifikat |
| Aktie steigt leicht | Zertifikat gewinnt überproportional an Wert | Discount-Zertifikat |
| Aktie steigt stark | Gewinn begrenzt durch die Gewinnobergrenze | Aktie |

## 8.4.2 Mit Discount-Zertifikaten Aktienpositionen verbilligen, ohne dabei frisches Kapital einzusetzen

Vor allem nach einer längeren Abwärtsbewegung nutzen Anleger die gefallenen Kurse zur Schnäppchenjagd am Aktienmarkt. Doch oft machen sie dann die Erfahrung, dass die vermeintlich günstigen Aktien sich nach dem Kauf noch weiter verbilligen. Durch gezielten Nachkauf könnten diese Investoren ihre Einstiegskurse noch einmal reduzieren. Doch die Angst vor weiteren Kursverlusten lässt dann viele zögern, zusätzliches Kapital am Aktienmarkt einzusetzen. Ganz abgesehen von jenen Anlegern, bei denen nach einer längeren Börsenbaisse die liquiden Mittel aufgezehrt sind. In beiden Fällen bieten sich Discount-Zertifikate als Lösung an. Denn mithilfe dieser Zertifikate **verbilligen sie ihre Einstiegskurse, ohne weiteres Kapital einzusetzen.**

Wie Sie Discount-Zertifikate zur Verbilligung Ihrer Einstiegskurse einsetzen können, zeigt folgendes Beispiel.

» Die Aktien der Z-AG erscheinen vielen Anlegern nach einem deutlichen Kursrückgang preisgünstig. Anleger A investiert deshalb in 100 Z-Aktien zum Stückpreis von 100,– €, insgesamt also 10.000,– € (Spesen bleiben der Einfachheit halber unberücksichtigt). Nach weiteren deutlichen Kursverlusten steht die Aktie jedoch einige Wochen später bei 68,40 €. Um den Einstandskurs zu verbilligen, aber ohne neues Kapital einzusetzen, verkauft Anleger A nun seine Z-Aktien zum Kurs von 68,40 €. Dafür erhält er 6.840,– € gutgeschrieben, ein Verlust innerhalb weniger Wochen von 3.160,– €. Das Restkapital von 6.840,– € investiert Anleger A sofort in ein Discount-Zertifikat auf Z-Aktien. Dieses Zertifikat mit einem Cap von 100,– € kostet 61,05 €, was gegenüber dem Kurs der Z-Aktie von 68,40 € einem Abschlag in Höhe von 10,75 % entspricht. Für sein Restkapital von 6.840,– € erhält Anleger A somit 112 Discount-Zertifikate auf Z-Aktien.

Aufgrund des Preisrabatts der Zertifikate gegenüber den Z-Aktien hat Anleger A anstelle von 100 Z-Aktien jetzt 112 Discount-Zertifikate auf Z-Aktien in seinem Depot. Da er am Laufzeitende für jedes Discount-Zertifikat eine Z-Aktie erhält, wenn der Schlusskurs der Aktie am Bewertungstag unterhalb des Caps von 100,– € notiert, verbilligt der Anleger über die dann zu beziehende höhere Zahl der Z-Aktien seinen Einstand.

Bei Fälligkeit der Zertifikate verfügt er dann über 112 Z-Aktien gegenüber 100 Z-Aktien, die er bei einem Direktengagement halten würde. **Sein Einstiegskurs verbilligt sich** somit auf 89,28 € (Startkapital von 10.000,– €: 112 Zertifikate = 89,28 €). Damit erreicht er eine Reduzierung seines ursprünglichen Kaufniveaus von 100,– € pro Z-Aktie um 10,72 € (ohne Berücksichtigung von Transaktionskosten). Anleger A gelangt somit bereits wieder bei Kursen der Z-Aktie ab 89,28 € in die Gewinnzone und braucht nicht wie bei einem Beibehalten seines Direktengagements auf Kurse von über 100,– € zu warten.

Allerdings erkauft sich der Anleger die Reduzierung seines Einstiegsniveaus mit der **Minderung seiner Gewinnchancen.** Das lässt sich jedoch verschmerzen. Denn solange der Kurs der Z-Aktien am Fälligkeitstag unterhalb des Caps von 100,– € notiert, profitiert der Anleger auf jeden Fall von der Umtauschstrategie. Selbst bei einem Kursanstieg über 100,– € hinaus kann der Tausch noch von Vorteil sein. Der Kurs, bis zu dem der Anleger mit seiner Tauschaktion im Vorteil ist, errechnet sich aus der Anzahl der Zertifikate (112) multipliziert mit dem Cap (100,– €) geteilt durch die ursprüngliche Anzahl an Aktien (100). In unserem Beispiel liegt diese Grenze bei 112,– €. Erst bei Kursen der X-Aktie von über 112,– € am Ende der Laufzeit der Discount-Zertifikate wäre die Direktinvestition für den Anleger vorteilhafter gewesen.

**Unter folgenden Voraussetzungen lohnt sich eine Tauschaktion:**

- Nur wenn Sie Ihrer Aktie innerhalb der nächsten 12 bis 18 Monate moderate Kurssteigerungen zutrauen, sollten Sie in Discount-Zertifikate tauschen. Glauben Sie an eine rasche und sehr deutliche Erholung Ihrer Aktie, hat ein Tausch keinen Sinn. Befürchten Sie jedoch weitere Kursrückgänge, so ist es ratsamer, sich komplett von der Aktie zu trennen und auch auf einen Tausch in Discount-Zertifikate zu verzichten.
- Wählen Sie zum Tausch nach Möglichkeit ein Discount-Zertifikat aus, dessen Cap Ihrem persönlichen Kursziel der Aktie gegen Laufzeitende des Zertifikats entspricht.
- Die Tauschaktion zum Verbilligen Ihrer Einstiegskurse macht meist nur bei Standardaktien Sinn. Zwar gibt es auch auf einige Nebenwerte Discount-Zertifikate. Doch die Auswahl an verschiedenen Caps oder Laufzeiten ist dort im Regelfall zu gering.

### 8.4.3 Die wichtigsten Regeln für eine erfolgreiche Anlage mit Discount-Zertifikaten

---

Erfolgreich anlegen mit Discount-Zertifikaten

**Wählen Sie eine solide Aktie als Basiswert:** Bevor Sie ein Discount-Zertifikat kaufen, beschäftigen Sie sich ein wenig mit dem Aktienmarkt. Entscheiden Sie sich für eine Aktie, der Sie Stabilität und ein angemessenes Wachstum zutrauen. Sie sollten außerdem Informationen über das Unternehmen und seine Zukunft erhalten können.

**Konservativere Anleger konzentrieren sich auf einen Index:** Statt sich für eine einzelne Aktie zu entscheiden, können Sie auch auf einen bekannten marktbreiten Börsenindex wie z.B. den DAX oder den EuroStoxx50 setzen. Beim Index verzichten Sie zwar auf höhere Gewinne als bei der Anlage in einzelne Titel. Dafür streuen Sie jedoch Ihr Risiko besser als bei der Einzelanlage.

**Versuchen Sie einzuschätzen, wie sich die Aktie oder der Index entwickelt:** Wichtig ist, dass die Aktie oder der Index am Bewertungstag über dem Höchstbetrag notiert. Dann wird das Discount-Zertifikat zum Höchstbetrag in Geld zurückgezahlt. Sie erzielen dann den maximalen Anlageerfolg. Sind die Aktien oder der Index Wackelkandidaten, drohen Ihnen möglicherweise Verluste.

**Schaffen Sie sich einen Risikopuffer:** Ihre Kurserwartung für den Basiswert sollte sich in der gewählten Gewinnobergrenze wiederfinden. In unsicheren Zeiten ist es sinnvoll, einen etwas niedrigeren Höchstbetrag zu wählen. Gehen Sie lieber ein wenig auf Nummer sicher. Das verringert zwar den maximalen Gewinn, bringt aber mehr Sicherheit.

**Kaufen Sie Discount-Zertifikate von den marktführenden Emittenten:** Ein Emittent, der Ihnen eine breite Palette von Discount-Zertifikaten anbietet und jederzeit faire Kurse stellt, ist einem unbedeutenden Emittenten in diesem Geschäft vorzuziehen.

**Beobachten Sie den Kurs Ihres Discount-Zertifikates:** Die Kurse von Discount-Zertifikaten hängen vor allem davon ab, wie sich die jeweilige Aktie oder der Index entwickelt. Sie verändern sich vom Kauf bis zum Fälligkeitstag. Beobachten Sie regelmäßig die aktuellen Kurse von Zertifikat und Aktie bzw. Index.

**Setzen Sie sich klare Kursziele – Gewinne realisieren, Verluste begrenzen:** Solange sich Aktie oder der Index nicht sonderlich bewegen, können Sie sich entspannt zurücklehnen. Die Zeit arbeitet für Sie. Merken Sie, dass die Aktie oder der Index nach oben ausreißt, verkaufen Sie vorzeitig und realisieren Sie den Gewinn. Mit einem Direktkauf des entsprechenden Basiswerts fahren Sie dann besser. Bei einem Kursgewitter zögern Sie nicht, das Zertifikat notfalls auch mit Verlust abzustoßen.

**Lesen Sie die Zertifikatsbedingungen:** Wenn Sie mehrere Tausend Euro investieren, sollten Sie auch die Zeit für ein Telefonat oder das Herunterladen der Zertifikatsbedingungen aus dem Internet finden. Beschaffen Sie sich den Emissionsprospekt des Emittenten. Nur die Zertifikatsbedingungen in diesem Dokument sind rechtsverbindlich und schließen Fehldeutungen aus.

**Setzen Sie nicht alles auf Discount-Zertifikate:** Auch wenn Discount-Zertifikate ein geringeres Risiko als ein Direktengagement in eine Aktie oder einen Index aufweisen, sollten Sie nicht Ihr gesamtes Vermögen in Discount-Zertifikate investieren. Legen Sie im Voraus fest, wie viel Prozent Ihres Vermögens Sie in Discount-Zertifikaten anlegen wollen. Teilen Sie den Betrag am besten auf mehrere Papiere auf.

**Überwinden Sie Vorurteile bei Ihren Anlageentscheidungen:** Konzentrieren Sie sich nicht nur auf Aktien oder Indizes, die im Blickpunkt der Öffentlichkeit stehen. Vernachlässigen Sie nicht die Mauerblümchen, die unauffällig, aber stetig gedeihen.

# 9 Unternehmensanleihen: Mit Firmenschulden Geld verdienen

## 9.1 Unternehmensanleihen: Gesuchte Anlageform trotz steigender Risiken

Sicher, krisenfest und mit ordentlicher Rendite: So lautete einmal das Image der Staatsanleihen. Doch seit der **Staats-Schuldenkrise** ist den Anlegern eine solide Firma als Schuldner lieber als so mancher Staat. Bei Anleihen von großen Unternehmen setzen die Anleger darauf, dass die Wahrscheinlichkeit, ihr Geld nicht wiederzusehen, gering ist. Denn breit aufgestellte Unternehmen hängen nicht allein von dem durch die Schuldenkrise geplagten europäischen Heimatmarkt ab; sie haben z.B. auch große Absatzmärkte in den Schwellenländern, die weiterhin starke Wachstumstreiber sind. Zudem gilt: Bei **Unternehmen** gibt es ein **bewährtes Insolvenzrecht.** Bei Staatspapieren dagegen wissen Gläubiger nicht mehr, womit sie im Fall einer Staatspleite rechnen müssen.

Vor allem Renditejäger haben Unternehmensanleihen entdeckt. Denn im Vergleich zu bonitätsmäßig guten Staatsanleihen oder Tagesgeldkonten werden hier noch teilweise akzeptable Zinsen versprochen. Die Kehrseite der Medaille: Wenn immer mehr Investoren Unternehmensanleihen kaufen, sinkt nach dem Gesetz von Angebot und Nachfrage automatisch deren Verzinsung.

Um mit Unternehmensanleihen noch attraktivere Renditen zu erzielen, wenden sich deshalb immer mehr Anleger hochspekulativen Unternehmensanleihen **(High-Yield-Bonds)** zu, im Fachjargon auch **Schrottanleihen** genannt. Doch so lukrativ die Renditen auch sein mögen – die Titel sind nichts für Anleger mit schwachen Nerven.

### 9.1.1 Unternehmensanleihen und ihre wichtigsten Besonderheiten

Unternehmensanleihen, oft auch als »Industrieobligationen«, »Industrieanleihen«, **»Corporate Bonds«** oder einfach **»Corporates«** bezeichnet, sind **Schuldverschreibungen von Unternehmen** aus Handel, Industrie und Verkehr. Im Gegensatz zu Staatsanleihen sind die Schuldner bei Unternehmensanleihen also nicht ein Land oder eine Kommune, sondern private Gesellschaften.

Unternehmensanleihen werden meist – ähnlich wie Pfandbriefe oder Staatsanleihen – als festverzinsliche Wertpapiere begeben und haben eine eigene »ISIN« (International Securities Identification Number), daneben oft auch eine eigene WKN (Wertpapier-Kenn-Nummer). Für die **Emission** zeichnet in der Regel ein **Bankenkonsortium** verantwortlich. Es kommt aber auch vor, dass Unternehmensanleihen direkt vom Schuldner, also ohne die Einschaltung von Banken, interessierten Käufern zur Zeichnung angeboten werden, z.B. per Zeitungsanzeige oder -beilage, sog. **Privatplatzierungen.**

**!** Privatplatzierungen waren hierzulande (im Gegensatz etwa zur Schweiz) lange Zeit eher ungewöhnlich, haben in den letzten Jahren aber zugenommen. Erfahrungsgemäß werden Privatplatzierungen überdurchschnittlich oft von unsoliden Schuldnern initiiert. Im Zweifelsfall sollten Sie solche Angebote meiden.

Der **Kurs einer Unternehmensanleihe wird in Prozent des Nennwertes (Nominalwertes) notiert.** Eine Anleihe mit einem Kurs von 98 % kostet z.B. bei einem Nennwert der Anleihe von 1.000,– € 980,– €. Die Ausgabe (**»Emission«**) von Unternehmensanleihen erfolgt meist zu einem Kurs um 100 %. Am Ende der Laufzeit wird die Unternehmensanleihe in der Regel zu einem Kurs von 100 % zurückgezahlt. Die Laufzeit von Unternehmensanleihen liegt meist zwischen drei und 10 Jahren. Der Mindestanlagebetrag (**»Mindeststückelung«**) beträgt in der Regel 1.000,– €. Einige Unternehmensanleihen weisen auch Mindestanlagebeträge von 10.000,– €, 50.000,– € oder höher auf.

Die **Zinszahlung** erfolgt einmal jährlich (»**Straight Bonds**«). Die Höhe des **Nominalzinssatzes** wird bei der Emission festgelegt. Weniger verbreitet sind

- Unternehmensanleihen mit variablem Zinssatz (»**Floating Rate Notes**«) und
- Papiere, die während ihrer Laufzeit überhaupt keine Zinsen zahlen (»**Zero-Bonds**«).

Zero-Bonds werden zu einem deutlich niedrigeren Ausgabekurs als 100 % angeboten. Bei diesem Anleihetyp ergibt sich die **Rendite aus der Differenz zwischen Ausgabekurs und Rückzahlung** des Zero-Bonds zu 100 % am Laufzeitende.

Nach dem Kauf einer Unternehmensanleihe gibt es für Sie **zwei** Möglichkeiten:

- Sie bleiben bis zum Laufzeitende in der Anleihe investiert. Bei Fälligkeit zahlt Ihnen dann das Unternehmen die Anleihe zum Kurs von 100 % zurück.
- Sie verkaufen Ihre Unternehmensanleihe vor Laufzeitende an der Börse. Grund für einen Verkauf können z.B. Kursgewinne Ihrer Anleihe sein, die sich vor allem in Zeiten sinkender Zinsen ergeben, wenn der Anleihekurs deutlich über 100 % klettern sollte. Oder die Bonität des entsprechenden Unternehmens verschlechtert sich und Sie trennen sich sicherheitshalber von Ihrem Papier.

Unternehmensanleihen können in Euro, US-Dollar oder einer beliebigen anderen **Währung** ausgegeben werden.

**!** Oftmals erzielen Unternehmensanleihen, die auf fremde Währungen wie z.B. dem US-Dollar lauten, eine höhere Rendite als vergleichbare Euro-Unternehmensanleihen. Doch dafür gehen Sie ein höheres Risiko ein: Zu der Gefahr, dass das Schuldnerunternehmen in Zahlungsschwierigkeiten gerät (Emittenten- bzw. Bonitätsrisiko), kommt **zusätzlich** noch ein **Währungsrisiko** hinzu.

Einige Firmen räumen sich bei der Ausgabe von Unternehmensanleihen in ihren Emissionsbedingungen bestimmte **Kündigungsklauseln** ein, um z.B. in Zeiten fallender Marktzinsen in niedrigverzinslichere Kredite umschulden zu können.

**!** Lesen Sie den Anleiheprospekt in diesem Punkt sorgfältig durch und machen Sie sich mit den Kündigungsklauseln vertraut. Diese können z.B. beinhalten, dass der Schuldner die Anleihe jederzeit vor Endfälligkeit zu 100 % zurückzahlen kann. Das ist vor allem dann besonders ärgerlich, wenn der aktuelle Börsenkurs der Anleihe deutlich über 100 % liegt.

### 9.1.2 Börsenhandel, Gebühren und Steuern

Früher war der Handel mit Unternehmensanleihen für private Investoren relativ unübersichtlich. Denn der Handel fand überwiegend außerbörslich per Telefon unter den Banken statt. Doch inzwischen ist es für den Anleger kein Problem mehr, einzelne Unternehmensanleihen über die Börse zu erwerben. Besondere Aufmerksamkeit sollten Investoren auf die **Handelbarkeit (Liquidität)** einer Anleihe richten. Je liquider nämlich eine Anleihe ist, desto geringer ist die Differenz zwischen An- und Verkaufspreis (»**Spread**«) und desto einfacher ist es, Bestände zu kaufen oder zu verkaufen.

**!** Geben Sie beim Kauf und Verkauf einer Unternehmensanleihe an der Börse ein Kurslimit an. Damit vermeiden Sie, dass Sie wegen geringer Liquidität Ihre Unternehmensanleihe zu teuer kaufen oder zu billig verkaufen. Wenn Sie von vornherein beabsichtigen, eine Anleihe vor Endfälligkeit zu verkaufen, sollten Sie möglichst Titel mit einem breiten Markt, das heißt regelmäßigen Umsätzen wählen, um Verkäufe wie geplant vornehmen zu können. Schlechte Unternehmensnachrichten können innerhalb weniger Tage zu massiven Kursverlusten führen.

Auch deshalb ist das Setzen von Kurslimiten ratsam. Im Übrigen bieten solche Situationen für mutige Anleger, die auf eine Besserung der Unternehmenslage hoffen, Einstiegsgelegenheiten. Bei wieder besseren Unternehmensnachrichten besteht nämlich umgekehrt die Chance auf Kursgewinne.

Der tatsächliche Kaufbetrag einer Unternehmensanleihe liegt immer über dem errechneten **Betrag aus Nominal- bzw. Prozentwert.** Das liegt daran, dass der Käufer der Anleihe zum in der Regel jährlichen Zinstermin die volle Zinszahlung für 12 Monate erhält. Wer eine Anleihe zwischen den Zinsterminen erwirbt, muss daher dem Verkäufer die Zinsen erstatten, die seit dem letzten Zinstermin aufgelaufen sind. Das sind die sog. **Stückzinsen.**

Wenn der Verkäufer der Unternehmensanleihe seinen Sparerpauschbetrag (801,– €) ausgeschöpft hat, dann zieht der Fiskus 25 % **Abgeltungsteuer** von seinen Zinserträgen ab. Die dem Verkäufer über die Börse gezahlten Stückzinsen dürfen Anleger steuerlich mit ihren Zinseinnahmen verrechnen (negative Stückzinsen).

Neben den Stückzinsen fallen noch Kosten für den Anleihekauf (Makler-Courtage, Börsengebühr, fremde Spesen) an. Die Rückzahlung einer Anleihe bei Fälligkeit ist dagegen regelmäßig kostenlos.

Leider finden Sie im Kursteil der meisten Zeitungen kaum Informationen über aktuelle **Neuemissionen von Unternehmensanleihen.** Auch Angaben über die Rendite von bereits ausgegebenen Unternehmensanleihen und deren Laufzeit suchen Sie meist vergebens.

! Im »Handelsblatt« finden Sie täglich eine Übersicht zu allen neu ausgegebenen Staats- und Unternehmensanleihen sowie Angaben zum Zinssatz, der Laufzeit, Ausgabekurs und der Wertpapierkennnummer. Außerdem enthalten das Handelsblatt auf der Seite »Anleihen« ebenso wie die Frankfurter Allgemeine Zeitung (FAZ) auf der Seite »Euro-Anleihemärkte« eine Zusammenstellung der in Frankfurt gehandelten Unternehmensanleihen mit Angabe von Kursen und Renditen. Umfassende Informationen rund um Unternehmensanleihen und eine Liquiditätsbewertung erhalten Anleger im Internet unter bondboard.de. Eine gute Übersicht über Unternehmensanleihen liefert auch die Stuttgarter Börse (euwax.de).

### 9.1.3 Die Besicherung von Unternehmensanleihen

Bei Unternehmensanleihen verlässt sich der Anleihekäufer auf die gegenwärtige und zukünftige Ertragskraft des Unternehmens. Darüber hinaus treffen Sie bei den meisten Emissionen von Unternehmensanleihen aber eine oder mehrere der folgenden **Sicherungsvereinbarungen** an.

#### Vereinbarung einer Negativklausel

Mit der Negativklausel kann der Emittent vereinbaren, dass

- künftig begebene Emissionen höchstens gleichrangig besichert werden,
- die Emissionen weiterer Anleihen nur mit Zustimmung eines Treuhänders der bisherigen Anleihegläubiger erfolgt,
- die Veräußerung wesentlicher Bestandteile des Firmenvermögens nur mit Zustimmung des Treuhänders erfolgen darf,
- im Falle der Besicherung weiterer Anleihen oder Kredite die bereits begebene Anleihe mit einer gleichwertigen Sicherheit unterlegt wird.

### Vereinbarung einer Gesamthaftungsverpflichtung

Mit einer derartigen Vereinbarung stellt der Anleiheschuldner sein gesamtes bewegliches und unbewegliches Vermögen als Sicherheit zur Verfügung.

### Eintragung einer Gesamtsicherungshypothek oder einer Gesamtgrundschuld

Diese Besicherung wird im Grundbuch zugunsten der Emissionsbank eingetragen, die als Treuhänderin für die Interessen der Anleihegläubiger fungiert. Eine Besonderheit sind sog. **Nachranganleihen,** die Unternehmen in beschränktem Rahmen zur Erhöhung ihres haftenden Eigenkapitals ausgeben dürfen. Bei diesen Papieren muss der Anleger im Falle einer Insolvenz **anderen Gläubigern den Vortritt lassen.**

! Wegen ihres höheren Risikos weisen Nachranganleihen einen Zinsspread gegenüber »normalen« Anleihen auf. Wenn dieser Zinsspread marktgerecht (nicht zu niedrig) und der Anleiheschuldner ein solides Unternehmen ist, können deshalb nachrangige Anleihen eine interessante Depotbeimischung sein. Ein genauer Vergleich mit Bundesanleihen ist aber unverzichtbar.

## 9.1.4 Die Bedeutung des Zinsspreads

Die Gefahr, dass ein privates Unternehmen insolvent wird, ist im Regelfall größer, als dass ein solide wirtschaftender Staat, wie z.B. Norwegen, seine Schulden nicht zurückzahlen kann. Als Ausgleich für dieses Ausfallrisiko werden Unternehmensanleihen höher verzinst als Staatsanleihen von Ländern einwandfreier Bonität. Diese **Renditedifferenz,** quasi die **Zitterprämie,** zwischen einer Unternehmensanleihe und einer (sicheren) Staatsanleihe mit vergleichbarer Laufzeit wird als »**Zinsspread**« bezeichnet.

Ausschlaggebend für die **Höhe dieses Zinsspreads** sind

- die Bonität des Schuldners und
- die Laufzeit der Unternehmensanleihe.

Dabei gilt: Mit zunehmender Laufzeit wächst das **Bonitätsrisiko** für den Käufer der Anleihe und damit der Zinsspread gegenüber einer als sicher geltenden Staatsanleihe. Denn je länger die Laufzeit, desto größer ist das Risiko des Anleihekäufers, dass unerwartete Ereignisse die Rückzahlung der Anleihe gefährden.

Ebenso weiten sich mit sinkender Bonität der Emittenten die Zinsspreads aus. Außerdem ist es möglich, dass sich die Zinsspreads während der Laufzeit einer Anleihe verändern. Das kann z.B. während einer Rezession der Fall sein. Dann erleiden viele Unternehmen Umsatz- und Gewinneinbußen. Die Gläubiger der Unternehmen fürchten um ihre Kredite; vor allem **Unternehmensanleihen minderer Bonität** verzeichnen dann deutliche Kursverluste. Dies führt zu einer Erhöhung der Anleiherenditen.

Umgekehrt verringern sich die Zinsspreads zwischen bonitätsmäßig erstklassigen und weniger sicheren Anleihen beim wirtschaftlichen Aufschwung wieder; die Kurse der Unternehmensanleihen ziehen dann an. Angegeben wird der Zinsspread in Basispunkten; **1 Basispunkt entspricht 1/100 Prozentpunkt** (= 0,01 %).

» Die Unternehmensanleihe der XY-AG mit einer Laufzeit von 5 Jahren weist eine Rendite von 3,95 % p.a. auf. Eine Bundesanleihe mit gleicher Restlaufzeit rentiert mit 1,6 % p.a. Der Spread zur Unternehmensanleihe der XY-AG beträgt damit 235 Basispunkte.

Entspricht die Höhe des Zinsspreads der Bonität des Emittenten, so ist die **Anleihe fair bewertet.** Das ist aber nicht immer der Fall. Beispielsweise kommt es vor, dass Konjunkturängste zu einer negativen Einschätzung von Unternehmensanleihen führen. Die Käufer bleiben aus, die Kurse fallen, die Zinsspreads weiten sich über das

Normalmaß hinaus aus. Für risikofreudige Anleger kann das eine gute Kaufgelegenheit darstellen. Umgekehrt kann eine euphorische Stimmung am Anleihemarkt, wenn jedermann nur noch sinkende Zinsen erwartet, dazu führen, dass die Zinsspreads zusammenschmelzen und eine unsichere Unternehmensanleihe kaum besser rentiert als eine als sicher geltende Staatsanleihe. Dann sollten Kaufinteressenten Unternehmensanleihen eher kritisch betrachten.

! Informationen über die Höhe des Zinsspreads zwischen (sicheren) Bundesanleihen und Anleihen in Euro mit unterschiedlichem Rating finden Sie täglich im Wirtschaftsteil der Frankfurter Allgemeinen Zeitung (FAZ). Der Übersichtlichkeit halber werden aus der Fülle der am Anleihemarkt vorhandenen Schuldner Werte für sog. synthetische Anleihen errechnet, die quasi als Durchschnittswert für die jeweilige Kategorie gelten.

Nutzen Sie die unterschiedliche Entwicklung bei den Zinsspreads für Ihre Anlagestrategie.

! Sind die Zinsspreads unangemessen niedrig, sollten Sie Käufe von Unternehmensanleihen zurückstellen. Umgekehrt kann es sich lohnen, bei hohen Zinsspreads, z.B. in einem schwachen konjunkturellen Umfeld, Unternehmensanleihen zu erwerben. Wenn die Unternehmen später im Aufschwung wieder mehr Geld verdienen, wird deren Kreditwürdigkeit höher eingeschätzt, die Wahrscheinlichkeit von Zahlungsausfällen nimmt ab. Dann verringern sich die Zinsspreads und die Kurse von Unternehmensanleihen legen zu.

## 9.2 Rendite ohne Reue: Der Einsatz von Ratings bei der Auswahl geeigneter Unternehmensanleihen

Das unmittelbare **Ausfallrisiko von guten Unternehmensanleihen** ist, historisch betrachtet, äußerst gering. Es gibt eine überschaubare Anzahl von Anleihen, die von einer guten Bonitätseinschätzung (mindestens BBB–) ohne Umweg über schlechtere Bonitätsklassen (unter BBB–) direkt ausgefallen sind. Oft stehen diese Fälle im Zusammenhang mit Bilanzfälschungen, die auch Rating-Agenturen nicht erkennen konnten.

Der Weg zum Unternehmensausfall führt daher meist **über fortlaufende Ratingverschlechterungen,** die mitunter drastische Kursverluste der Anleihe nach sich ziehen. Das gilt besonders für Herabstufungen in die High-Yield-Ratingklassen. Dort steigt das Ausfallrisiko stark an. Viele institutionelle Investoren sind dann aufgrund von Regularien gezwungen, die herabgestuften Anleihen zu verkaufen. Das weitaus größte mittelbare Risiko einer Unternehmensanleihe im Bereich **Investment Grade** (= Rating mindestens BBB, dazu gleich mehr) liegt daher in einer Bonitätsverschlechterung.

### 9.2.1 Die Bedeutung von Rating-Symbolen

Zur besseren Orientierung für den Anleger lassen viele Firmen ihre Bonität von sog. **Rating-Agenturen** bewerten. Zu diesen Agenturen zählen die beiden Marktführer **Moody's** und **Standard & Poor's** sowie **Fitch** und **Feri.**

Die Einstufung (»**Rating**«) eines Unternehmens in eine bestimmte Risikoklasse durch die Agenturen ist ein Urteil über die wirtschaftliche Fähigkeit dieses Anleiheschuldners, in Zukunft seinen Zahlungsverpflichtungen nachzukommen, letztlich also die Einschätzung der Wahrscheinlichkeit einer Insolvenz. **Spitzenratings** wie das dreifache A (»AAA«, englisch gesprochen: Triple A) erhalten nur Schuldner mit einwandfreier Bonität. Dazu zählen z.B. die Staatsanleihen Norwegens. Bei den Schuldnern von Unternehmensanleihen erhalten jedoch nur einige wenige Unternehmen für ihre Anleihen das begehrte AAA-Rating.

Wie aus der folgenden **Übersicht über die Rating-Symbole** und ihre Bedeutung unschwer zu erkennen ist, sinkt die wirtschaftliche Fähigkeit des Anleiheschuldners, in Zukunft seinen Zahlungsverpflichtungen nachzukommen, mit zunehmendem Fortschritt im

Alphabet. Ab einem Rating von Ba1 bzw. BB plus nimmt die Anlage in Unternehmensanleihen den Charakter einer spekulativen Anlage, sogenannter »**Junk Bonds**« (»High-Yield-Bonds«), an.

| Ratings für die Bonität von Anleiheschuldnern | | | | |
|---|---|---|---|---|
| **Bonitätseinstufung** | **Moody's** | **Standard & Poor's** | **Fitch** | **Feri** |
| **Anlagebereich (investive Anlage)** | | | | |
| **sehr gut:** beste Qualität, geringstes Ausfallrisiko | Aaa | AAA | AAA | AAA |
| **sehr gut bis gut:** hohe Zahlungswahrscheinlichkeit, aber etwas größeres Risiko als die Spitzengruppe | Aa1<br>Aa2<br>Aa3 | AA+<br>AA<br>AA– | AA+<br>AA<br>AA– | AA+<br>AA<br>AA– |
| **gut bis befriedigend:** angemessene Deckung von Zins und Tilgung, aber auch Elemente, die sich bei veränderter Wirtschaftsentwicklung negativ auswirken können | A1<br>A2<br>A3 | A+<br>A<br>A– | A+<br>A<br>A– | A+<br>A<br>A– |
| **befriedigend:** mittlere Qualität, aber mangelnder Schutz gegen wirtschaftliche Veränderungen | Baa1<br>Baa2<br>Baa3 | BBB+<br>BBB<br>BBB– | BBB+<br>BBB<br>BBB– | BBB+<br>BBB<br>BBB– |
| **Spekulationsbereich (spekulative Anlage)** | | | | |
| **ausreichend:** sehr mäßige Deckung von Zins und Tilgung, auch in gutem wirtschaftlichen Umfeld | Ba1<br>Ba2<br>Ba3 | BB+<br>BB<br>BB– | BB+<br>BB<br>BB– | BB+<br>BB<br>BB– |
| **mangelhaft:** geringe Sicherung von Zins und Tilgung | B1<br>B2<br>B3 | B+<br>B<br>B– | B+<br>B<br>B– | B+<br>B<br>B– |
| **ungenügend:** niedrigste Qualität, geringster Anlegerschutz, in akuter Gefahr eines Zahlungsverzuges | Caa<br>Ca | CCC<br>CC | CCC<br>CC<br>C | CCC<br>CC<br>C |
| **zahlungsunfähig:** in Zahlungsverzug, bei Fitch mit unterschiedlichen Erwartungen für Rückzahlungsquoten | C | SD/D | DDD<br>DD<br>D | D |

> **!** Wie die Übersicht zeigt, weisen Anleihen bis zu einem Rating von »BBB–« bzw. »Baa3« **Investment-Qualität** (auch als **»Investment Grade«** bezeichnet) auf. Wer ein möglichst geringes Ausfallrisiko bei einer Unternehmensanleihe eingehen möchte, sollte seine Auswahl noch weiter einschränken und nur Anleihen mit einem Rating von mindestens A3 bzw. A– kaufen.

90 % aller ausgegebenen Unternehmensanleihen erhalten ein Rating. Für die restlichen 10 % verzichten die Unternehmen auf die Einstufung, und zwar zumeist aus Kostengründen. Diese Unternehmen verlassen sich ganz auf ihren bekannten Firmennamen, um ihre Anleihen am Markt unterzubringen.

> **!** Interessieren Sie sich für eine Unternehmensanleihe ohne Rating, so erkundigen Sie sich am besten beim Anlageberater Ihrer Bank nach dem Emissionsinstitut dieser Anleihe. Dort können Sie über den Anleiheschuldner einen ausführlichen Research-Bericht anfordern. Wenn Sie eine Unternehmensanleihe ohne Rating erwerben wollen, bleibt Ihnen zur Risikoabschätzung nur der Vergleich mit Unternehmensanleihen vergleichbarer Laufzeit, die über ein Rating verfügen. Liegt z.B. die Rendite Ihrer Unternehmensanleihe über der vergleichbarer Anleihen, so weist Ihr Papier ein deutlich höheres Risiko auf. Im Zweifel sollten Sie Schuldner ohne Rating meiden.

### 9.2.2 Veränderungen beim Rating während der Laufzeit

Einmal erteilte Ratings gelten nicht für alle Ewigkeit. Wirtschaftliche oder politische Entwicklungen können eine Überprüfung des Ratings auslösen. Deshalb stellen die Rating-Agenturen in regelmäßigen Abständen ihre früheren Einschätzungen auf den Prüfstand. Dabei kann es zu einer Verbesserung (**»up-grading«**) oder zu einer Abstufung (**»down-grading«**) des Ratings kommen. Sofern ein Unternehmen von einer Rating-Agentur auf Änderungen in der

Bonität untersucht wird, taucht dessen Name auf einer eigens für diesen Zweck eingeführten Liste auf. Bei Moody's wird diese Liste als **»Watch List«**, bei Standard & Poor's als **»Credit Watch«** bezeichnet.

**!** Im Internet können Sie die Credit Watch von Standard & Poor's unter standardandpoors.com und die Watch List von Moody's unter moodys.com nachlesen.

Neben wirtschaftlichen oder politischen Entwicklungen kommt es auch anlässlich von **Firmenübernahmen oder Fusionen** bei den beteiligten Unternehmen zu Veränderungen des Ratings. Besitzt z.B. die übernehmende Gesellschaft eine bessere Bonität als das übernommene Unternehmen, so droht dem Übernehmenden eine Herabstufung seines Ratings durch die Rating-Agenturen. Folge: Das übernehmende Unternehmen kann neues Kapital nur zu ungünstigeren Konditionen (zu höheren Zinsen) aufnehmen; die Rating-Abstufung bedingt einen Renditeaufschlag (**»Zinsspread«**) gegenüber Unternehmensanleihen mit besserer Bonität bei vergleichbarer Laufzeit. Und bereits ausgegebene Unternehmensanleihen sinken an der Börse im Kurs.

Umgekehrt gilt: Wird ein Unternehmen mit schwächerem Rating (z.B. »BBB«) von einem Konzern mit besserem Rating (z.B. »AA«) aufgekauft, so steigen die Unternehmensanleihen des übernommenen Unternehmens im Kurs an.

**!** Wer gezielt in Anleihen von Übernahmekandidaten investiert, kann daraus Profit schlagen – immer vorausgesetzt, es kommt wirklich zur Übernahme durch ein finanziell stärkeres Unternehmen. Ein Anhaltspunkt bei der Anleiheauswahl ist, dass die Anleihen von Unternehmen aus zukunftsträchtigen Branchen mit wachsenden Umsätzen stammen. Denn dort sind die Chancen für Übernahmen am größten.

### 9.2.3 Die Grenzen der Aussagekraft von Ratings

So sinnvoll das Rating als Bestandteil einer Anlageentscheidung auch ist, die **Aussagekraft eines Ratings hat Grenzen.** Kritiker bemängeln, dass die Zahlen, auf denen das Rating beruht, bei der Veröffentlichung bereits veraltet sind. Zusätzlich kämpfen die Agenturen angesichts des Booms bei Unternehmensanleihen mit Kapazitätsproblemen, da mittlerweile Tausende von Emittenten analysiert werden müssen. Hinzu kommt: Die Rating-Analysten sind keine Wirtschaftsprüfer. Deshalb ist ein Rating kein Gütesiegel für die Richtigkeit der Bilanzen. Gegen gezielte Täuschungsmanöver und kriminelle Bilanztricks sind auch Rating-Agenturen nicht gefeit.

! Der Kurs einer Unternehmensanleihe ist oft als Frühindikator für die Bonität eines Unternehmens aussagekräftiger als das Rating selbst. Achten Sie deshalb vor dem Kauf einer Unternehmensanleihe auf deren Kurs. Liegt der Kurs trotz positiven Ratings weit unter dem Rückzahlungswert von 100 %, ist Vorsicht angebracht. Meist nimmt der Markt mit dem niedrigen Kurs der Anleihe schon eine Verschlechterung der Rating-Einschätzung vorweg (dies ist übrigens auch der Grund, warum eine später dann tatsächlich erfolgte Herabstufung nicht unbedingt mit Kursverlusten einhergeht). Etwas anderes gilt allerdings, wenn der Anleihekurs nur deshalb weit unter pari notiert, weil der Anleihezins erheblich unter dem Kapitalmarktzins liegt. Sind vom Emittenten der Unternehmensanleihe Aktien an einer Börse notiert, so ist ein Blick auf deren Kursentwicklung in den letzten Monaten ratsam. Bei der spektakulären Milliarden-Pleite des US-Energiekonzerns Enron beispielsweise spiegelten sich die kommenden Schwierigkeiten bei den Anleihen des Unternehmens schon in drastischen Kursrückgängen bei der Aktie wider, während bei den Anleihekursen die Talfahrt noch nicht begonnen hatte.

Aber auch **nach dem Kauf einer Unternehmensanleihe** sollten Sie den Kurs der Anleihe wie auch den Aktienkurs des Unternehmens im Auge behalten. So können Sie bei nachteiligen Entwicklungen rechtzeitig – beispielsweise durch Anleiheverkauf – reagieren. Die Kunst des Investments in Unternehmensanleihen besteht vor allem im geschickten Ausgleich von Chancen und Risiken der Papiere. Ein bloßer Blick auf das Rating der Anleihen reicht dazu nicht aus.

**!** Neben dem Rating spielt bei der Auswahl von Unternehmensanleihen auch die Branchenzugehörigkeit des Emittenten eine wichtige Rolle. Beispielsweise können die Anleihe eines Telekommunikations- und die Anleihe eines Chemie-Unternehmens selbst bei identischem Rating zu gleichen Zeitpunkten sehr unterschiedliche Risiken beinhalten.

### 9.2.4 Die Ausfallwahrscheinlichkeit von Unternehmensanleihen

Selbst die Einstufung einer Unternehmensanleihe in die höchste Ratingstufe »AAA« kann nicht verhindern, dass der Anleiheschuldner eines Tages Zinsen und Tilgung schuldig bleibt. Denn Grundlage der Einstufung ist immer der Vergleich mit anderen Emittenten von Unternehmensanleihen **zum gegenwärtigen Zeitpunkt.** So bedeutet z.B. die Eingruppierung in die beste Bonitätsstufe lediglich, dass eine Anleihe im Vergleich zu anderen Anleihen dem Gläubiger (= Anleihekäufer) eine höhere Wahrscheinlichkeit für fristgerechte Zins- und Rückzahlung der Anleihe bietet. Auch dieses Spitzenrating kann jedoch nicht verhindern, dass während der Laufzeit der Anleihe der Schuldner in Zahlungsverzug gerät oder gar zahlungsunfähig wird.

In der folgenden **Übersicht** finden Sie **Beispiele über die Ausfallwahrscheinlichkeiten von Anleihen.** Klar erkennbar ist, dass mit zunehmender Laufzeit einer Anleihe das Risiko eines Ausfalls deutlich ansteigt. Fallen z.B. bei einer von Moody's mit Baa3 eingestuften Anleihe nach drei Jahren erst 1,28 % aller Anleihen dieser Bonitätsstufe aus, so sind es nach acht Jahren immerhin schon 5,39 %. In wirtschaftlich schwierigen Zeiten steigen die Ausfallraten in der Tabelle quer durch alle Ratings an. Boomt die Wirtschaft dagegen, dann verringern sich die Ausfallraten in sämtlichen Ratingstufen.

| **Wie sicher die Anleihen sind (Ausfallwahrscheinlichkeit in Prozent)** | | | | | | | | |
|---|---|---|---|---|---|---|---|---|
| **Laufzeit/ Rating** | **1 Jahr** | **2 Jahre** | **3 Jahre** | **4 Jahre** | **5 Jahre** | **6 Jahre** | **7 Jahre** | **8 Jahre** |
| **Investment-Rating (gute Qualität, geringe Ausfallwahrscheinlichkeit)** | | | | | | | | |
| AAA | 0,00 | 0,00 | 0,00 | 0,07 | 0,22 | 0,30 | 0,40 | 0,43 |
| Aa1 | 0,00 | 0,00 | 0,00 | 0,23 | 0,25 | 0,42 | 0,42 | 0,61 |
| Aa2 | 0,00 | 0,00 | 0,07 | 0,25 | 0,39 | 0,61 | 0,62 | 0,77 |
| Aa3 | 0,00 | 0,03 | 0,21 | 0,32 | 0,45 | 0,65 | 0,76 | 0,81 |
| A1 | 0,00 | 0,03 | 0,24 | 0,37 | 0,55 | 0,93 | 1,01 | 1,10 |
| A2 | 0,00 | 0,03 | 0,26 | 0,43 | 0,66 | 0,99 | 1,11 | 1,38 |
| A3 | 0,07 | 0,15 | 0,28 | 0,56 | 0,85 | 1,34 | 1,88 | 1,99 |
| Baa1 | 0,08 | 0,29 | 0,59 | 0,58 | 1,23 | 1,66 | 2,05 | 2,36 |
| Baa2 | 0,10 | 0,34 | 1,01 | 1,25 | 1,45 | 1,84 | 2,24 | 2,40 |
| Baa3 | 0,31 | 0,75 | 1,28 | 2,21 | 2,79 | 3,65 | 4,53 | 5,39 |
| **Spekulatives Rating (geringe Qualität, erhöhte Ausfallwahrscheinlichkeit)** | | | | | | | | |
| Ba1 | 0,64 | 2,14 | 3,77 | 6,11 | 8,45 | 10,93 | 12,63 | 13,77 |
| Ba2 | 0,69 | 2,84 | 5,46 | 7,75 | 9,66 | 11,22 | 12,76 | 14,67 |
| Ba3 | 2,55 | 6,95 | 11,76 | 16,38 | 20,76 | 24,66 | 28,40 | 32,39 |
| B1 | 3,56 | 9,17 | 15,03 | 20,36 | 25,56 | 30,85 | 35,90 | 39,70 |
| B2 | 6,85 | 13,83 | 19,85 | 24,78 | 28,52 | 31,34 | 32,93 | 34,34 |
| B3 | 12,41 | 20,97 | 27,79 | 32,56 | 37,49 | 40,55 | 43,75 | 48,34 |
| Caa-C | 18,31 | 25,94 | 31,38 | 35,76 | 38,30 | 42,79 | 42,79 | 47,37 |

**!** Ein schlechtes Rating heißt nicht unbedingt, dass ein Unternehmen zahlungsunfähig wird. Das Rating verdeutlicht lediglich die Ausfallwahrscheinlichkeit. Mit zunehmender Laufzeit nimmt dieses Ausfallrisiko zu. Weil finanzielle Einschätzungen sich schnell ändern können und die Beurteilung der wirtschaftlichen Entwicklung eines Unternehmens umso schwerer fällt, je länger der Prognosezeitraum ist, sollten Sie nur Papiere mit hoher Bonität und einer überschaubaren Laufzeit von bis zu fünf Jahren erwerben.

### 9.2.5 Auch bei notleidenden Unternehmensanleihen ist noch nicht alles verloren

Unternehmensanleihen werden als »**notleidend**« bezeichnet, wenn das betreffende Unternehmen **seine Zahlungsverpflichtungen nicht mehr pünktlich erfüllt.** Das heißt, es gerät mit seinen Zinszahlungen in Verzug, stellt Zinszahlungen ganz ein oder ist im Extremfall nicht mehr in der Lage, die Anleiheschuld zurückzuzahlen.

Wird Ihre Unternehmensanleihe notleidend, so bedeutet das aber nicht, dass Sie Ihr gesamtes eingesetztes Kapital abschreiben müssen. Eine notleidende Anleihe sinkt zwar an der Börse im Kurs, aber in den seltensten Fällen gleich bis auf null. Beim Verkauf Ihrer Anleihe erzielen Sie deshalb fast immer noch einen **Restwert.**

**!** Eine Faustregel lautet: Je höher das Rating des Emittenten, desto mehr ist trotz Zahlungsausfalls noch zu retten. So bringt erfahrungsgemäß beim Verkauf an der Börse eine mit der Bestnote »AAA« eingestufte Anleihe noch fast 70 % des Wertes ein. Eine mit »B« eingestufte Anleihe fällt dagegen beim ersten Anzeichen eines Zahlungsverzugs bis auf einen Kurs von 40 %.

Mit notleidend gewordenen börsennotierten Anleihen verlieren Sie also nur in den seltensten Fällen Ihr gesamtes Geld.

! Auch bei der Investition in Unternehmensanleihen gilt die alte Börsenweisheit »Niemals alle Eier in einen Korb legen«. Mit dem Kauf von Anleihen verschiedener Unternehmen aus unterschiedlichen Branchen können Sie Ihr Ausfallrisiko streuen und damit verringern. Alternativ können Sie auch die sog. Hantel-Strategie praktizieren: Den einen (größeren) Teil Ihres Anleihedepots investieren Sie in besonders sichere Unternehmensanleihen; für den anderen (kleineren) Teil kaufen Sie nur zur Beimischung Unternehmensanleihen mit geringerer Bonität.

Gerät ein Anleiheschuldner mit seinen Zinszahlungen in Verzug oder droht gar der totale Ausfall von Zins und Tilgung, werden in der Regel unter der Führung international renommierter Wirtschaftsprüfer **Gläubigergemeinschaften** gebildet, die die Interessen der einzelnen Anleger vertreten. Um die Adresse dieser Wirtschaftsprüfer zu erfahren, wenden Sie sich am besten an den Konsortialführer der Anleihe oder die Depotbank.

! Teilweise bieten bei Insolvenzen am Anleihemarkt auch einzelne Rechtsanwälte an, die Interessen der geschädigten Anleger zu vertreten. Bei solchen »privat« organisierten Gläubiger-Pools besteht jedoch die Gefahr, dass es den beteiligten Anwälten weniger auf die Interessenwahrnehmung für die Anleger ankommt als auf die Chance, für wenig effektive Bemühungen Honorare in Rechnung stellen zu können. Ein Beitritt zu solchen Gläubigergemeinschaften lohnt daher meist nicht.

## 9.3 Der Markt für Mittelstandsanleihen: Gefährliches Spiel mit klangvollen Namen

Gerne wird der **Mittelstand** als **das Rückgrat der deutschen Wirtschaft** bezeichnet. Zum Mittelstand zählen in Deutschland Unternehmen, die zwischen 20 Mio. Euro und einer Mrd. Euro jährlich umsetzen. Etwa 21.000 Firmen sind bundesweit dem Mittelstand zuzuordnen. Das sind zwar nur 1,2 % aller Unternehmen hierzulande.

Diese beschäftigen allerdings jeden dritten Arbeitnehmer in Deutschland und erwirtschaften dabei über 2 Billionen Euro Umsatz jährlich.

Seit der Finanzkrise sind die Banken bei der **Kreditvergabe an Unternehmen** vorsichtig geworden und fordern von Kreditnehmern hohe Sicherheiten ein. Deshalb ist der Mittelstand gezwungen, sich vermehrt nach alternativen Finanzierungsformen umzusehen. Sog. **Mittelstandsbonds** füllen diese Lücke. Unternehmen geben diese Schuldverschreibungen aus, um teils recht kurzfristig ihren längerfristigen Kapitalbedarf zu decken. Seit 2010 gibt es diese Form von Anleihen.

Dem Anleger sollte klar sein, dass diese hohen Zinskupons keine Geschenke der Unternehmen sind, sondern Ausdruck **der mit dem Kauf von Mittelstandsanleihen verbundenen Risiken.** Viele Unternehmen werben beim Gang mit ihren Anleihen an die Mittelstandsbörsen lieber mit anderen Qualitäten als den harten Kennziffern ihrer Gewinn-und-Verlust-Rechnung; sie setzen stattdessen auf die **Zugkraft ihres Markennamens.** Es hat oft den Anschein, dass der bekannte Name eines Unternehmens mehr zählt als ein Blick in die Zahlen.

Für die Investoren ist es nicht einfach, die Spreu vom Weizen zu trennen, denn das **Berichtswesen** der Mittelständler ist meist unterentwickelt. Transparenz tut not. Immerhin schlitterten schon einige Emittenten kurz nach der Emission von Mittelstandsanleihen in die Insolvenz.

Für private Anleger sind bei einigen Emissionen **kostenfreie Zeichnungen direkt am Börsenplatz** möglich.

! Bei interessanten Börsengängen ist die Nachfrage höher als das Angebot; wer beispielsweise 10.000,– € zeichnen möchte, erhält lediglich 1.000,– € zugeteilt oder geht vollkommen leer aus. Auch im Sekundärmarkt ist Vorsicht angebracht. Einige Titel sind nicht liquide, zwischen An- und Verkaufskursen besteht eine große Spanne (Spread). Im Internet bietet sich das Portal bondguide.de als Informationsquelle für Unternehmensanleihen an.

Anleger, die trotz aller Risiken auf Mittelstandsanleihen setzen wollen, sollten wie bei allen Investments immer auf Qualität und dementsprechend auf ein **tragfähiges Geschäftskonzept des Unternehmens** achten.

! Interessenten sollten sich den Geschäftsbericht des Unternehmens genau ansehen. Es sollten darüber hinaus nur Anleihen von Firmen gezeichnet werden, die in der Vergangenheit bereits über mehrere Jahre hinweg stetig Gewinne erzielt haben. Nicht zuletzt sollten Anleger Unternehmen den Vorzug geben, in denen Eigentümerfamilien einen starken Einfluss haben. Denn von Eigentümern geführte Unternehmen sind oft längerfristiger ausgerichtet (und deshalb im Schnitt auch nachhaltig erfolgreicher als börsennotierte Konzerne).

Auch die **Fondsbranche** hat das Segment für sich entdeckt.

! Zu den Fondsangeboten gehören z.B. der WGZ Corporate M I (WKN: A1JSWX). Dieser Fonds bietet automatisch eine Risikostreuung, da das Fondsmanagement das ihm anvertraute Kapital auf mehrere Schuldner verteilt. Der Ausfall eines Unternehmens ist daher eher verschmerzbar. Trotz renditezehrender Nebenkosten wie Ausgabeaufschlag und jährlicher Managementgebühren bleiben Fondslösungen ideal für den Einstieg in den Mittelstandsmarkt.

## 9.4 Hochzinsanleihen: Gute Nerven sind gefragt

Während aktuell Unternehmensanleihen mit Spitzenratings in der Regel nur einen geringen Renditevorsprung vor staatlichen Zinstiteln erzielen, sind aus Anlegersicht Unternehmensanleihen von Unternehmen mit schlechten Bewertungen deutlich attraktiver. Zur Kategorie dieser Hochzinsanleihen (**»Junk Bonds«** oder auch **»High-Yield-Bonds«**) zählen alle Anleihen, die von den US-amerikanischen Rating-Agenturen Standard & Poor's oder Moody's maximal die Note BB plus bzw. Ba1 oder schlechter erhalten.

Für den Kauf von Junk Bonds gibt es einige wichtige **Anlagegrundsätze:**

- Kluge Anleger stecken nur den Teil an Geld in diese »Ramschanleihen«, den sie nicht in absehbarer Zeit benötigen. Denn diese Anleihen weisen oft erhebliche Kursschwankungen auf, sodass die Gefahr besteht, zur Unzeit verkaufen zu müssen. Als idealer Anlagezeitraum für Junk Bonds gelten drei bis fünf Jahre.
- Investieren Sie nicht Ihr gesamtes Kapital in eine einzige Anleihe. Schließlich sind die verführerisch hohen Zinskupons nur die Kehrseite der hohen Risiken dieser Papiere. Eine breite Risikostreuung von etwa zehn bis zwölf verschiedenen Titeln in einem Anleihedepot ist bei hochverzinslichen Unternehmensanleihen noch wichtiger als bei normalen Unternehmensanleihen. Je breiter die Risikostreuung, desto weniger fällt der Verlust einer einzelnen Anleihe ins Gewicht. Setzen Sie deshalb beim Kauf hochverzinslicher Anleihen auf Unternehmen verschiedener Regionen, Branchen und Rating-Stufen.
- Wie beim Aktienmarkt gelingt es selbst ausgefuchsten Renditejägern auch mit Hochzinsanleihen nicht, den absoluten Tiefpunkt der Kurse beim Kauf zu treffen. Deshalb gilt: Wer bei Hochzinsanleihen antizyklisch handelt, fährt auf Dauer am besten. Das heißt: Junk Bonds sollten Sie erst dann kaufen, wenn der Großteil der Investoren den Mut verliert und diese Papiere – egal zu welchem Preis – nur noch verkaufen möchte.

## 9.5 Checkliste: Auf diese Risiken sollten Sie beim Kauf einzelner Unternehmensanleihen achten

Neben den Chancen auf höhere Zinsen gegenüber sicheren Bundesanleihen gehen Sie mit dem Kauf von Unternehmensanleihen auch bestimmte Risiken ein. Überschlägig sollten Sie deshalb **vor einem Kauf** folgende Punkte überprüfen:

Risiken beim Kauf einer Unternehmensanleihe

- **Verschuldungsrisiko:** Stehen die Schulden des Emittenten noch in einem gesunden Verhältnis zum Unternehmenswert? **Warnsignal** für Anleihekäufer: Das Rating und/oder der Aktienkurs des betreffenden Unternehmens sinken.

- **Profitabilität:** Erwirtschaftet das Unternehmen jetzt und in Zukunft genug Gewinn, um Zinsen und Tilgung für die Anleihe zu leisten? **Warnsignal:** In der Wirtschaftspresse wird berichtet, dass die Firma deutliche Einbrüche bei Umsatz und Gewinn verzeichnet. Auch riskant: Das Unternehmen hat im Verhältnis zu Umsatz und Gewinn einen viel zu großen Betrag an Anleihen begeben; Zins- und Tilgungsleistungen sind damit gefährdet.

- **Unternehmensrisiko:** Sind die Produkte des Anleiheschuldners auch in Zukunft konkurrenzfähig? Ist das Unternehmen nur von einem oder wenigen Kunden abhängig? Wie gut arbeitet das Management? **Warnsignal:** Das Unternehmen setzt in einem sich stark verändernden Marktumfeld – wie Hightech oder Biotech – auf eine einzelne kleine Marktnische.

- **Wettbewerbsrisiko:** Kann der Emittent seinen Marktanteil auch in Zukunft halten oder wird er von der Konkurrenz überrollt? Wie stark ist die Wettbewerbsposition? **Warnsignal:** Marktanteil und Gesamtumsatz gehen zurück.

- **Eventrisiko:** Das Unternehmen plant teure Akquisitionen, die den Schuldenstand und damit den Kurs der Anleihe belasten würden.

- **Branchenrisiko:** Wie steht es um die nationale und internationale Branchenentwicklung? Könnte die Gesamtbranche in Schwierigkeiten geraten? **Warnsignal:** hohe Belastungen der Gesamtbranche wie Marktverschiebungen oder Schadensersatzklagen.

- **Länderrisiko:** Sitzt der Schuldner in einem Land, dessen Wirtschaft instabil ist? **Warnsignal:** Der Internationale Währungsfonds (»IWF«) oder europäische Kriseneinrichtungen (z.B. ESM) müssen dem Land unter die Arme greifen.

Neben diesen speziellen Risiken können Unternehmensanleihen ebenso wie auch andere Anleihen **Zinsänderungs**- und **Währungsrisiken** unterliegen.

## 9.6 Unternehmensanleihen und Investmentfonds: Auf professionelle Auswahl setzen

Gerade in Zeiten großer Unsicherheit gewinnt das **professionelle Management eines Unternehmensanleihen-Portfolios** an Bedeutung. Dann wird es wichtiger, die passenden Anleihen auszuwählen und die verschiedenen Laufzeiten richtig zu mischen.

Auch sollten Anleger, die sich für Unternehmensanleihen interessieren, berücksichtigen, dass dieses Anleihesegment in den letzten Jahren eine gute Performance erwirtschaftet hat. Dies ist so ohne Weiteres nicht wiederholbar. Aufgrund des extrem niedrigen Zinsniveaus und der immer höheren Staatsverschuldung wird das Umfeld an den Rentenmärkten wesentlich anspruchsvoller. Ohne professionelle Hilfe stehen Kaufinteressenten daher unter Umständen vor erheblichen Herausforderungen.

Doch das ist kein Grund, auf Unternehmensanleihen zu verzichten. Wenn Sie sich die Auswahl einzelner Unternehmensanleihen nicht selber zutrauen, aber trotzdem von den höheren Zinsen der Unternehmensanleihen profitieren möchten, können Sie sich **professioneller Hilfe** bedienen. Es gibt eine ganze Reihe von Investmentfonds, die in Unternehmensanleihen und Hochzinsanleihen investieren. Meist erkennen Sie solche Fonds an Namenszusätzen wie »Corporate Bonds«, »Corporates« oder »CorpBd«.

**!** Wenn Sie ausschließlich Unternehmensanleihen erwerben wollen, sollten Sie beim Kauf entsprechender Investmentfonds genau auf deren Anlagebedingungen achten. Denn manche Investmentfonds investieren sowohl in Unternehmensanleihen als auch in Staatsanleihen. Achten Sie außerdem auf die Kosten: Hohe Ausgabeaufschläge und Managementvergütungen lassen den Renditevorteil von Investmentfonds gegenüber der Direktanlage spürbar zusammenschrumpfen.

Verzeichnet eine Anleihe **Kursverluste,** weil der Anleiheschuldner seine Verpflichtungen nicht mehr erfüllen kann, so fällt dies aufgrund der **breiten Streuung des Fondsvermögens** bei einem Investmentfonds **weniger ins Gewicht.** Auch wird das **Ausfallrisiko** durch gewissenhafte Analyse und ständige Beobachtung der jeweiligen Unternehmen durch das Fondsmanagement eingegrenzt. Und sollte tatsächlich eine Anleihe notleidend werden, kann ein Fonds als institutioneller Investor seine Gläubigerrechte mit größerem Nachdruck durchsetzen als ein einzelner privater Anleger.

Allerdings können sich auch die Fondsmanager mit ihren Anlagen einer allgemeinen Verunsicherung hinsichtlich der weiteren wirtschaftlichen Entwicklung nicht entziehen: Befürchten die Marktteilnehmer eine Rezession und damit eine Zunahme von Insolvenzen, steigen die **Risikoprämien** für Unternehmensanleihen (Renditedifferenz zwischen einer Unternehmensanleihe und einer Bundesanleihe mit gleicher Laufzeit) auf breiter Front. Erhöhen sich die Risikoprämien, steigt in der Regel die Rendite der Unternehmensanleihen, die Anleihekurse und damit auch die Anteilswerte der Investmentfonds fallen.

**!** Wer sich den Umweg über Fonds erspart und in eigener Regie Unternehmensanleihen erwirbt, erspart sich den Tribut (jährliche Managementgebühren und Ausgabeaufschlag) an die Experten. Die Kaufgebühren einer Unternehmensanleihe lassen sich beispielsweise bei Online-Aufträgen über günstige Discountbroker wie zum Beispiel flatex (flatex.de) auf wenige Euro senken.

Doch Kosten sind bei der Geldanlage nicht alles. Anleger, die sich die Auswahl von geeigneten Unternehmensanleihen nicht selbst zutrauen und sich vor dem Risiko schützen wollen, unter ihrer persönlichen Anleihenauswahl zu viele Pleitekandidaten zu erwischen, fahren mit Investmentfonds besser.

### Die wichtigsten Investmentfonds für Unternehmensanleihen im Überblick

Nachfolgend zu Ihrer Information einige Investmentfonds für Unternehmensanleihen. In der Übersicht wurden nur solche Fonds berücksichtigt, die das Fondsvermögen in **Euro-Unternehmensanleihen** investieren. So vermeiden Sie das Risiko von Währungsverlusten.

| Name | WKN | Gesamtkosten (TER) |
|---|---|---|
| AXA World Funds Euro Credit Plus | 260224 | 0,70 % |
| DWS Invest Euro Corporate Bonds F | DWS0M6 | 0,67 % |
| MEAG EuroCorpRent I | A0HF42 | 0,41 % |
| HSBC Euro Credit Bond A | 120454 | 1,10 % |
| Morgan Stanley Euro Corporate Bond I | 694606 | 0,64 % |
| Schroder ISF Euro Corporate Bond C | 577943 | 0,60 % |
| Nordea 1 European Corporate Bond Fund BP | 358442 | 0,86 % |

## 9.7 ETFs auf Unternehmensanleihen: Kostengünstige Alternativen zu Investmentfonds

Eine **kostengünstige Alternative** zu den teuren, aktiv verwalteten Investmentfonds bieten, wie bei vielen Investmentfragen, die sog. Exchange Traded Funds (ETFs). Diese Papiere werden täglich an der Börse gehandelt. **Herausgeber** (Emittent) von ETFs sind Fondsgesellschaften oder Tochtergesellschaften renommierter Banken. Exchange Traded Funds versuchen, einen bestimmten Börsenindex möglichst exakt nachzubilden (im Verhältnis 1:1) und verzichten damit auf aktives Fondsmanagement. Deswegen fallen die jährlich zu zahlenden Verwaltungsgebühren meist deutlich günstiger aus als bei aktiv verwalteten Investmentfonds. Die Kursentwicklung eines passiv verwalteten ETFs verläuft nahezu parallel zum jeweils zugrunde liegenden Börsenindex.

## Überblick über interessante Exchange Traded Funds für Unternehmensanleihen

| **Name** | **WKN** | **Gesamtkosten (TER)** |
|---|---|---|
| Xtrackers II EUR Corporate Bond | DBX0EY | 0,20 % |
| Deka iBoxx € Liquid Corporates Diversified | ETFL37 | 0,20 % |
| iShares $ High Yield Corporate Bond | A1H5UN | 0,50 % |
| iShares J.P. Morgan $ Emerging Markets Bond | A0NECU | 0,45 % |
| SPDR Barclays Euro Corporate Bond | A1JJTQ | 0,20 % |
| SPDR Bloomberg Barclays Euro High Yield Bond | A1JKSU | 0,40 % |

# 10 Wandelanleihen: Das Kurspotenzial von Aktien kombiniert mit der Sicherheit von Anleihen

## 10.1 Wandelanleihen: Investieren mit Sicherheitsnetz

Aktien mit Rückgaberecht bei Kursverlusten – welcher Investor liebt nicht eine solche Geldanlage? Wandelanleihen versprechen genau dies: Die Spezialpapiere – auch »**Convertible Bonds**« genannt – gelten als **Aktieninvestment mit Sicherheitsnetz.** Ob Hausse oder Börsencrash, Inflation oder Deflation – scheinbar für alle Szenarien sind Wandelanleihen eine mögliche Antwort. Die Wandelanleihe ist einerseits eine schlichte Unternehmensanleihe, also die Schuldverschreibung einer Firma. Während oder am Ende der Laufzeit der Anleihe kann diese andererseits in Aktien des Unternehmens eingetauscht, d.h. gewandelt werden.

Dieses **Recht auf Wandlung,** das zu vorher festgelegten Konditionen erfolgt, hat aus Sicht des Anleihekäufers einen entscheidenden Vorteil: Er kann die Anleihe wandeln, wenn der Aktienkurs des Unternehmens sich deutlich nach oben bewegt hat. Dann streicht er einen Gutteil der Kursgewinne seit dem Kauf der Anleihe als Gewinn ein. Stagniert dagegen die Kursentwicklung oder fällt sogar der Börsenwert des Unternehmens, behält der Anleihekäufer lieber sein Papier, kassiert während der Laufzeit einen festgelegten Zins und lässt sich am Ende sein eingesetztes Kapital wieder auszahlen.

Wandelanleihen versetzen Investoren damit in beide Welten des Kapitalmarktes. Die Anleihe reagiert wie ihr Umfeld an den Kapitalmärkten: Kommt der Aktienmarkt in Gang, dann läuft der Kurs der Anleihe entsprechend mit. Die Wandelanleihe schützt dank ihres fixen Kupons vor einer **Deflation,** bei der Preise, aber auch Aktienkurse tendenziell sinken. Und als potenzieller Aktionär ist der Anleihebesitzer gegen **Inflation** quasi automatisch geschützt, weil der

Preisauftrieb auch die Umsätze und Gewinne der Unternehmen sowie tendenziell deren Aktienkurse steigen lässt.

Da es am Finanzmarkt aber keine Geschenke gibt, haben auch die Vorteile der Wandelanleihe ihren Preis. Der **Zinskupon** eines »Wandlers« ist stets **niedriger als der einer herkömmlichen Unternehmensanleihe.** Daher ist diese Form der Kapitalaufnahme für Firmen attraktiv. Jedes Jahr werden weltweit viele Milliarden Euro über Wandelanleihen mobilisiert.

### 10.1.1 So funktioniert eine Wandelanleihe

Eine Wandelanleihe ist eine Art Zwitter zwischen einer gewöhnlichen Anleihe und einer Aktie. Sie gibt dem Anleger das Recht zum Tausch der Anleihe gegen Aktien in einem **vorab festgelegten Tauschverhältnis.** Die Anleihe partizipiert am Aufschwung der Aktien und ist gleichzeitig nach unten abgesichert, da die Rückzahlung zum Anleihe-Nominalpreis vom Unternehmen garantiert wird.

Der Mechanismus einer Wandelanleihe ist schnell erklärt: Eine Aktiengesellschaft begibt eine Anleihe mit einem niedrigeren Kupon als von einem Schuldner dieser Bonität zu erwarten wäre. Als Anreiz für die Kapitalanleger, diese Anleihe trotz der relativ niedrigen Rendite zu kaufen, haben die Anleger **das Recht, die Anleihe in Aktien der Gesellschaft umzutauschen;** deshalb »Wandelanleihe. Das **Umtauschverhältnis** und ggf. die Höhe der Zuzahlung wird bereits bei der Emission der Wandelanleihe festgelegt. Dabei ist die Wandlung oftmals erst nach Ablauf einer Sperrfrist möglich – manchmal sogar erst zum Ende der Laufzeit. Wandelanleihen stellen so eine Mischform aus Anleihen und Aktien dar und sind ebenfalls börsennotiert. Die Zwitterstellung ist auch deshalb von Bedeutung, weil sie sich auf die Bewertung und damit das Kursverhalten von Wandelanleihen auswirkt.

» Eine Wandelanleihe im Nennwert von 100,– € berechtigt laut den Emissionsbedingungen zum Umtausch in zwei Aktien à 50,– €. Steigt der Aktienkurs während der Laufzeit der Wandelanleihe auf 80,– €, kann der Anleger für die 100-Euro-Anleihe durch Ausübung des Wandelrechts zwei Aktien im Marktwert von 160,– € erwerben und hat damit vor Steuern 60,– € gutgemacht.

Das Beispiel verdeutlicht: Inhaber von Wandelanleihen **profitieren von Aufwärtsphasen des Aktienmarktes.** Und zwar innerhalb der Wandlungsfrist durch die Ausübung des Wandlungsrechts, d.h. den Tausch der Wandelanleihe in Aktien der Gesellschaft oder durch eine Steigerung des Kurswertes der Wandelanleihe. Die positive Wertentwicklung der Wandelanleihe ist eng gebunden an die gute Performance der zugrunde liegenden Aktie.

Dagegen wirken sich negative Wertentwicklungen der zugrunde liegenden Aktie nicht gleichermaßen nachteilig auf den Kurswert der Wandelanleihe aus. Das liegt daran, dass der Anleger aus der Wandelanleihe feste Zinszahlungen sowie die Rückzahlung des Nominalwertes am Ende der Laufzeit erhält. Diese Zahlungen begrenzen – wie bei reinen Anleihen – den Kurswert der Wandelanleihe nach unten. Wandelanleihen ermöglichen insofern eine **Spekulation mit Sicherheitsnetz.** Damit das Netz auch hält, spielt die gute Bonität des Emittenten für die Auswahl einer Wandelanleihe eine bedeutende Rolle.

## 10.1.2 Das Angebot an Wandelanleihen ist vielfältig

Neben der beschriebenen Grundform der Wandelanleihe haben sich auch andere Gestaltungsformen von Wandelanleihen am Markt etabliert – je nach Finanzierungsbedürfnissen der Emittenten und nach Akzeptanz durch die Investoren. Es ist deshalb kaum noch möglich, von »der« Wandelanleihe zu sprechen. Zu den wichtigsten Varianten der klassischen Wandelanleihen, die Privatanlegern angeboten werden, gehören derzeit:

- **Umtauschanleihen** (Exchangeable Bonds), die den Inhaber berechtigen, die Anleihe unter bestimmten Bedingungen in Aktien einer anderen als der emittierenden Gesellschaft zu konvertieren. Beispielsweise legt die Allianz Versicherung eine Umtauschanleihe auf; Käufer können die Anleihe in Aktien des Energieversorgers RWE umtauschen. Exchangeable Bonds bieten dem Emittenten die Möglichkeit zum Verkauf eines Tochterunternehmens oder einer nicht strategischen Beteiligung, insbesondere dann, wenn kein adäquater Verkaufspreis durch einen direkten Verkauf der Aktien erzielbar ist.

- **Zwangswandelanleihen** (Mandatory Convertibles) sind Wandelanleihen mit Wandlungspflicht. Diese **müssen** im Gegensatz zu den traditionellen Wandelanleihen, bei denen der Käufer ein Wandlungsrecht erhält, am Ende ihrer Laufzeit gewandelt werden. Nur den Kuponzins erhält der Anleger in bar. Da es sich um einen Vorverkauf der Aktien handelt (Forward Sell), sollte der Kuponzins im Regelfall höher sein als bei einer traditionellen Wandelanleihe.

**!** Vorsicht bei Zwangswandelanleihen. Diese werden oft von Unternehmen ausgegeben, die ihre Kapitalstruktur und damit ihre Kreditwürdigkeit verbessern wollen, weil sie hoch verschuldet sind.

- **Nullkupon-Wandelanleihen** (Zero Convertible Bonds) sind Wandelanleihen ohne feste (fixe) oder variable Kuponzahlung. Bei dieser Form der Wandelanleihe ist es üblich, den Wandlungspreis variabel zu gestalten.

- **Parallelwandelanleihen** lassen dem Inhaber die Wahl, in welcher Währung er sich engagieren will. Der Emittent emittiert dazu Wandelanleihen gleichzeitig in verschiedenen Währungen.

- **Convertible from Floating Rate to Fixed Rate** berechtigt den Inhaber dazu, seine variabel verzinste Wandelanleihe in eine festverzinsliche Wandelanleihe zu einem im Voraus bestimmten Zinssatz umzutauschen.

- **Convertible from Floating Rate to Floating Rate** berechtigt den Inhaber dazu, seine variabel verzinste Wandelanleihe in eine variabel verzinste Wandelanleihe in einer anderen Währung zu konvertieren.

! Aufgrund der Variantenvielfalt ist der direkte Kauf von Wandelanleihen nur gut informierten Privatanlegern zu empfehlen. Wer dagegen Zeit und Nerven schonen möchte und nur einen kleineren Anlagebetrag zur Verfügung hat, sollte deshalb besser Anteile eines auf Wandelanleihen spezialisierten Investmentfonds kaufen. Hierzu gehört zum Beispiel der DWS Invest Convertibles (WKN: 727463).

## 10.2 Diese Kriterien entscheiden über das Kurspotenzial einer Wandelanleihe

Nicht einfach ist die Bewertung von Wandelanleihen. Grund: Ihre Charakteristik verändert sich je nach Kursverlauf der zugrunde liegenden Aktie. Für die Beurteilung von Wandelanleihen sind die folgenden Kriterien besonders wichtig:

- Die **Wandlungsprämie:** Diese bestimmt den Charakter des Wertpapiers, d.h., ob der Kurswert der Anleihe eher auf Änderungen des Marktzinses oder eher auf Änderungen des Aktienkurses reagiert.
- Der **Zinssatz** und der **Kurswert** der Wandelanleihe: Hieraus lässt sich die **Rendite** ermitteln.
- Die **Bonität** des Emittenten: Wandelanleihen – besonders diejenigen mit hohen Wandlungsprämien – reagieren stark auf Veränderungen beim Rating.
- **Kündigungsrechte:** Kündigungsrechte existieren in Form eines Calls des Emittenten oder eines Puts der Investoren.

### 10.2.1 Die Höhe der Wandlungsprämie

Wandelanleihen sind festverzinsliche Anleihen, die dem Anleger das Recht einräumen, die Anleihe in Aktien umzutauschen. Der Kurswert von Wandelanleihen wird deshalb nicht nur vom aktuellen Marktzinsniveau und der Emittentenbonität beeinflusst, wie bei normalen Anleihen, sondern auch vom momentanen Aktienkurs der dem Aktientausch zugrunde liegenden Gesellschaft.

Ob sich der Kurswert der Anleihe nun ähnlich wie der einer festverzinslichen Unternehmensanleihe oder eher wie der einer Aktie verhält, hängt von der Beziehung zwischen Aktienkurs und Wandlungspreis ab. Diese Beziehung wird in der **Wandlungsprämie** ausgedrückt. Die Wandlungsprämie gibt an, um wie viel Prozent der Erwerb der Aktie über den Weg der Wandlung teurer kommt als durch den direkten Kauf an der Börse. Die Wandlungsprämie lässt sich wie folgt errechnen:

---

Wandlungsprämie = (Wandlungspreis ./. aktueller Aktienkurs) : aktueller Aktienkurs × 100

---

Die Wandelanleihe der X-AG kann zum 4.5.2022 in Aktien gewandelt werden. Der Wandlungspreis beträgt 20,53 €. Der aktuelle Aktienkurs liegt bei 15,64 €.

Wandlungsprämie = (20,53 € ./. 15,64 €) : 15,64 € × 100 = 31,27 %

Die X-Aktie kostet über die Wandelanleihe 31,27 % mehr als aktuell über die Börse.

Von der Höhe der Wandlungsprämie hängt auch ab, ob sich der **Kurswert der Wandelanleihe** eher an der Aktienkursentwicklung orientiert oder eher an der Marktzinsentwicklung:

- Bei **niedrigen Wandlungsprämien** kostet die Aktie über eine Wandlung der Anleihe kaum mehr als über den Kauf an der Börse. Ihr Kurswert entwickelt sich deshalb nahezu parallel zum Aktienkurs. Die Anleihe hat praktisch reinen Aktiencharakter, da das Wandelrecht der dominierende Preisfaktor ist. Der Kurs der Wandelanleihe notiert deutlich über dem Nennwert. Im Gegensatz zur direkten Anlage in die entsprechende Aktie hat die Wandelanleihe aber einen besonderen Vorteil: Während der Aktienkurs theoretisch sehr tief fallen kann, ist das Risiko bei der Wandelanleihe begrenzt. Anhand des garantierten Kupons und des Rückzahlungsbetrags lässt sich eine Kurs-Untergrenze berechnen. Diese Kursuntergrenze wird als **Bond Floor** – also Anleiheboden – bezeichnet. Sie entspricht dem theoretischen Anleihewert ohne Berücksichtigung des Wandlungsrechts. Nur im Insolvenzfall des Emittenten würde auch die Wandelanleihe wertlos werden.

- Bei **hohen Wandlungsprämien** liegt der Wandlungspreis der Aktie erheblich über dem aktuellen Börsenkurs der Aktie. Aktien- und Anleihekurs verhalten sich deshalb ziemlich unabhängig voneinander. Der Anleihekurs fällt allerdings höchstens bis zu jenem Punkt, an dem die Rendite der Wandelanleihe dem aktuellen Marktzinsniveau für vergleichbare Anleiheschuldner entspricht, wohingegen der Aktienkurs unbeschränkt fallen kann. Somit hat die Wandelanleihe überwiegenden Anleihencharakter, da dem Wandlungsrecht praktisch keine Bedeutung mehr zukommt.

Der Preis der Anleihe unterliegt den **Änderungen der Renditen** am Kapitalmarkt und **der Bonität des Emittenten** und damit denselben Kriterien wie denen normaler festverzinslicher Schuldverschreibungen. Diesem geringen Risiko entsprechen aber auch die geringen Kurschancen. Nur wenn der Kurs der zugrunde liegenden Aktie einen großen Sprung nach oben macht, profitiert der Anleger durch einen Kurssprung der Wandelanleihe.

Empfehlenswert sind Wandelanleihen mit einer Wandlungsprämie zwischen 15 % und 30 %. Diese Wandelanleihen reagieren besonders stark mit Kurserhöhungen, wenn der Wert der zugrunde liegenden Aktie steigt. Bei Prämien von deutlich über 30 % liegt der Wandlungspreis stark über dem aktuellen Börsenkurs der Aktie. In dieser Situation reagiert die Wandelanleihe meist kaum noch auf kleinere Schwankungen des Aktienkurses. Vielmehr pendelt sich ihr Wert auf den Bond Floor ein. Erst bei großen Kurssprüngen der Aktie bewegt sich auch der Kurswert der Wandelanleihe wieder nach oben.

**Achtung:** Wandelanleihen aus dem Junk-Bereich, d.h. von Unternehmen mit einem sehr schlechten Rating, mit Wandlungsprämien von mehr als 150 % sind nur etwas für Anleger mit Zockermentalität. Da die Emittenten leicht zahlungsunfähig werden können, reagieren diese Papiere sehr stark auf Veränderungen beim Rating.

### 10.2.2 Die Qualität der Bonität

Neben den richtigen Prämienabwägungen spielt auch die **Schuldnerqualität** eine große Rolle. Ändern führende Ratingagenturen wie z.B. Standard & Poor's oder Moody's ihre Meinung über einen Emittenten, wirkt sich das auch auf den Kurs der Wandelanleihe aus. Vor allem dann, wenn das Papier eine hohe Wandlungsprämie aufweist – also vom Charakter eher einer Anleihe als einer Aktie gleicht.

Als »**Junk-Convertible**« wird eine Wandelanleihe eingestuft, deren Emittent seine Kreditwürdigkeit seit der Emission derart verschlechtert hat, dass die Kursuntergrenze der Wandelanleihe stark gesunken ist. Der Kurswert beruht dann nur noch auf der Rückzahlungswahrscheinlichkeit der Anleihe.

Bei Wandelanleihen sollten Sie kein Rating unter »A« akzeptieren, da ansonsten die Gefahr besteht, dass nur die Rückzahlungswahrscheinlichkeit und nicht die Aktienkursentwicklung ausschlaggebend für den Kurswert der Wandelanleihe ist.

### 10.2.3 Die Kündigungsrechte

Die vielfältigen Ausgestaltungsmöglichkeiten von Wandelanleihen zeigen sich auch in den **Kündigungsrechten.** So kann vereinbart sein, dass der Emittent zur Wandlung auffordern kann, wenn die Aktie ein bestimmtes Kursniveau erreicht hat. Wandelt der Investor nicht, kann der Emittent die Wandelanleihe kündigen (sog. Call des Emittenten) und den Nennwert zurückzahlen. Calls werden oftmals dazu genutzt, die Investoren zu einer rationalen Wandlung innerhalb eines bestimmten Zeitraums zu zwingen, d.h. zu einem Umtausch der Anleihe in Aktien, wenn der aktuelle Aktienkurs den Umtausch attraktiv macht.

Ein **Kündigungsrecht des Investors** (sog. Put des Investors) ist in der Praxis seltener. Der Put begrenzt das Verlustrisiko des Anlegers bei sinkenden Aktienpreisen und gleichzeitiger Bonitätsverschlechterung des Emittenten.

!

Achten Sie beim Kauf von Wandelanleihen darauf, ob sich der Emittent ein vorzeitiges Kündigungsrecht einräumt (sog. Call). Ein Call begrenzt nämlich das Kurswertsteigerungspotenzial einer Wandelanleihe erheblich.

### 10.2.4 Die Höhe der Rendite

Die Rendite einer Wandelanleihe gibt dem Anleger an, wie hoch sich sein Anlagekapital jährlich verzinst, ohne die Möglichkeit der Wandlung mit einzubeziehen.

!

Die aktuelle Rendite einer Wandelanleihe können Sie aus dem Internet erfahren. Informationsanbieter wie z.B. onvista.de oder finanztreff.de bieten nach Eingabe der Wertpapierkennnummer (WKN) zahlreiche Daten und Kennzahlen zu Wertpapieren kostenlos an.

## 10.3 Der Kauf von Wandelanleihefonds: Beachtenswerte Alternative zur Direktanlage

Wandelanleihen gibt es in so vielen Varianten, dass ein Anleger schnell den Überblick verlieren kann. Zudem ist es für den einzelnen Anleger schwierig zu beurteilen, ob eine Wandelanleihe aufgrund der Kurseinflussfaktoren Zinsentwicklung am Kapitalmarkt, Zahlungsfähigkeit des emittierenden Unternehmens (Bonität), Aktienkurs und Volatilität fair bewertet ist. Auch die manchmal hohe **Mindeststückelung** erschwert das direkte Investment. Für Privatanleger sind deshalb **Wandelanleihefonds** als Alternative zum Direktkauf von Wandelanleihen überlegenswert.

Investmentfonds können die ganze Palette der Möglichkeiten und Chancen von Wandelanleihen oft besser nutzen als der einzelne Anleger. Aufgrund der Investition in eine Vielzahl unterschiedlicher Wandelanleiheemissionen ermöglichen Wandelanleihefonds eine stärkere Diversifikation, die zu einer **Verringerung des Anlagerisikos** führt. Diese Fonds gibt es zudem mit verschiedenen **Risikoprofilen** – eher als defensive oder als aggressive Mischung – und mit unterschiedlichen **Länderschwerpunkten.** Welcher Fonds der richtige für Sie ist, hängt von Ihren persönlichen Vorstellungen und Erwartungen ab.

Die Fondslösung bietet sich aber noch aus einem anderen Grund an: Viele Wandelanleihen sind mit Sondermerkmalen wie z.B. **Kündigungsrechten** ausgestattet. Diese sind häufig so komplex, dass selbst Profis aufpassen müssen, um im entscheidenden Augenblick keine Fehler zu begehen.

Nachfolgend eine **Übersicht** einiger angebotener Wandelanleihefonds:

| Name | WKN | Gesellschaft | Währung | Anlageschwerpunkt |
|---|---|---|---|---|
| Amundi Funds Global Convertible Bond | 940841 | Amundi Investment | EUR | internationale Wandelanleihen |
| Deka Wandelanleihen CF | 693798 | DekaBank | EUR | internationale Wandelanleihen |
| DWS Convertibles | 847426 | DWS | EUR | internationale Wandelanleihen namhafter Emittenten mit kleinerer Aktienbeimischung |
| FvS Wandelanleihen Global | 989977 | Flossbach von Storch Invest | EUR | internationale Wandelanleihen |
| BNP Paribas Convertible Classic | 988702 | BNP Paribas | EUR | europäische Wandelanleihen |
| SPDR Global Convertible Bond (Exchange Traded Fund) | A12CZS | State Street Global Advisor | US-Dollar | internationale Wandelanleihen |
| Thomson Reuters Balanced European Convertible Bond (Exchange Traded Fund) | A14PYG | Thomson Reuters | EUR | europäische Wandelanleihen |

# 11 Floater: Flexible Anlage für schwierige Zinszeiten

## 11.1 Variable Zinsen – stabile Kurse: Risikoscheue Anleger kaufen Floater

Die Europäische Zentralbank hält den Leitzins nach wie vor auf einem historischen Tiefstand. Die große Frage: Wann und wird sich dieser Trend der niedrigen Zinsen überhaupt umkehren?

**Zinserhöhungen** sind nicht für jeden Anleger Grund zur Freude. Gerade die Besitzer von Anleihen müssen nun Kursverluste verschmerzen, wenn sie die Papiere vor dem Laufzeitende verkaufen wollen. Und Anleger, die erst kürzlich Sparbriefe oder Festgeldanlagen für lange Laufzeiten abgeschlossen haben, ärgern sich, weil sie nicht von den besseren Marktzinsen profitieren können.

Die Besitzer von **Floatern,** besser bekannt unter ihrer englischen Bezeichnung »**Floating Rate Notes**« können sich dagegen beruhigt zurücklehnen. Sie profitieren von Zinserhöhungen. Denn Floater haben im Gegensatz zu herkömmlichen Anleihen keinen festen, sondern einen variablen Zinssatz. Besonders dann, wenn nach einer Phase niedriger Zinsen der Trend dreht und höhere Renditen zu erwarten sind, empfehlen sich Floater. Dank der variablen Verzinsung erhält der Anleger automatisch bei steigenden Marktrenditen höhere Zinsgutschriften. Und Kursverluste bei vorzeitigem Anleiheverkauf sind wegen der laufenden Anpassung des Nominalzinses weitgehend ausgeschlossen.

Der folgende Beitrag erläutert Ihnen die wesentlichen Merkmale variabel verzinslicher Anleihen, erklärt wichtige Varianten und zeigt auf, in welchen Situationen die Papiere auch für Ihr Depot eine sinnvolle Ergänzung sein können.

### 11.1.1 So funktionieren variabel verzinste Anleihen

Bei den traditionellen Festzinsanleihen ist die Höhe der laufenden Verzinsung (die Höhe des Nominalzinses, der »Zinskupon«) durch einen festen Kupon garantiert. Bei variabel verzinsten Anleihen ist dagegen der Zinsertrag, den der Anleger erhält, veränderlich. Die **Höhe der Zinszahlung** ist **abhängig von der Renditeentwicklung am Geldmarkt.** Das ist der Teil des Kapitalmarkts, an dem Banken untereinander kurzfristig Geld ausleihen. Da sich die Zinsen am Geldmarkt täglich ändern, erfolgt auch beim Floater in regelmäßigen Abständen, meist viertel- oder halbjährlich, eine Anpassung des Zinskupons an die marktüblichen Sätze:

- Steigen die kurzfristigen Zinsen, so steigt die laufende Zinszahlung für die nächste Zinsperiode.
- Kommt es zu einem Zinsrückgang, gilt ab dem nächsten Anpassungstermin eine entsprechend geringere Nominalverzinsung.

Die unterschiedliche Form der Zinsvereinbarung von Festzinsanleihe und Floater hat zur Folge, dass die Kurse der beiden Anleihearten ganz unterschiedlich auf **Zinsänderungen** reagieren:

- **Steigende Zinsen** bedeuten bei der »normalen« Festzinsanleihe sinkende Kurse: Ist der fest vereinbarte Zinskupon nicht mehr marktgerecht, da das allgemeine Zinsniveau seit Auflegung der Anleihe gestiegen ist, wird die Anleihe »weniger wert«, d.h., ihr Kurs fällt.
- Umgekehrt bedeuten **fallende Zinsen** bei der »normalen« Festzinsanleihe steigende Kurse: Ist der fest vereinbarte Zinskupon höher als der aktuelle Marktzins, wird die Anleihe aufgrund der hohen Zinszahlungen für neue Anleihekäufer »mehr wert« und damit attraktiver, d.h., der Kurs steigt.

- Anders dagegen beim **Floater:** Verändert sich der Marktzins zwischen den Anpassungsterminen, kommt es hier zwar auch zu Kursbewegungen. Da die Zinsen jedoch spätestens beim nächsten Zinsanpassungstermin an den Referenzzinssatz (dazu gleich mehr) wieder angepasst werden, notieren Floater stets nahe bei ihrem Rückzahlungskurs. In der Regel erfolgt die Rückzahlung zum Nennwert (= 100 %). In der Praxis schwanken deshalb die Kurse – eine gleichbleibende Bonität des Emittenten vorausgesetzt – nur geringfügig in einer Bandbreite zwischen 99 % und 101 % des Nominalwertes der Anleihe.

! Floater können Sie wie herkömmliche festverzinsliche Wertpapiere börsentäglich kaufen und verkaufen. Zu beachten sind die erforderlichen Mindestanlagebeträge: Die Nennwerte von Floatern betragen meist 1.000,– € oder 5.000,– € oder ein Vielfaches davon.

## 11.1.2 Die variable Verzinsung ist das Hauptmerkmal von Floatern

Das entscheidende Merkmal von Floatern ist die regelmäßige Anpassung ihrer Verzinsung an eine bestimmte Referenzgröße. Der Kupon ergibt sich aus dem **Referenzzinssatz,** der im Allgemeinen ein Geldmarktsatz ist, zuzüglich eines vereinbarten **Auf-** oder **Abschlags** auf den Referenzzinssatz.

» Referenzzinssatz 3,05 % p.a. Aufschlag 0,15 %. Die Gesamtverzinsung beträgt 3,20 % p.a. (Die Zinsangabe bezieht sich immer auf ein Jahr. Für ein Vierteljahr bekommt der Anleger in diesem Beispiel also 0,8 % – tagesgenaue Zinsabrechnung vernachlässigt – auf sein angelegtes Kapital gutgeschrieben.)

## Geldmarktsätze dienen als Referenzzinssätze

An den wichtigsten europäischen Börsen dient der **Euribor** als Referenzzinssatz. Hinter dem Begriff »Euribor« verbirgt sich die Abkürzung für »**Eur**o **I**nter**b**ank **O**ffered **R**ate«. Es handelt sich um einen Zinssatz unter Banken **(Interbankensatz),** zu dem Banken anderen Banken kurzfristige Kredite anbieten. Euribor-Sätze werden mit Laufzeiten von ein bis 12 Monaten festgestellt.

Zur **Ermittlung des Euribors** melden täglich ausgesuchte Banken Angebotssätze an die Europäische Zentralbank. Diese berechnet daraus einen Durchschnittszinssatz und veröffentlicht diesen mit drei Nachkommastellen. Dabei fließen die 15 Banken mit dem höchsten und niedrigsten Zinsangebot nicht in die Euribor-Berechnung ein. Dies soll dazu führen, dass Zinsausreißer nicht den Markt verfälschen.

Die Zinsvereinbarungen nicht europäischer Floater orientieren sich in der Regel am sog. **Libor** (Abkürzung für **L**ondon **I**nter**b**ank **O**ffered **R**ate). Es handelt sich hierbei um den Zinssatz, den Banken am Londoner Geldmarkt für kurzfristige Ausleihungen an andere Banken verlangen.

Weitere, allerdings nur selten für die Zinsvereinbarung von Floatern benutzte Referenzzinssätze sind **Libid** sowie der Tagesgeldsatz **Eonia:**

- **Libid** ist ein in London festgestellter Bid-Satz, ein Zinssatz für die Annahme von Geldern im Interbankenhandel. Die Differenz zu Libor beträgt in der Regel 0,125 Prozentpunkte.
- Die gleiche Funktion wie der Euribor übernimmt bei Tagesgeldgeschäften der **Eonia**-Satz (**E**uro **O**ver**n**ight **I**ndex **A**verage). Zu seiner Berechnung übermitteln die an der Feststellung des Euribors beteiligten Banken die Zinsen für Tagesgeld sowie das Gesamtvolumen ihrer unbesicherten Tagesgeldausleihungen an die Europäische Zentralbank. Diese berechnet daraus den effektiven umsatzgewichteten Tagesgeldsatz Eonia.

Euribor und Eonia bzw. die Geldmarktsätze unter Banken finden Sie im Wirtschaftsteil vieler Tageszeitungen. Im Internet können Sie die Entwicklung dieser Zinssätze verfolgen unter de.euribor-rates.eu.

## Zinsauf- und -abschläge bei Floatern

In den **Emissionsbedingungen** der Floater ist festgelegt, um welchen Betrag der Anleihezins über oder unter dem jeweiligen Referenzzinssatz liegt. Formuliert ist dieser sog. Spread dabei im Allgemeinen als unveränderliche Größe in Prozent- oder Basispunkten, wobei ein Basispunkt 0,01 Prozentpunkten entspricht.

Die **Höhe des Spreads** hängt von der Bonität ab, also von der Fähigkeit des Schuldners, seine Zinsen und den Nennbetrag der Anleihe am Ende der Laufzeit zurückzuzahlen. Schuldner mit schlechter Bonität zahlen deshalb deutliche Aufschläge. Erstklassige Schuldner wie z.B. die Bundesrepublik Deutschland können Papiere mit Abschlag anbieten. Natürlich können Floater auch »**flat**« emittiert werden, d.h. ohne jeden Auf- oder Abschlag auf den Referenzzinssatz.

Grundsätzlich gilt: Je schlechter führende Ratingagenturen wie Moody's oder Standard & Poor's die Zahlungsfähigkeit eines Anleiheherausgebers beurteilen, desto höher fällt der zu zahlende Zinsaufschlag aus.

Die **Höhe des Zinsauf- bzw. Zinsabschlags** wird neben der Bonität auch durch die übrigen Ausstattungsmerkmale des Floaters beeinflusst. Dazu gehören etwa

- die Gewährung einer Mindest- oder Maximalverzinsung,
- sowie die Laufzeit und Kündigungsmöglichkeiten der Anleihe.

## Zinsanpassungs- und Zinszahlungshäufigkeit

Durch die Wahl des Referenzzinssatzes ist in der Regel auch der **Abstand zwischen den Zinsanpassungsterminen** vorgegeben. Besonders häufig ist die viertel- oder halbjährliche Anpassung an einen 3- oder 6-Monats-Geldmarktsatz. Der Zeitpunkt der Zinsanpassung fällt in den allermeisten Fällen mit der Zinszahlung zusammen, wobei die Auszahlung auch erst einige Tage nach dem Ende der Zinsperiode erfolgen kann.

Die im Zusammenhang mit der Zinsvereinbarung relevanten Zeitpunkte lassen sich am folgenden Beispiel leicht verdeutlichen:

» Emission einer Anleihe am 1.8.2021, fällig am 1.8.2024. Zinsvereinbarung: 3-Monats-Euribor plus 0,125 Prozentpunkte. Die Verzinsung erfolgt ab dem 1.8.2021 (einschließlich) bis zum ersten Zinszahlungstag (ausschließlich). Zinszahlungstage sind jeder 1. Februar, 1. Mai, 1. August und 1. November. Zinsfestlegungstag ist der zweite Geschäftstag vor Beginn der jeweiligen Zinsperiode. Eine Zinsperiode beschreibt den jeweiligen 3-Monats-Zeitraum vom Verzinsungsbeginn (einschließlich) bis zum ersten Zinszahlungstag (ausschließlich).

Da die Zinsen nicht erst am Jahresende, sondern während des Jahres (»**unterjährig**«) bezahlt werden, liegt die tatsächliche Verzinsung eines Floaters geringfügig über der ausgewiesenen Nominalverzinsung. Der Anleger profitiert vom sog. **Zinseszinseffekt:** Er kann bereits erhaltene Zinszahlungen sofort wieder anlegen und somit seine Jahresrendite erhöhen.

» Eine Geldanlage verspricht eine Nominalverzinsung in Höhe von 3,5 % pro Jahr. Je nachdem, wie viele Zinszahlungstermine im Jahr vorgesehen sind, ergeben sich folgende Jahresrenditen:

| | Jahresrenditen bei ... | | | |
|---|---|---|---|---|
| | jährlicher Zinszahlung | halbjährlicher Zinszahlung | vierteljährlicher Zinszahlung | monatlicher Zinszahlung |
| Nominalzinssatz = 3,5 % p.a. | 3,5 % | 3,53 % | 3,55 % | 3,61 % |

! Die Faustregel lautet: Mit steigender Anzahl an Zinszahlungsterminen pro Jahr nimmt die Effektivverzinsung zu. Der Effekt wirkt umso stärker, je höher der Nominalzinssatz ist.

Allerdings ist die hier vorgenommene Berechnung eher theoretischer Natur: Sie setzt voraus, dass die Erträge sofort und vollständig zur tatsächlichen Rendite der Anlagealternative wieder angelegt werden. Allein schon wegen der oft »krummen« Zinserträge lässt sich diese Wiederanlage aber meist nicht verwirklichen.

! Der Rhythmus der Zinsanpassung hat auch Einfluss auf das Kursverhalten: Vergleiche zwischen Floatern mit Viertel- und Halbjahreskupons zeigen, dass Kursschwankungen umso schwächer ausfallen, je häufiger die Anpassung erfolgt.

Die Zinsberechnung erfolgt nach der sog. **französischen Methode,** d.h. auf Grundlage der tatsächlich abgelaufenen Tage einer Zinsperiode, bezogen auf ein Jahr mit 360 Zinstagen (»**actual/360-Methode**«).

! Als Käufer eines Floaters müssen Sie nicht nur dessen Kurswert bezahlen, sondern auch die aufgelaufenen Stückzinsen. Für die Berechnung einer exakten Rendite müssen Sie deshalb die Stückzinsen zum Kaufpreis addieren.

### 11.1.3 Die Kündigungsrechte bei Floatern

Üblicherweise liegen die Laufzeiten von Floatern zwischen drei und zehn Jahren. Allerdings gilt auch hier eine Besonderheit: Im Regelfall besitzt der Emittent ein Recht auf **vorzeitige Kündigung.** Mögliche Varianten dieses Kündigungsrechtes (engl. »**Call-Option**«) sind:

- das Recht, an den jeweiligen Kuponterminen zu kündigen (engl. **stepped call**), oder
- das Recht, nach Ablauf einer bestimmten Frist jederzeit zu kündigen (engl. **rolling call**).

Als »Gegenleistung« zahlen kündbare Anleihen zumeist einen etwas **höheren Aufschlag auf den Referenzzinssatz** als vergleichbare Papiere ohne Kündigungsrecht.

! Ein genaues Studium der Emissionsbedingungen ist zumindest in diesem Punkt unerlässlich. Denn Kündigungsrechte können die Attraktivität eines Floaters erheblich mindern. Der Emittent wird von seinem Kündigungsrecht Gebrauch machen, wenn die Zinsen fallen und er sich die dann günstigeren Konditionen langfristig sichern kann. Als Anleger sind Sie gezwungen, Ihre Gelder neu anzulegen. Bei fallenden Geldmarktzinsen ist das für Sie nur zu vergleichsweise ungünstigeren Konditionen möglich. Abgesehen davon verursacht die Wiederanlage zusätzliche Transaktionskosten (Bankspesen beim Kauf eines neuen Floaters).

### 11.1.4 Zinsbegrenzungen bergen Kurschancen und -risiken

Bei vielen Emissionen von Floating Rate Notes wird das Hauptmerkmal der variablen Verzinsung durch die **Vereinbarung von Zinsober- oder -untergrenzen** ergänzt.

## Floater mit Zinsuntergrenze

Einige Floater garantieren eine **Mindestverzinsung,** die als »Zinsboden« (engl. **Floor)** vereinbart ist. Auch in Niedrigzinsphasen kann die laufende Verzinsung somit nicht unter ein bestimmtes Niveau fallen. Im Englischen spricht man daher auch von **Drop-Lock-Floatern.**

» Die Zinsvereinbarung lautet: 3-Monats-Euribor ./. 15 Basispunkte; mindestens 2 % p.a. Die folgende Tabelle zeigt, welche Zinszahlungen je nach Höhe des 3-Monats-Euribor zu erwarten sind:

| Höhe des 3-Monats-Euribor am Zinsfestlegungstag | Spread | Höhe der Verzinsung in der nächsten Zinsperiode |
|---|---|---|
| 2,5 % p.a. | ./. 0,15 % p.a. | 2,35 % p.a. |
| 2,0 % p.a. | ./. 0,15 % p.a. | 2,0 % p.a. |
| 1,5 % p.a. | ./. 0,15 % p.a. | 2,0 % p.a. |

Egal, wie tief der Referenzzinssatz fällt: Der Anleger erhält die vereinbarte Mindestverzinsung. Der Floor stellt für ihn also eine **Versicherung gegen stark fallende Zinssätze dar** – bei gleichzeitiger Wahrung seiner Chance, an Zinssteigerungen zu verdienen.

Der Schuldner der Anleihe lässt sich diese Zinsgarantie »bezahlen«, und zwar in Form eines geringeren Aufschlages bzw. eines erhöhten Abschlages auf den Referenzzinssatz. Für den Floater im obigen Beispiel lässt sich folgende Rechnung aufmachen:

| Höhe des 3-Monats-Euribor am Zinsfestlegungstag | Verzinsung in der kommenden Zinsperiode | |
|---|---|---|
| | Floater ohne Floor; Zinsvereinbarung: 3-Monats-Euribor | Floater mit Floor (= 2 %); Zinsvereinbarung: 3-Monats-Euribor minus 15 Basispunkte |
| 3,0 % p.a. | 3,0 % p.a. | 2,85 % p.a. |
| 2,5 % p.a. | 2,5 % p.a. | 2,35 % p.a. |
| 2,0 % p.a. | 2,0 % p.a. | 2,0 % p.a. |
| 1,5 % p.a. | 1,5 % p.a. | 2,0 % p.a. |

Der Vergleich zeigt, was den Anleger die **Absicherung der Zinsen** nach unten kostet: Solange der Bezugszinssatz die untere Grenze nicht erreicht, liegt die Verzinsung stets 15 Basispunkte unter derjenigen des vergleichbaren Floaters ohne Floor.

Solange die Summe aus Referenzzinssatz und Spread, der sog. **Bezugszinssatz,** am Tag der Zinsanpassung unterhalb der vereinbarten Mindestverzinsung liegt, reagiert der Floater auf weitere Zinssenkungen wie eine Festzinsanleihe.

! Durch die Vereinbarung einer Zinsuntergrenze sichern Sie sich als Anleger nicht nur eine bestimmte Minimalverzinsung. Gleichzeitig eröffnet sich eine Kurschance. Wenn das allgemeine Zinsniveau unter die vereinbarte Grenze sinkt, steigt der Kurswert des Floaters.

## Floater mit Zinsobergrenze

Als Schutz vor einer zu hohen Zinsbelastung statten Emittenten ihre Floater häufig mit einem sogenannten **Cap** (= Deckel) aus. Der Cap bezeichnet den **Maximalzinssatz,** über den hinaus die Zinszahlungen nicht steigen können. Floater mit vereinbarter Maximalverzinsung bezeichnet man englisch als **»Cap-Floater«** bzw. **»Capped Floater«.**

Bei einem Floater mit Zinsdeckel können Sie als Anleger **nur begrenzt an steigenden Zinssätzen teilhaben.** Übersteigt der Bezugszinssatz (Referenzzinssatz zu- bzw. abzüglich Spread) am Zinsanpassungstag die Obergrenze, wird trotzdem nur der vereinbarte Maximalzinssatz gezahlt. Der Emittent schützt sich somit vor stark steigenden Finanzierungskosten bei anziehenden Kapitalmarktzinsen. Als Ausgleich erhält der Anleger eine geringfügig höhere Verzinsung. Diese drückt sich in einem geringeren Abschlag bzw. einem höheren Aufschlag auf den Referenzzinssatz aus.

» Würde ein Floater ohne Cap mit 3-Monats-Euribor plus 10 Basispunkte verzinst, stiege die Verzinsung durch den Cap auf 3-Monats-Euribor plus 25 Basispunkte.

| Höhe des 3-Monats-Euribor am Zinsfestlegungstag | Verzinsung in der kommenden Zinsperiode | |
|---|---|---|
| | Floater ohne Cap; Zinsvereinbarung: 3-Monats-Euribor plus 10 Basispunkte | Floater mit Cap (= 3 %); Zinsvereinbarung: 3-Monats-Euribor plus 25 Basispunkte |
| 3,5 % p.a. | 3,6 % p.a. | 3,0 % p.a. |
| 3,0 % p.a. | 3,1 % p.a. | 3,0 % p.a. |
| 2,5 % p.a. | 2,6 % p.a. | 2,75 % p.a. |
| 2,0 % p.a. | 2,1 % p.a. | 2,25 % p.a. |
| 1,0 % p.a. | 1,1 % p.a. | 1,25 % p.a. |
| 0,5 % p.a. | 0,6 % p.a. | 0,75 % p.a. |

Solange **der Referenzzins die vereinbarte Obergrenze nicht erreicht,** sind die Finanzierungskosten des Schuldners (= des Anleihe-Emittenten) exakt um 15 Basispunkte höher. Diese Renditedifferenz entspricht quasi der Versicherungsprämie, die der Emittent an den Anleger für den Schutz vor zu starken Zinsanstiegen bezahlt.

! Der Kauf eines Capped Floaters kann immer dann eine sinnvolle Strategie sein, wenn Sie von einem sich seitwärts bewegenden Zinsniveau ausgehen. Durch die Vereinnahmung der Cap-Prämie erzielen Sie eine zusätzliche Rendite. Diese liegt umso höher, je niedriger die vereinbarte Zinsobergrenze ist.

Allerdings hat die Vereinbarung einer Zinsobergrenze auch **Auswirkungen auf das Kursverhalten des Floaters:** Bei einem Anstieg der Geldmarktzinsen über den Cap hinaus ändert die Anleihe ihren Charakter. Statt nahe pari zu notieren und an den Kuponterminen stets zu einer Notierung zu pari zurückzukehren, reagiert der Floater jetzt wie eine Festzinsanleihe: Ein Kursabschlag gleicht die Renditedifferenz zum Zinsniveau am Geldmarkt aus. Dieses Kursrisiko ist umso höher, je niedriger der vereinbarte Höchstzinssatz liegt.

Capped Floater sind ein zweischneidiges Schwert: Eine vergleichsweise höhere Rendite durch den vereinbarten Cap ist verbunden mit entsprechend höheren Kursrisiken im Falle steigender Zinsen (und Sie profitieren auch nur beschränkt von steigenden Zinssätzen). Ob sich der Kauf eines Capped Floaters für Sie lohnt, hängt deshalb von Ihrer Einschätzung der künftigen Zinsentwicklung ab (und natürlich auch davon, dass diese Einschätzung tatsächlich eintrifft). Erwarten Sie auf Sicht von mehreren Jahren steigende Zinsen, sollten Sie Capped Floater meiden.

### Floater mit Zinsober- und Zinsuntergrenze

Zinsober- und Zinsuntergrenze können auch gemeinsam vereinbart sein. Ein Floater mit Cap und Floor bezeichnet man englisch als **»Collared Floater«.**

Die Zinsvereinbarung eines Collared Floaters lautet 3-Monats-Euribor + 0,25 Prozentpunkte. Floor = 2,5 % p.a.; Cap = 6,0 % p.a.

Der Anleger kennt in diesem Fall den Zinskorridor, innerhalb dessen sich seine Verzinsung bewegt. Ist die Zinssatzdifferenz zwischen Ober- und Untergrenze sehr eng definiert (maximal ein bis zwei Prozentpunkte), bezeichnet man die Papiere auch als **»Mini-Max-Floater«.**

## 11.2 Reverse Floater: Von fallenden Zinsen profitieren

Wenn Aktien schwächeln, legen Investoren ihr Geld vermehrt in Anleihen an. Eine Form solcher Anleihen sind Reverse Floater (auch **»Umkehrfloater«** genannt), die in Zeiten sinkender Geldmarktzinsen interessant sind. Ihr Ertrag wächst, je stärker das allgemeine Zinsniveau fällt.

**Reverse Floater** stellen den Zusammenhang zwischen Referenzzinssatz und Kupon auf den Kopf. Hier gilt stattdessen:

- Steigt der Referenzzinssatz, fällt der Kupon bzw.
- fällt der Referenzzinssatz, steigt der Kupon.

Dieser Effekt ist die Folge aus der besonderen Formulierung der Zinsvereinbarung. Die Verzinsung ergibt sich aus einem fixierten Höchstzinssatz, von dem der vereinbarte Referenzzinssatz abgezogen wird.

» Zinsvereinbarung 2,35 % p.a. minus 6-Monats-Euribor. Angenommen, der Referenzzinssatz beläuft sich am nächsten Zinsfestlegungstag auf 1,35 % p.a., so erhält der Anleger für die nächste Zinsperiode einen Kupon in Höhe von 1 % p.a. Steigt der Euribor-Satz bis zum nächsten Termin auf 2 % p.a., sinkt die Verzinsung des Reverse Floaters auf nur noch 0,35 % p.a. ab.

! Während normale Floater für den Anleger umso interessanter werden, je mehr die Geldmarktsätze steigen, profitieren Reverse Floater von fallenden Zinsen.

Die umgekehrte Beziehung zwischen Referenzzinssatz und laufender Verzinsung führt dazu, dass Reverse Floater **starke Kursschwankungen** aufweisen. Diese sind sogar höher als bei »normalen« Festzinsanleihen, denn die Zinsänderungen wirken zweifach:

- Wenn das allgemeine Zinsniveau fällt, steigen die Kurse des Reverse Floaters. Denn die laufenden Kuponzahlungen sind nun relativ »mehr wert«. Insoweit reagiert der Reverse Floater wie eine traditionelle Festzinsanleihe.
- Wenn der Referenzzinssatz gesunken ist, kommt es am nächsten Zinsanpassungstermin zusätzlich zu einer Anhebung der laufenden Zinszahlungen. Hieraus resultieren dann weitere Kurssteigerungen.

Da der Anleger auf Zinssenkungen und die damit für ihn einhergehenden, höheren Zinseinnahmen und überdurchschnittlichen Kurssteigerungen spekuliert, werden Reverse Floater auch **»Bull Floater«** genannt.

**Achtung:** Der Doppeleffekt der Zinsen wirkt auch in die andere Richtung. Bei einem **Zinsanstieg** verringern sich nicht nur die Zinseinnahmen, sondern der Anleger erleidet zudem **überproportionale Kursverluste.**

Häufig sehen die Emissionsbedingungen eine **Mindestverzinsung** vor, um die Zins- und Kursrisiken des Anlegers etwas zu begrenzen.

» Zinsvereinbarung 3,25 % p.a. minus 6-Monats-Euribor. Die Mindestverzinsung beträgt 2 % p.a.

! Ebenso wie beim »herkömmlichen« Floater gilt auch beim Reverse Floater: Die vereinbarte Zinsuntergrenze ist eine Versicherung für den Anleger, für die er eine Prämie bezahlen muss. Diese drückt sich in einem vergleichsweise geringeren Festzinssatz aus. Als Faustregel gilt: Je höher die Mindestverzinsung liegt, die der Emittent garantiert, desto geringer ist der Festzinssatz des Reverse Floaters.

Die **Kurs- und Zinschancen des Reverse Floaters** lassen sich durch eine einfache Variation der Zinsvereinbarung noch weiter steigern, indem von einem vereinbarten Festzinssatz ein Vielfaches des Referenzzinssatzes abgezogen wird.

» Das Angebot für einen Reverse Floater lautet: 5,5 % p.a. minus 2 × 6-Monats-Euribor. Bei einem 6-Monats-Euribor von 2 % p.a. ergibt sich dann eine Nominalverzinsung in Höhe von 1,5 % p.a. Im Vergleich zum vorangegangenen Beispiel ist dieser Reverse Floater die spekulativere Variante, da er stärker auf Veränderungen des Referenzzinses reagiert.

Sehr häufig werden Reverse Floater angeboten, bei denen die Verzinsung in den ersten zwei bis drei Jahren einer traditionellen Anleihe entspricht und erst danach die typische Verzinsung für Reverse Floater einsetzt.

**!** Reverse Floater sind hochriskante Papiere. Als Anlagealternative eignen sie sich nur für Zinsoptimisten, die aggressiv auf rückläufige Zinsen spekulieren wollen. Beachten Sie, dass die Kursentwicklung von Reverse Floatern nicht nur von der Veränderung der kurzfristigen Zinsen abhängig ist, sondern insbesondere auch von Renditebewegungen am langen Ende (= für längere Laufzeiten) der Zinsstrukturkurve beeinflusst wird. Deshalb können Sie mit Reverse Floatern trotz sinkender Geldmarktzinsen massive Kursverluste erleiden, wenn zur gleichen Zeit die Kapitalmarktzinsen (am langen Ende) kräftig ansteigen.

## 11.3 Erfolgreiche Anlagestrategie mit Floatern

Wie die vorhergehenden Beispiele zeigen, hat der Einfallsreichtum beim Schuldenmachen am Markt für Floater zu einer Vielzahl von Variationen geführt. Nachfolgend deshalb einige Hinweise, in welchen Situationen Sie als Anleger Ihre Anlageziele mit variabel verzinslichen Anleihen am sinnvollsten erreichen können.

### 11.3.1 Einschätzung der zukünftigen Zinssituation

Ob kurz- oder langfristige Anlagen, festverzinsliche oder variabel verzinsliche Anleihen die bessere Anlagealternative darstellen, hängt von der **Entwicklung des Zinsniveaus** an den Geld- und Kapitalmärkten ab. Für Sie ist es deshalb ratsam, sich vor dem Anleihekauf eine Meinung zur künftigen Zinsentwicklung zu bilden.

## Kaufen bei niedrigem Zinsniveau in Erwartung steigender Zinsen

Grundsätzlich empfiehlt sich der **Kauf von herkömmlichen Floatern** (keine Reverse Floater) bei einem niedrigen Zinsniveau und gleichzeitiger Erwartung steigender Zinssätze. Als Anleger nehmen Sie kontinuierlich am Zinssteigerungsprozess teil, während gleichzeitig Kursverluste nahezu ausgeschaltet sind.

Festzinsanleihen sind in dieser Situation weniger geeignet, da der Anleger nur eine dem ursprünglichen (geringeren) Zinsniveau entsprechende Verzinsung erhält. Weil die Anleihekurse bei steigenden Zinsen nachgeben, würde ein Anleger bei vorzeitigem Verkauf hier sogar Kursverluste erleiden.

! Vor dem Kauf eines Floaters sollten Sie eine Bundesanleihe oder eine Bundesobligation zum Vergleich heranziehen, die zum nächsten Zinstermin des Floaters zurückgezahlt wird. Welche Rendite würde diese Bundesanleihe bei Fälligkeit bringen, wenn der Anleger diese jetzt zu ihrem aktuellen Kurs anstelle des Floaters kaufen würde? Bringt der Floater beim nächsten Zinstermin weniger, ist er, wie Experten sagen, nicht fair bewertet. Ein Einstieg lohnt dann nicht.

## Keine Käufe während einer Hochzinsphase oder bei Erwartung fallender Zinsen

Ist das **Renditeniveau** hoch und sind eher **sinkende Zinsen** zu erwarten, sollten Anleger **variabel verzinsliche Anleihen unbedingt meiden.** Denn in diesen Fällen überwiegen die Vorteile der Festzinsanleihe: Mit dem Kauf einer Festzinsanleihe sichern Sie sich die hohen Zinsen für die Dauer der Laufzeit der Anleihe. Bei Verkauf vor Fälligkeit können Sie, wenn die Zinsen zwischenzeitlich gesunken sind, zudem Kursgewinne realisieren. Bei Floatern sind demgegenüber Kursgewinne aufgrund der laufenden Anpassung der Verzinsung ausgeschlossen. Fallende Zinsen führen außerdem zu niedrigeren Zinsgutschriften.

### Käufe von Titeln mit Floor oder Cap?

Entscheidend für die Auswahl von Floatern mit und ohne Zinsbegrenzung ist wiederum die **individuelle Zinserwartung.** So können Sie einen Cap getrost in Kauf nehmen, wenn Sie der Auffassung sind, dass die Zinsen diese Obergrenze ohnehin nicht erreichen werden. Umgekehrt ist die Vereinbarung einer Mindestverzinsung überflüssig, wenn Sie ohnehin nicht an das Unterschreiten der Untergrenze aufgrund fallender Zinsen am Geldmarkt glauben.

## 11.3.2 Floater im Vergleich zu anderen kurzfristigen Anlageformen

Da sich die Verzinsung der Floater an Geldmarktsätzen orientiert, sind sie weniger eine Anlagealternative zu Anleihen, sondern vielmehr eine **Alternative zu kurzfristigen Geldanlageformen,** wie z.B. Tagesgeld oder Festgeld.

### Floater oder Festgeld?

Ein Floater mit einem geringen Kursrisiko, dessen Nominalzins viermal im Jahr angepasst wird, ist vergleichbar mit einer dreimonatigen Festgeldanlage.

! Beachten Sie die Nebenkosten: Beim Kauf und Verkauf von Floatern fallen Spesen (Bankprovision und Maklergebühr) und eventuell noch Depotgebühren an. Für relativ kurze Halteperioden etwa bis zu einem Jahr und insbesondere bei kleinen Anlagebeträgen ist die Festgeldanlage deshalb oft die günstigere Alternative.

## Floater oder Tagesgeld?

Die Verzinsung von Tagesgeldkonten orientiert sich an der Entwicklung des Geldmarktes. Ob der Kauf eines Floaters lohnender ist als die Einlage auf einem Tagesgeldkonto, richtet sich in erster Linie nach den gebotenen Zinsen. Hier kommen Sie um die Mühe eines Zinsvergleichs nicht herum.

! Um neue Kunden zu gewinnen, verzinsen einzelne Institute zeitweise Tagesgeldkonten höher, als es dem aktuellen Geldmarktniveau entspricht. Hier hat ein Floater keine Chance.

Daneben kann im Einzelfall die Entscheidung für oder gegen ein Tagesgeldkonto noch von verschiedenen anderen Faktoren abhängen:

- Bei Tagesgeldkonten können z.B. **jederzeit Ein- und Auszahlungen** vorgenommen werden und
- es fallen **keinerlei Kontoführungsgebühren** an.

Bei Floatern hingegen werden für Kauf und Verkauf Bankgebühren in Rechnung gestellt, weshalb kurzfristige Käufe und Verkäufe nicht sinnvoll sind.

! Kalkulieren Sie deshalb bei Floatern mit einer Mindesthaltedauer von mindestens ein bis zwei Jahren.

# 12 Die Anlage in Gold und Silber: Schutz vor Inflation und Währungskrisen

## 12.1 Gold bietet Sicherheit: Misstrauenserklärung gegenüber Politik und Notenbanken

Es ist die Geschichte von **Schuldenkrise und Zukunftsängsten,** von einem Massenphänomen und einen Mythos. Wo immer derzeit an den Finanzmärkten über die Entwicklung der kommenden Jahre diskutiert wird, stets fällt der Name eines Investments, das vielen Anlegern als Inbegriff für Sicherheit und Werterhalt gilt: Die Rede ist von Gold. Das gelbe Edelmetall ist das einzige staatenunabhängige Zahlungsmittel, das bisher noch jede Krise und jeden Staatsbankrott überlebt hat. Bis vor wenigen Jahren konnten sich viele Anleger solche Horrorszenarien allenfalls in den Schwellenländern vorstellen. Doch inzwischen hat sich die Gefahr in die westlichen Industriestaaten verlagert.

Die **Verschuldung der westlichen Industriestaaten** steigt immer weiter an. Viele Notenbanken fluten die Finanzmärkte mit neuem Geld, damit nicht das gesamte Wirtschafts- und Finanzsystem kollabiert. Der Bankrott einer großen Volkswirtschaft würde Banken und Börsen in den Abgrund ziehen.

Wer anders als der ehemalige US-Notenbank-Chef Alan Greenspan hätte es besser formulieren können, warum Gold Geld ist. »**Gold ist die letztgültige Form des Zahlungssystems in der Welt.** Fiat-Geld wird, wenn es zum Extremfall kommt, von niemandem akzeptiert.« **Fiat-Geld** klingt so harmlos, bedeutet jedoch, dass eine Regierung und ihre Notenbanker einfach Geld drucken oder sogar nur elektronisch erzeugen, dem keine Werte gegenüberstehen – oder zu wenig. Das lateinische Wort »fiat« heißt nichts anderes als »es werde«. Regierungen und die von ihnen meist abhängigen Notenbanken erschaffen aus dem Nichts Gelder, die durch kein Vermögen, sondern nur durch Versprechungen abgedeckt sind – dem Versprechen der Regierung, die ausgegebenen Staatsanleihen irgendwann in voller Höhe zurückzuzahlen. Mit dem Rückzahlen freilich dürfte es schwierig werden angesichts steigender Ausgaben und schrumpfender Einnahmen. Auf Dauer kann das nur funktionieren, wenn der Finanzminister seine Gläubiger mit entwertetem Geld abspeist.

Deshalb steigen angesichts der expansiven Geldpolitik die **Inflationsängste**. Nimmt die Menge an Geld deutlich schneller zu, als neue Güter und Dienstleistungen produziert werden, droht eine hohe Inflation. Käme es dazu, würden die Menschen im Supermarkt für das gleiche Geld bedeutend weniger bekommen als heute. Diesem Kaufkraftverlust des Geldes folgt häufig ein Vertrauensverlust.

Viele Deutschen befürchten zudem eine **Währungsreform.** Dabei spielt es keine Rolle, ob es künftig einen neuen Euro oder wieder die alte Deutsche Mark gibt. Die Mehrheit bangt schlichtweg um ihr Erspartes. Es verwundert daher nicht, dass der Schutz vor Inflation und die Suche nach einer wertstabilen Geldanlage immer wieder als die wichtigsten Gründe genannt werden, in Gold zu investieren.

Inflation führt aber nicht nur dazu, dass das Vertrauen in Papiergeld schwindet. Zusammen mit niedrigeren (nominalen) Zinsen verlieren Anleger unter dem Strich sogar: Nach Abzug der Inflationsrate und Steuern auf Kapitalerträge wird das Ersparte immer weniger wert. Gerade in Zeiten **negativer realer Zinsen** ist daher der Besitz von Gold besonders attraktiv. Zwar wird als Schwäche von Geld immer wieder die fehlende laufende Verzinsung genannt. Wenn jedoch nach Abzug von Inflation und Steuern das Ersparte immer weniger Wert ist, setzen Anleger lieber auf Gold, um der stillen Enteignung zu entgehen.

Je schneller die Notenbanken ihre **Druckerpressen** laufen lassen, desto verzweifelter suchen Anleger nach einem Weg, ihr Vermögen zu retten. Hier verspricht Gold Schutz. Entsprechend wächst die Bedeutung dieser Käufergruppe: Mittlerweile landen vier von zehn Goldbarren in den Tresoren der Anleger. Die Schmuckindustrie macht inzwischen nur noch 60 % der Gesamtnachfrage aus. Vor 10 Jahren waren es noch 90 %. Die Struktur des Goldmarktes hat sich so in nur 10 Jahren komplett gewandelt.

Den **Schwellenländern** kommt dabei eine entscheidende Rolle zu: China und Indien sind wichtige Abnehmer. Etwa jeder zweite Barren und jede zweite Münze werden von Kunden in diesen Ländern gekauft – und die Bedeutung dürfte noch wachsen. China tritt zunehmend als Käufer in Erscheinung. Das erklärte Ziel der Verantwortlichen in Peking ist es, die Devisenreserven in Höhe von mehreren Billionen US-Dollar stärker zu diversifizieren.

Die Deutschen besitzen rund 8.900 Tonnen Gold. Mit **steigendem Einkommen und Vermögen** steigt das Interesse am Gold. Bei niedrigem Nettoeinkommen von weniger als 1.000,– € monatlich stammt ein Viertel des Anlagegoldes aus eigenen Käufen. Die Quote steigt mit zunehmendem Einkommen und erreicht bei über 4.000,– € knapp drei Viertel. Weniger wohlhabende Haushalte dagegen haben den Großteil ihres Metallbesitzes geerbt oder geschenkt bekommen.

Auch wenn der Blick auf die starken Kursschwankungen beim gelben Edelmetall etwas anderes vermuten lässt: Der **Goldpreis schwankt weniger stark als viele andere Anlageklassen.** Außerdem zeigt Gold langfristig kaum einen Gleichlauf mit Aktien, Währungen oder Anleihen. Es entwickelt sich also relativ losgelöst vom Auf und Ab am Kapitalmarkt. So ergab eine Studie des World Gold Council, dass ein Depot mit einem Goldanteil zwischen 3,3 % und 7,5 % langfristig mehr Rendite abwirft als ein Depot ohne Gold – gerade in schlechten Börsenzeiten.

Über die Frage, wie hoch genau der **Goldanteil in den Portfolios der Privatanleger** ausfallen soll, gehen die Meinungen unter den Experten teilweise weit auseinander. Zwischen 5 % und 25 % Goldanteil, fällt meist die Antwort aus. Wobei die 5 % in den heutigen unsicheren Zeiten sicherlich zu gering sind und 25 % wahrscheinlich zu hoch. Denn schmerzhafte Kursrückschläge beim Goldpreis sind jederzeit möglich.

Klar ist auch: Gold sollte **kein Spekulationsobjekt** sein mit dem Ziel, eine möglichst hohe Rendite zu vereinnahmen. Eine Investition zum jetzigen Zeitpunkt in das gelbe Edelmetall dient als **Versicherung gegen die Risiken von Geldentwertung (Inflation) und Euro-Crash.** Wer die Langfristigkeit der Versicherung verwechselt mit der Kurzfristigkeit einer Spekulation, wird mit Gold nicht glücklich werden. Wer es zudem versäumt, die Währungsrisiken in den Griff zu bekommen – denn Gold wird auch für den Europäer in US-Dollar gehandelt –, der kann trotz steigendem Goldpreis sogar Verluste mit seinem Investment erzielen.

! Betrachten Sie Gold genauso rational wie andere Anlageformen und lassen Sie sich nicht von Emotionen wie Angst oder Gier leiten. Gold ist ein Anlagemedium wie jedes andere auch. Zu Zeiten von Finanzkrisen als Versicherung gegen Geldentwertung und fallende Vermögenspreise ist es jedoch besonders attraktiv. Das bedeutet aber nicht, dass der Goldpreis nicht zeitweise auch fallen kann. Bei Gold mischen Spekulanten mit, gibt es Überhitzungen und heftige Preiskorrekturen. Neben Wertpapieren und Immobilien sollte in normalen Zeiten ein diversifiziertes Vermögen unter dem Gesichtspunkt der Risikostreuung 5 % bis maximal 10 % Goldanteil enthalten. In turbulenten Zeiten ist ein erhöhter Goldanteil von 10 % bis 25 % durchaus vertretbar.

## 12.2 Mythos Gold: Geschichte, Goldvorräte und Förderung

Der **Mythos Gold** begann vermutlich bereits, als vor rund 6.000 Jahren in Südosteuropa die ersten Gegenstände aus Gold gefertigt wurden. Welch wichtige Rolle das seltene, rötlich-gelbe Metall schon in der Bronzezeit spielte, beweist die 1999 in Sachsen-Anhalt gefundene »Himmelsscheibe von Nebra«. Die Darstellungen auf der fast 4.000 Jahre alten Bronzeplatte überraschten nicht nur wegen der offenkundig astronomischen Kenntnisse, die die Menschen der Bronzezeit bereits besaßen, sondern auch durch die Feinheit der sie schmückenden Goldplättchen.

Bereits 3000 v.Chr. verehrten die Ägypter das vergleichsweise weiche Material als den »dehnbaren Stein«, den sie aus Minen in Nubien (dem heutigen Sudan) und Oberägypten holten. Goldbesitz war allein den Priestern und Pharaonen vorbehalten. Weil das Material so wertvoll war und ihm auch Umwelteinflüsse über Jahrtausende nichts anhaben konnten, ließen sich die Pharaonen die edelsten Goldarbeiten mit in die Pyramiden geben. So war für ein Weiterleben nach dem Tod in einem angemessenen Ambiente gesorgt.

Das begehrte Edelmetall war immer wieder **Grund für Kriege, Plünderungen und Eroberungszüge.** Die ersten Goldfunde in Mittel- und Südamerika lockten nach den Fahrten von Christoph Kolumbus europäische und insbesondere spanische Eroberer an. Hochkulturen wurden ausgelöscht und das Gold in Galeonen nach Europa geschafft. Spanien wurde so vorübergehend zur reichsten Nation Europas.

Noch bis zum ersten Weltkrieg waren viele Währungen fest an das Gold gebunden, Banknoten und Münzen konnten jederzeit in Gold umgetauscht werden. Mitte der 1940er- bis Anfang der 1970er-Jahre beruhte das internationale Finanzsystem auf der Leitwährung US-Dollar, die in Gold konvertierbar war. Einen weiteren Höhenflug erlebte der Goldpreis Anfang der 1980er-Jahre. **Ölpreisschocks und hohe Inflationsraten** trieben den Kurs der Feinunze auf über USD 800,–. Danach ging es jedoch stetig bergab – bis zum April 2001 auf Kurse unter USD 260,– pro Feinunze Gold. Inzwischen erstrahlt das gelbe Edelmetall längst wieder in neuem Glanz.

## Förderung und Goldvorräte

Lange bevor unser Sonnensystem entstand – bei der Explosion eines supermassiven Sterns –, entstand alles Gold, das wir heute auf der Erde haben. Und es vergeht auch nicht. Das Edelmetall ist zu 100 % recycelbar. Seit Menschen, vermutlich in der Kupferzeit, mit dem Fördern von Gold begannen, brachen Arbeiter 195.000 Tonnen des Edelmetalls aus Stein, siebten und wuschen es, zwei Drittel davon allein in der Zeit nach 1950. Auf einen Haufen gepackt, käme ein Würfel heraus, dessen Kanten rund 21,7 Meter lang sind. Jährlich kommen durch die Minenproduktion weltweit rund 3.500 Tonnen dazu. China ist heute der größte Goldproduzent, vor Australien und Russland.

Mit weiteren nennenswerten **Förderzuwächsen wird nicht gerechnet.** Es wird immer teurer, der Erde das Gold abzuringen. Denn die leicht erreichbaren Lagerstätten mit hohen Goldkonzentrationen im Erz sind weitgehend erschöpft. Der Bau neuer Minen verschlingt viel Geld. Bis der erste Cent verdient wird, vergehen viele Jahre. Das lässt die Bergbaukonzerne zögern. Massive Finanzierungsprobleme, hohe Förderabgaben, scharfe Umweltvorschriften, drastische Währungsveränderungen sowie kräftig schwankende Energie- und Stahlpreise machen das Investitionsrisiko schwer kalkulierbar.

## 12.3 Klassische Goldanlagen: Der physische Goldbesitz als beliebte Krisenwährung

Gold im Tresor – seit Jahrhunderten beruhigt diese Vorsichtsmaßnahme zuverlässig die Nerven ängstlicher Zeitgenossen. Und angesichts optimistischer Kursprognosen ist es nicht verwunderlich, dass **beliebte Gold-Anlagemünzen** wie z.B. der amerikanische Gold Eagle, der kanadische Maple Leaf und der südafrikanische Krügerrand ganz oben auf der Kaufliste vieler Anleger stehen.

### 12.3.1 Die physische Anlage in Goldbarren

Für Einsteiger in die physische Goldanlage ist der **Goldbarren** gegenüber den Goldmünzen das einfachere Produkt. Denn sie brauchen kein Spezialwissen über Münzen, deren Eigenschaften, Herkunft und Verbreitung. Beim Kauf eines Barrens müssen sie lediglich auf den richtigen Feingoldgehalt, den Hersteller, das Gewicht und den Preis achten.

Goldbarren sind in Relation zum Goldwert preiswerter als Münzen (das liegt vor allem an den Prägekosten), jedoch schwerer verwertbar. Auch bei Goldbarren wächst mit zunehmend kleinerer Stückelung das **Aufgeld.** Bei der kleinsten Stückelung erhalten Sie am wenigsten Gold für Ihr Geld. Bei den Goldbarren variieren die Größen vom 12,5-kg-Goldbarren bis hinunter zum 1-Gramm-Goldbarren. Der Kauf und Verkauf von Goldbarren ist in Deutschland **mehrwertsteuerfrei.**

**!** Wegen des hohen Aufgeldes macht der Kauf von Gold unter 100 Gramm wenig Sinn. Wenn Ihre finanziellen Verhältnisse es zulassen, dann sollten Sie beim Kauf von Goldbarren unter Anlagegesichtspunkten den 500-Gramm- oder sogar den 1-Kilo-Goldbarren bevorzugen.

Größere Bestände an Goldbarren gehören aus **Sicherheitsgründen** in ein **Bankschließfach** oder sollten zu Hause in einem Tresor aufbewahrt werden. Bedenken Sie jedoch, dass bei der Aufbewahrung im hauseigenen Tresor Ihre **Hausratversicherung** besondere Anforderungen an Art und Bauweise des Tresors stellt, damit im Falle eines Diebstahls auch Ersatz geleistet wird.

Auf den Goldbarren müssen der **Feingehalt,** die **Marke des Herstellers** und die **Barrennummer** eingestanzt sein. Bei Goldbarren muss der Feingehalt mindestens die Zahl 995 erreichen. Diese Kennzahl informiert über die Goldqualität und gibt den Anteil reinen Goldes am Gesamtgewicht an. Die höchste Feinheitsstufe ist die Zahl 999,9. Das bedeutet, dass auf 1.000 Gewichtsanteile 999,9 Anteile reines Gold entfallen.

**!** Sie sollten nur Barren mit einem Feingehalt von 999,9 kaufen. Sonst haben Sie Schwierigkeiten, das Gold wieder zu verkaufen. Zwar nehmen einige Banken und Händler auch Barren mit einem anderen Reinheitsgrad zurück. Zurückgekauft werden diese jedoch nur mit einem Abschlag. Denn sie können nicht direkt weiterverkauft werden, sondern müssen vorher eingeschmolzen werden.

Die **Barrennummer** dient zur eindeutigen Identifikation der Barren und wird vom Hersteller in ein Verzeichnis eingetragen. Dieser Hersteller muss auf der **Londoner Liste der »Accepted Melter and Assayer«** (übersetzt: akzeptierte Schmelzer und Münzprüfer) stehen. Nur dann ist die weltweite Handelbarkeit garantiert.

**!** Eine Liste sämtlicher »Accepted Melter and Assayer« finden Sie im Internet unter der Adresse lbma.org.uk.

Aktuell gilt in Deutschland für den **anonymen Kauf von Gold** die Obergrenze von 1.999,99 €. Ab 2.000,– € sind Händler gemäß Geldwäschegesetz verpflichtet, die Identität des Käufers festzustellen. Wer mehr Gold bar kaufen will, der braucht also den Personalausweis oder Reisepass. Bis zum 31.12.2019 galt in Deutschland noch die alte Obergrenze von 9.999,99 €.

Ebenso wie Goldmünzen genießen Goldbarren **Vorteile bei der Abgeltungsteuer.**

**!** Goldbarren sind von der Abgeltungsteuer befreit. Gemäß § 23 Abs. 1 Nr. 2 ESTG 2009 ist Gold nach einer Haltedauer von einem Jahr steuerfrei wieder veräußerbar. Die Freigrenze für Veräußerungsgewinne aus spekulativem Goldhandel bei einer Haltedauer von unter einem Jahr beträgt 600,– €, d.h., Gewinne sind ab 600,01 € in vollem Umfang steuerpflichtig.

### 12.3.2 Der Besitz von Goldmünzen als »goldener Notgroschen«

Im Gegensatz zu Goldbarren in großen Stückelungen sind Goldmünzen klein, handlich und können leicht transportiert werden. Wer mit kleinen Beträgen an den Aufbau einer **goldenen Reserve für den Notfall** denkt, ist deshalb mit dem Kauf von Goldmünzen gut beraten. Im Notfall lassen sich diese schnell zu Bargeld machen bzw. sind gut im Tauschhandel einsetzbar. Doch auch hier müssen

Sie sich auf einige Besonderheiten einstellen, damit Sie beim späteren Verkauf keine bösen Überraschungen erleben.

Begehrt sind bei Käufern von Goldmünzen neben deutschen Goldmünzen aus Kaisers Zeiten oder anderen **Sammlerstücken** vor allem die sog. **Bullion Coins.** Dies sind international akzeptierte **Anlage-Goldmünzen** wie z.B. der südafrikanische Krügerrand, die kanadische Maple Leaf, der amerikanische Eagle, die Wiener Philharmoniker aus Österreich und der australische Nugget Kangaroo. In ihren Herkunftsländern gelten diese Münzen als gesetzliches Zahlungsmittel und ihre Preise orientieren sich – mit niedrigen Aufschlägen – an den Goldnotierungen.

Unter den Anlage-Goldmünzen besitzen der **südafrikanische Krügerrand** und die **kanadische Maple Leaf** die längste Tradition. Wegen seines weltweiten Bekanntheitsgrades wird vor allem der Krügerrand gerne gekauft. Ausgerechnet Paul Kruger prangt auf der beliebtesten Goldmünze der Welt. Der Nachfahre deutscher Einwanderer setzte als oberster Kriegsherr der Burenrepublik Transvaal 1881 die Unabhängigkeit gegen die Briten durch. Doch als dann in diesem Teil Südafrikas riesige Goldvorkommen entdeckt wurden, nahmen die einstigen Besatzer den Kampf prompt wieder auf. Transvaal musste aufgeben, Kruger verstarb verbittert im Exil.

Die ersten Exemplare kamen 1967 auf den Markt. Da bei einem Krügerrand zusätzlich zur Unze Feingold noch Kupfer beigemischt ist, wiegt ein Krügerrand etwas mehr – nämlich 33,93 g.

Das **Gewicht einer Feinunze Gold** beträgt übrigens exakt **31,1034768 g.** Diese Unze entspricht der sog. Apotheker-Unze, einem Maß für Medikamente und Chemikalien. Die Gewichtsangabe bezieht sich aber nur auf den Edelmetallanteil. Das Gewicht eventueller Verunreinigungen wird vom Gesamtgewicht abgezogen. Die Angaben der Gold- (und auch der Silber-)Preise erfolgen regelmäßig in US-Dollar pro Feinunze.

Ein Krügerrand ist etwas weniger wert als eine Feinunze Gold, da er als Massenware gilt und zur Herauslösung des Feingolds die Münze aufwendig eingeschmolzen werden müsste. Nach dem Weltmarktführer Krügerrand ist der kanadische Maple Leaf die Nummer zwei.

Die **Preise der Münzen schwanken täglich;** sie sind vom jeweiligen

- Edelmetalltagespreis und
- der Handelsspanne des Verkäufers abhängig.

Gold-Anlagemünzen können Sie in verschiedenen Stückelungen, z.B. als 1-Unzen-Münze, als 1 / 2-, 1 / 4- oder 1 / 10-Unzen-Münze, erwerben. Kaufen und verkaufen können Sie die Anlage-Goldmünzen bei **Banken und speziellen Goldhändlern.**

Nachfolgend die **wichtigsten Gold-Anlagemünzen** im Überblick:

- **Krügerrand** Südafrika, seit 1967. Diese war die erste Anlagemünze in Gold und dominiert bis heute den Weltmarkt.
- **Maple Leaf** Kanada, seit 1979. Auf der Münze ist das kanadische Ahornblatt (»Maple Leaf«) zu sehen.
- **Nugget Kangaroo** Australien, seit 1987. Das Motiv wechselt jährlich, aber es ist immer ein Känguru zu sehen.
- **American Eagle** USA, seit 1986. Abgebildet sind die Freiheitsstatue und ein Seeadler über seinem Horst.
- **Wiener Philharmoniker** Österreich, seit 1989. Zu sehen sind Instrumente der Philharmoniker sowie eine Orgel.
- **Britannia** Großbritannien, seit 1987. In den ersten Prägejahren war sie aus Rotgold, später aus Gelbgold.

Beim Kauf der Münzen verlangen die Banken einen **Aufschlag auf den inneren Metallwert.** Mit dieser Verkaufsgebühr finanzieren sie die für das Goldgeschäft anfallenden Bevorratungs- und Prüfkosten und ihre Gewinnspanne.

Für die **Höhe des Aufschlags** auf den inneren Metallwert gilt: Je kleiner die Stückelung (z.B. 1 / 10 Unze) ausfällt, desto höher sind die Gebühren. Bei einer 1 / 10-Unzen-Münze müssen Sie bereits mit einem Gebührenanteil von rund 22 % am Endverkaufspreis rechnen. Deshalb sollten Sie bei der Goldanlage 1-Unzen-Münzen bevorzugen.

**!** Früher waren Sie beim Kauf von Gold-Anlagemünzen mehr oder weniger auf das Angebot Ihrer Hausbank angewiesen. Inzwischen gibt es im Internet spezialisierte Goldhändler wie beispielsweise ProAurum (proaurum.de). Vor dem Münzenkauf sollten Sie unbedingt mehrere Angebote einholen und vergleichen. Preisunterschiede von bis zu 20 % sind keine Seltenheit. Einen sehr guten Marktüberblick mit Preisvergleich liefert Ihnen im Internet die Seite bullion-investor.com. Auf keinen Fall sollten Sie Münzen (oder Barren) über E-Bay kaufen. Hier werden oft Fantasiepreise verlangt.

## Steuervorteile bei Goldmünzen

In Deutschland ist der Kauf und Verkauf von Anlage-Goldmünzen **mehrwertsteuerfrei.** Diese Umsatzsteuerfreiheit gilt jedoch nur für Anlage-Goldmünzen, wenn sie im Ausgabeland als gesetzliches Zahlungsmittel gelten.

**!** Eine Liste über die im Ausgabeland als gesetzliches Zahlungsmittel zugelassenen Anlage-Goldmünzen finden Sie im Internet auf den Seiten des Verbandes der Deutschen Münzhändler unter vddm.de.

Neben der Umsatzsteuerfreiheit genießen die Besitzer von Goldmünzen und -barren einen weiteren Steuervorteil.

**!** Goldmünzen und Goldbarren sind von der Abgeltungsteuer befreit. Gemäß § 23 Abs. 1 Nr. 2 ESTG 2009 ist Gold nach einer Haltedauer von einem Jahr steuerfrei wieder veräußerbar. Die Freigrenze für Veräußerungsgewinne aus spekulativem Goldhandel bei einer Haltedauer von unter einem Jahr beträgt 600,– €, d.h., Gewinne sind ab 600,01 € in vollem Umfang steuerpflichtig.

## Sammlermünzen und Medaillen

Von den Anlage-Goldmünzen zu unterscheiden sind die historischen Gold-**Sammlermünzen.** Hier richten sich die Preise in erster Linie nach dem Liebhaberwert, der oft erheblich über dem Goldwert liegt. Je seltener eine Münze, desto höher ist ihr Wert. Vorausgesetzt, es gibt Sammler, die bereit sind, für ihre Liebhaberei so viel zu bezahlen. Ohne spezielle Marktkenntnisse werden hier schnell kostspielige Fehler gemacht. Ein weiteres Manko: Im Gegensatz zum Kauf von Gold-Anlagemünzen fällt beim Erwerb von Sammlermünzen weiterhin die Mehrwertsteuer an.

Beim Verkauf kommt es darauf an, wieder einen Sammler oder Münzhändler zu finden, der die Sammlermünzen ankauft. Die »**Fungibilität**«, also die Veräußerlichkeit von Sammlermünzen, ist also sehr eingeschränkt und nur bei teuren Spitzenstücken sichergestellt. In jedem Fall ist die Differenz zwischen An- und Verkaufspreis allein schon wegen des Mehrwertsteuerverlusts beim Verkauf viel höher als bei Bullion Coins und macht schnelle Gewinne deshalb unmöglich.

**!** Gänzlich ungeeignet zur Anlage sind die vielen Medaillen, die von Prägeanstalten und Münzhändlern angesichts bestimmter historischer Ereignisse in großen Stückzahlen unters Volk gebracht werden und grundsätzlich nicht als gesetzliches Zahlungsmittel zugelassen sind. Beim Wiederverkauf dieser Medaillen erzielen Sie wegen des geringen Goldwerts allenfalls einen Bruchteil Ihres ursprünglichen Kaufpreises; meist ist gar kein Verkauf möglich. Der einzige Weg, um Medaillen zu Geld zu machen, führt dann über eine Goldscheideanstalt.

### 12.3.3 Goldschmuck ist nur zum Tragen und Vorzeigen geeignet

Investitionen in **Goldschmuck** sind **zur Kapitalanlage ungeeignet.** Denn nur im eingeschmolzenen Zustand lässt sich bei Goldschmuck der tatsächliche Metallwert erzielen. Der Kaufpreis von Schmuck liegt meist weit über dem tatsächlichen Goldwert, weil der Käufer auch die Kosten für das Design und die Handarbeit des Goldschmieds bezahlen muss.

Bei den großen **Schmuckauktionen** ist zusätzlich noch für den Schmuckwert entscheidend, aus welcher Zeit das Stück stammt und inwieweit das Schmuckdesign dem aktuellen Geschmack entspricht. So sind z.B. Schmuckstücke von bekannten Juwelieren oder aus begehrten Epochen (z.B. Jugendstil) später wieder leichter zu veräußern. Bei Goldschmuck ist die Fälschungsgefahr wesentlich höher als bei Goldmünzen oder Goldbarren. Sinn und Zweck von Goldschmuck ist es daher in erster Linie, getragen zu werden und sich an seinem Anblick zu erfreuen. Für Anlagezwecke in Gold gibt es genügend andere, bessere Alternativen.

### 12.3.4 Sichere Aufbewahrung im Tresor oder Schließfach ratsam

Wer seine Münzen oder Barren (z.B. aus Gold, Silber, Platin oder Palladium) oder wichtige Dokumente und Papiere sicher aufbewahren möchte, benutzt dafür am besten **Schließfächer bei Banken** oder einen **eigenen Tresor** zu Hause. Bei der Auswahl des Aufbewahrungsortes sollten Sie im Voraus planen, wie hoch der Wert der zu verwahrenden (und zu versichernden) Gegenstände wahrscheinlich sein wird.

Das Verhältnis zwischen dem Wert der Gegenstände und dem Anschaffungspreis z.B. eines Tresors sollte in einem vernünftigen Verhältnis zueinander stehen. Besonders für Tresore wird empfohlen, beim Kauf auf eine gewisse Qualität zu achten. Preiswerte Behälter können unter Umständen relativ leicht weggetragen oder geöffnet werden. Es gibt eine Vielzahl verschiedener Tresore und Safes, die unterschiedliche Anforderungen erfüllen und für spezielle Zwecke geeignet sind. So gibt es Waffenschränke, Möbeltresore, Datensafes, Tresore, die im Mauerwerk verankert werden können, komplette Tresortüren und kleinere Geldkassetten für Schmuck, Bargeld usw.

**!** Für die passende und individuelle Auswahl eines Tresors ist eine Beratung beim Fachhändler unerlässlich. Wichtig ist es z.B. zu wissen, welcher Höchstwert versichert werden kann und welche Normen hinsichtlich Brandschutz, Gewicht und Qualität beachtet werden müssen. Fachhändler verfügen hier über die erforderliche Berufserfahrung und können für individuelle Ansprüche das passende Produkt empfehlen und bei der Lieferung usw. behilflich sein.

Wer keinen unmittelbaren und zeitnahen Zugriff auf seine Dokumente oder Edelmetalle benötigt, greift häufig auf ein **Bankschließfach** zurück. Die Preise für ein Bankschließfach variieren von Bank zu Bank teilweise deutlich und werden wesentlich von der Größe des Schließfachs bestimmt. So gibt es kleinere Fächer, die bereits für Jahresbeträge von 40,– € bis 50,– € (zahlbar häufig im Voraus) gemietet werden können. Für größere Fächer kann allerdings die Gebühr auch einige Hundert Euro betragen. Ein wichtiges Kriterium ist auch hier wieder die versicherte Deckungssumme.

**!** Beim Mieten eines Bankschließfaches sollten Sie sich über die Höhe des Versicherungsschutzes informieren. Der Mietvertrag zwischen Geldinstitut und Kunde sieht vor, dass nur der Kunde weiß, was sich in seinem Schließfach befindet. Daher ist der Schließfachmieter auch selbst dafür verantwortlich, für einen ausreichenden Versicherungsschutz zu sorgen. Die Höhe der Versicherungssumme sollte den Wertgegenständen in Ihrem Schließfach regelmäßig angepasst werden.

Weiterhin ist es empfehlenswert, den Inhalt zu dokumentieren und evtl. Kopien von Rechnungen etc. in doppelter Ausführung aufzubewahren. Fotos der Gegenstände sind auch nicht verkehrt.

! Vermeiden Sie bei Ihrem »Goldschatz« unbedingt Beschädigungen wie z.B. Kratzer. Denn diese können beim Verkauf zu hohen Preisabschlägen führen. Banken und Goldhändler nehmen Münzen unter Umständen nur zum Schmelzpreis zurück, was für Sie deutliche Einbußen pro Unze Gold bedeutet. Wenn eine Beschädigung trotz aller Vorsicht eingetreten ist, sollten Sie Ihre Münze nicht einer Bank zum Ankauf anbieten, sondern einem Juwelier/Goldschmied oder – noch besser – einer Metallscheideanstalt, z.B. der Allgemeinen Gold- und Silberscheideanstalt AG in Pforzheim. Wer eine Bank oder Sparkasse für die Rückgabe wählt, sollte mehrere Angebote einholen, da die Institute die Beschädigungen äußerst unterschiedlich bewerten.

## 12.4 Exchange Traded Funds und Exchange Traded Commodities: Diese Papiere sind Gold wert

Heimtresor, Bankschließfach, vergrabene Kassette im Garten: Wem diese Varianten der Unterbringung von Goldmünzen und -barren zu nervenaufreibend, unsicher oder teuer sind, der greift besser zu mit Gold hinterlegten Exchange Traded Commodities (ETCs), die eigentlich Zertifikate mit den bekannten Emittentenrisiken sind, oder zu **Exchange Traded Funds** (ETFs). Dies sind an der Börse notierte Fonds, die einen Index, etwa den DAX, abbilden. Die Anteile werden wie eine Aktie fortlaufend den ganzen Tag über gehandelt.

Die Idee dahinter: Mit einem ETF werden die Vorzüge von Indexfonds **(breite Streuung)** und Aktien **(niedrige Gebühren)** miteinander kombiniert. Schon mit einer einzigen Transaktion kann ein breit gestreuter Korb von Wertpapieren gekauft und damit ein bestimmter Index präzise abgebildet werden. Dies können z.B. Aktienindizes oder auch Rohstoffindizes sein. Es gibt auch mit Gold und

Silber gedeckte ETFs. Hierbei müssen die ETFs ihre Investoreneinlagen durch den Kauf von physischem Silber oder Gold abdecken.

Rechtlich gesehen ist ein ETF ähnlich wie ein normaler Investmentfonds ein **Sondervermögen.** Dieses Sondervermögen wird strikt getrennt vom Betriebsvermögen der Investmentgesellschaft verwaltet. Im Fall einer Insolvenz ist das Sondervermögen so vor dem Zugriff der Gläubiger geschützt. Das Kapital der Anleger genießt so die gleiche Sicherheit wie bei einem Investment in einen herkömmlichen Investmentfonds.

Zu unterscheiden von den ETFs sind die sog. **Exchange Traded Commodities** (ETCs). ETCs sind unbefristete, besicherte Schuldverschreibungen des jeweiligen Emittenten und kein Sondervermögen in Form einer Fondsstruktur wie bei ETFs. Ihr Nachteil gegenüber den ETFs: das Risiko, dass der Emittent von ETCs insolvent wird und das Geld im schlimmsten Fall verloren ist. Eine erhöhte Sicherheit ergibt sich jedoch dadurch, dass bei ETCs auf Gold und Silber eine physische Ware hinterlegt ist – Gold- oder Silberbarren etwa, die Sie sich teilweise auch liefern lassen können. Dadurch wird das Emittentenrisiko zumindest vermindert. Wie die ETFs, so werden auch die ETCs täglich an der Börse gehandelt.

In Deutschland sind jedoch keine ETFs auf reines Gold zugelassen, die als Sondervermögen vor der Insolvenz des Anbieters geschützt sind. Anleger müssen auf ETCs ausweichen wie z.B. dem **Xetra-Gold** oder **EUWAX Gold.**

### 12.4.1 Xetra-Gold: Bequeme Alternative zum physischen Goldbesitz

Der ETC mit der Bezeichnung **Xetra-Gold** (WKN: A0S9GB) ist eine von der Deutsche Börse Commodities GmbH emittierte, auf Goldbestände lautende nennwertlose Anleihe. Bei der Anleihe handelt es sich um ein börsengehandeltes Wertpapier in Form einer Inhaberschuldverschreibung, das einen **Anspruch auf die Lieferung von**

**Gold** verbrieft. Jede einzelne Xetra-Gold-Teilschuldverschreibung räumt Investoren das Recht ein, von dem Emittent die Lieferung von einem Gramm Gold zu verlangen.

Dazu unterhält der Emittent eine entsprechende Menge **Gold in physischer Form** und in begrenztem Umfang in Form von Buchgoldansprüchen. Das heißt: Xetra-Gold ist jederzeit zu 100 % durch Gold gedeckt. Der weitaus größte Teil (95 %) des Goldes wird in physischer Form in den Tresoren der Clearstream – dem deutschen Zentralverwahrer für Wertpapiere – eingelagert. Zur Vereinfachung der Goldlieferungen dürfen die restlichen 5 % der Schuldverschreibungen durch Buchgoldansprüche gedeckt sein.

**Achtung:** Investoren erwerben weder ein Eigentums- noch ein Sicherungsrecht an dem zur Deckung hinterlegten physischen Goldbestand; sie erwerben nur die in der Schuldverschreibung verbrieften Ansprüche auf die Lieferung von Gold an ihre Hausbank. Es besteht also ein Verlustrisiko, und zwar dann, wenn der Emittent in Schwierigkeiten gerät. Wird der Emittent insolvent, könnte es mit der Lieferung von Gold an die Hausbank oder wahlweise von Barmitteln an den Anleger hapern.

Allerdings scheint eine solche Situation eher unwahrscheinlich. Das Unternehmen beschränkt sich darauf, die notwendigen Mengen Gold zu erwerben, zu verwahren und zu verwalten. Xetra-Gold ist die einzige Geschäftsaktivität. Auch verliehen wird das Gold nicht. Zusätzlich stehen hinter der Emittentin **sieben namhafte Gesellschafter.** Das sind zu gleichen Teilen die Deutsche Börse AG, die Commerzbank, die Deutsche Bank, das Bankhaus Metzler, die DZ Bank und die Schweizer Bank Vontobel. Mit einem geringeren Kapitalanteil ist darüber hinaus der Hanauer Goldverarbeiter Umicore mit im Boot, der auch die notwendigen Goldbarren liefert.

**!** Wer jedoch das geringe Restrisiko einer Insolvenz bei Xetra-Gold ausschließen will, muss sich wohl Goldbarren oder Goldmünzen in den Tresor legen. Bei deren Kauf fallen jedoch Aufschläge auf den tatsächlichen Goldpreis an. Zudem ist zu klären, wie sicher und zu welchen Kosten das Gold selbst verwahrt werden kann.

Xetra-Gold ist ähnlich **wie eine Aktie handelbar** und genauso leicht zu übertragen. Gehandelt wird Xetra-Gold auf der vollelektronischen Handelsplattform Xetra der Deutschen Börse AG. Die Preisfindung orientiert sich am aktuellen Goldpreis in US-Dollar und dem Wechselkurs zwischen US-Dollar und Euro. Pro Jahr werden Verwahrungskosten in Höhe von 0,3 % verrechnet. Der Spread ist vor allem im Vergleich mit dem Kauf und Verkauf von physischem Gold mit durchschnittlich 0,1 % recht günstig.

Der Preis eines Anteils bezieht sich auf ein Gramm Gold. Die Lieferung an die Hausbank ist allerdings **nur bei größeren Mengen sinnvoll.** Als Lieferstelle kommt wegen der Bestimmungen des Geldwäschegesetzes nur die Filiale einer Bank infrage. **Goldlieferungen an die Adresse des Investors** sind **nicht möglich!**

**!** Xetra-Gold weist ein Währungsrisiko auf. Denn der maßgebliche Goldhandel am Weltmarkt erfolgt in US-Dollar pro Feinunze. Nach diesem Wert richtet sich der mit dem EUR/USD-Wechselkurs umgerechnete Preis einer Xetra-Gold-Teilschuldverschreibung in Euro pro Gramm. Trotz eines steigenden Goldpreises in US-Dollar pro Feinunze könnte ein gegenüber dem Euro schwächelnder US-Dollar die Kursentwicklung von Xetra-Gold belasten.

Bei Xetra-Gold werden die **jährlichen Verwaltungsgebühren von 0,3 %** der jeweiligen Depotbank des privaten Anlegers in Rechnung gestellt. Die Jahresabrechnung für ein kostenpflichtiges Wertpapierdepot fällt so ein wenig höher aus als sonst. Hat der Anleger ein kostenloses Depot, schaut die Bank in die Röhre oder muss die Kosten auf andere Weise hereinholen.

**!** Wer Anteile an einem Gold-ETC kauft, sollte darauf achten, ob der Anbieter einen Auslieferungsanspruch für das gebunkerte Gold schon ab dem ersten Gramm verbrieft. Genau der macht nämlich in steuerlicher Hinsicht den Unterschied. Die meisten Gold-ETCs, etwa der populäre iShares Physical Gold, sind zwar mit physischem Gold besichert. Anleger können es sich aber nicht ausliefern lassen. Bei Xetra-Gold und einigen wenigen anderen Produkten, etwa EUWAX-Gold von der Börse Stuttgart, können Investoren dagegen verlangen, dass der Gegenwert ihres Investments in physischem Gold an ihre Hausbank geliefert wird. Ist das der Fall, sind Verkaufsgewinne nach Ablauf der Spekulationsfrist – anders als bei anderen Gold-ETCs – von der Abgeltungsteuer befreit. Das hat der Bundesfinanzhof im Jahr 2015 entschieden. Im Jahr 2018 ergänzten die Richter, dass die Auslieferung von Xetra-Gold-Anteilen in Form echten Goldes auch nicht der Einkommensteuer unterliegt.

### 12.4.2 Gold-ETC mit Währungsabsicherung von der Deutschen Bank

Der **db Physical Gold Euro Hedged ETC** (WKN: A1EK0G) bildet die Kursentwicklung des Gold-Kassapreises nach. Eine wichtige Komponente ist der **Währungssicherungsmechanismus**, der das EUR/USD-Wechselkursrisiko minimiert.

**!** Ein kleines Währungsrisiko bleibt jedoch. Die Deutsche Bank schließt die Sicherungsgeschäfte jeden Tag um 12 Uhr ab. Danach ist der Währungskurs bis zum nächsten Tag nicht mehr vor Verlusten geschützt.

Der Wert der db Physical PM ETC errechnet sich während der Laufzeit anhand des jeweils aktuellen Goldpreises und dem Metall-Lieferanspruch je ETC-Wertpapier. Die jährlichen Verwaltungskosten in Höhe von moderaten 0,29 % werden auf täglicher Basis vom Kurswert abgezogen.

### Klarer Sicherheitsvorteil des Gold-ETC gegenüber Gold-Zertifikaten

Zwar sind währungsgesicherte Investments in Gold bereits über entsprechende **Gold-Quanto-Zertifikate** möglich. Zertifikate unterliegen aber einem vollständigen Emittentenrisiko. Falls der Emittent Insolvenz anmelden muss, sind diese Zertifikate quasi wertlos. Der Edelmetall-ETC der Deutschen Bank hingegen ist besichert. Damit will die Deutsche Bank auch den Nachteil von ETCs als Schuldverschreibungen gegenüber Exchange Traded Funds (Sondervermögen) ausgleichen.

Eine **physische Auslieferung von Goldbarren** an die Anteilsbesitzer ist nicht vorgesehen.

## 12.4.3 Exchange Traded Fund auf den AMEX Gold BUGS-Index

Einer der bekanntesten Leitindizes für den Sektor der **Goldproduzenten** ist der **AMEX Gold BUGS-Index,** auch »HUI« genannt. Entscheidend ist der Zusatz »BUGS«. »BUGS« ist die Abkürzung für »Basket of Unhedged Gold Stocks«. In den Index werden nur Goldproduzenten aufgenommen, die ihre Goldproduktion nicht bzw. bis maximal 1,5 Jahre durch Vorwärtsverkäufe abgesichert haben – die also kein »Hedging« betreiben, d.h. Verkauf von zukünftigen Goldproduktionen zu einem vorher festgelegten Preis.

Mit dem Kauf des ETFs **Market Access AMEX Gold BUGS Index** (WKN: A0MMBG) setzen Sie direkt auf die Wertentwicklung dieses Indexes. Da die in dem Index enthaltenen Werte traditionell wenig bis gar keine Absicherungsgeschäfte gegen einen Verfall des Goldpreises tätigen, wirkt sich ein Anstieg der Goldnotierungen deutlich positiv auf die Gewinnsituation aus. Mit diesem ETF haben Sie so die Chance, überproportional von einem Goldpreisanstieg zu profitieren. Bei einem Verfall des Goldpreises drohen jedoch überproportionale Kursverluste. Die jährlichen Verwaltungsgebühren betragen 0,65 %.

**!** Die im Index enthaltenen Goldminenaktien werden an der Börse in US-Dollar notiert. Somit beteiligen Sie sich mit diesem ETF nicht nur an der Spekulation auf steigende Goldpreise. Das Anlageergebnis wird zusätzlich von der weiteren Entwicklung der US-Währung gegenüber dem Euro beeinflusst.

## 12.5 Goldminenaktien: Am besten auf die Papiere etablierter Goldförderer setzen

Im Vergleich zum Besitz von physischem Gold bieten normalerweise Anlagen in Goldminenaktien deutlich **höhere Gewinnchancen.** Denn Preisänderungen beim Gold wirken sich überproportional auf die Gewinne der Firmen aus. Zudem kann der Käufer von Goldminenaktien mit Dividendenzahlungen rechnen, während die direkte Goldanlage keinerlei Zinsen bringt.

### Verdienen mit Goldminen

Wesentliche **Einflüsse auf die Kurse der Goldminenaktien** besitzen die drei folgenden Faktoren:

- **Der Goldpreis** Die Kurse der Goldaktien schwanken stärker als der Goldpreis selbst. Teilweise besitzen Goldminenaktien sogar einen gewissen Hebel: Wenn z.B. der Goldpreis um 5 % steigt, verbucht so mancher Titel zweistellige Kurszuwächse. Bei Preisrückgängen wirkt der Mechanismus jedoch in die andere Kursrichtung. Deshalb ist die Geldanlage in Goldminenaktien nur für spekulative Anleger geeignet.
- **Die Förderkosten** Bei steigendem Goldpreis legt der Betriebsgewinn von Unternehmen, die Gold teuer abbauen, prozentual stärker zu als der von Konkurrenten, die zu vergleichsweise niedrigen Kosten das begehrte Edelmetall aus der Erde fördern. Die Höhe der Förderkosten ist somit mitverantwortlich für den Hebel der Goldminenaktien bei steigenden oder sinkenden Goldpreisen.

- **Das Hedging** Unter diesem Begriff werden die Absicherungsgeschäfte der Goldproduzenten zusammengefasst, d.h., in welchem Umfang das jeweilige Unternehmen seine zukünftige Fördermenge an Gold bereits am Terminmarkt verkauft hat. Bei derartigen Transaktionen verkaufen Minen einen Teil ihres noch im Boden befindlichen Goldes im Voraus, um sich Kapital zu beschaffen. Bei einem steigenden Goldpreis können die Minen jedoch unter Druck geraten. Denn sie müssen entweder den Kontrakt am Terminmarkt zu höheren Kosten zurückkaufen oder ihrer Verpflichtung zur Lieferung physischen Goldes nachkommen. Firmen, die ganz auf Absicherungsgeschäfte verzichten, erzielen bei steigenden Goldpreisen überproportionale Gewinne.

! Am sichersten fahren Anleger mit Aktien etablierter Förderer, die rasch ihre Produktion ausweiten können, über große Reserven verfügen, die Kosten im Griff haben und ihr Risiko über mehrere Länder streuen. Dazu gehören z.B. Barrick Gold (WKN: 870450) und Newmont Mining (WKN: 853823).

## Noch mehr Nervenkitzel mit Explorationswerten und Juniorminen

**Explorationswerte** sind Gesellschaften, die noch auf der Suche nach ertragreichen Goldfeldern sind. Top oder Flop: Mit jedem Bohrloch kann sich das Schicksal eines kleinen Explorationsunternehmens wenden. Viele dieser Goldsucher werden insolvent. Doch die wenigen Gesellschaften, die es schaffen, eine Erzader mit lukrativen Goldgehalten zu finden, entschädigen oft für Verluste mit den anderen Firmen.

Neben einem guten Management müssen die Goldsucher über genügend Kapital verfügen. Denn sie besitzen noch keine Umsätze und müssen ihre **Explorationskosten** decken. Risikobereiten Investoren winken hier Chancen auf hohe Gewinne – sofern sie die Stecknadel im Heuhaufen finden. Nur vier von 1.000 Explorationsprojekten kommen später einmal in Produktion.

**Juniorminen** dagegen sind Minengesellschaften, die nach Goldfunden ihre Produktion schon aufgenommen haben. Eine Schätzung über die Höhe der zukünftigen Erträge ist allerdings nur schwer möglich.

**!** In der Vergangenheit wurden viele Explorationsgesellschaften nur mit dem Zweck gegründet, den Anlegern mit Aussicht auf verheißungsvolle Goldfunde das Geld aus der Tasche zu ziehen. Eine wirkliche Suche nach Goldvorkommen war von den Initiatoren gar nicht beabsichtigt. Oder es wurden weitgehend wertlose Goldvorkommen als besonders ertragreich und werthaltig ausgegeben.

Aber selbst seriöse Explorationsgesellschaften stellen ihre Anleger auf eine harte Geduldsprobe. Vom ersten Goldfund bis zur Produktion vergehen im Schnitt acht bis zehn Jahre. Neue Projekte verzögern sich oft noch zusätzlich wegen langwieriger Zulassungsverfahren und scharfer Umweltauflagen.

## 12.6 Goldminenfonds: Die weltweit wichtigsten Goldminen gleich im Gesamtpaket kaufen

Jede Goldminen Gesellschaft besitzt ihre eigenen Chancen und Risiken. Manche Konzerne produzieren in exotischen Gefilden wie Papua-Neuguinea, Mali oder Laos. Andere glänzen mit höchster Rechtssicherheit aufgrund ihrer Minen in Kanada oder in minenfreundlichen US-Bundesstaaten wie Nevada. Investoren, die das Einzelaktienrisiko verkleinern wollen, überlassen daher die Auswahl Anlageprofis und stecken ihr Geld in **Goldminenfonds.**

Der Fondsmanager kann auf andere Titel ausweichen, wenn z.B. einzelne Goldproduzenten unter Währungsschwankungen oder steigenden Produktionskosten leiden. Wer das Risiko zusätzlich streuen will, investiert sein Kapital in mehrere Fonds. Nachfolgend einige Beispiele für in Deutschland gehandelte Goldminenfonds:

- **Blackrock Global Funds World Gold** (WKN: 974 119) Mit einem Fondsvolumen von über 4 Mrd. Euro ist dieser Fonds der Gesellschaft BlackRock weltweit die Nummer eins. Aufgrund seiner Größe kommen vor allem die führenden Konzerne der Goldbranche auf eine starke Gewichtung. Die jährlichen Gebühren von knapp über 2 % fallen happig aus.

- **DWS Invest Gold** (WKN: DWS0B1) Dieser Fonds der Deutsche-Bank-Tochter DWS verfolgt ebenfalls den Ansatz, auf die Branchenführer zu setzen. An jährlichen Gebühren fallen 1,75 % an.

- **Amundi Gold Stock** (WKN: 970962) Dieser Fonds von Pioneer ist mit 130 Mio. Euro Volumen deutlich kleiner als der Fonds von Blackrock. Im Vergleich zur Branchenkonkurrenz fallen die jährlichen Gebühren mit 1,50 % eher moderat aus.

! All diese Goldminenfonds werden börsentäglich gehandelt. Mit einem Kauf über die Börse können Sie sich den ansonsten anfallenden Ausgabeaufschlag in Höhe von 5 % je Fonds sparen. An Kosten für Ihren Kaufauftrag fallen die für Aktientransaktionen üblichen Spesen Ihrer Bank an. Hinzu kommt noch der Spread (Differenz zwischen An- und Verkaufskurs).

## 12.7 Tresorgold: Diese Anlagevariante in zentral gelagertes physisches Gold wird immer populärer

Diese Form der Goldanlage ist der breiten Öffentlichkeit bisher trotz ihrer positiven Eigenschaften kaum bekannt – vielleicht auch deshalb, weil sich mit dem Begriff »**Tresorgold**« gerade erst eine eigene Bezeichnung für diese Anlageform herauszubilden beginnt. Als Tresorgold wird **physisches Gold** bezeichnet, welches bei bestimmten Anbietern **in Hochsicherheitstresoren zentral verwahrt** wird. Im Unterschied zu Wertpapieren, deren Wertentwicklung vom Goldpreis abhängig ist, wird ein Käufer von Tresorgold im rechtlichen Sinne Eigentümer des Goldes. Der Anleger kauft und verkauft das

Gold wie ein Wertpapier und kann sich sein Gold – meist gegen zusätzliche Gebühren – auch ausliefern lassen. Aber auch in den zentralen Tresoren ist es eben tatsächlich (»physisch«) vorhanden, es handelt sich also nicht nur um ein Versprechen des Wertpapieremittenten.

In der Vergangenheit hatten in der Regel nur sehr vermögende Kunden von Privatbanken die Möglichkeit, in zentral gelagertes Anlagegold zu investieren. Häufig stand diese Anlageform nur Kunden mit einem Anlagevermögen in Millionenhöhe offen, zudem musste ein hoher Mindestbetrag investiert werden. Seit einigen Jahren gibt es jedoch verschiedene Anbieter, die Privatanlegern auch die Anlage geringer Summen in Tresorgold ermöglichen.

Zwei der führenden Anbieter von Tresorgold sind die Nichtbanken **BullionVault** und **GoldMoney.** Seit 2010 ist das World Gold Council, eine Organisation der Goldbranche, ein strategischer Investor von BullionVault.

Die Margen und Kommissionen bei Erwerb und Verkauf von Tresorgold liegen meist deutlich unter denen, die für den Kauf oder Verkauf von Goldbarren oder Goldmünzen anfallen. Aufgrund der zentralen Verwahrung in häufig großen Stückelungen fallen die Kosten für die versicherte Verwahrung ebenfalls günstig aus. Interessierte Anleger sollten bei der **Entscheidung für einen Anbieter von Tresorgold** insbesondere darauf achten, dass **folgende Kriterien** erfüllt sind:

- Das rechtliche Eigentum am Gold liegt beim Anleger.
- Die Verwahrung des Goldes erfolgt durch ein anerkanntes Sicherheitsunternehmen, welches vom Anbieter unabhängig ist.
- Die Goldbestände werden regelmäßig durch anerkannte Prüfungsgesellschaften geprüft und deren Ergebnisse veröffentlicht, oder aber der Anbieter unterliegt einer strengen gesetzlichen Regulierung und Aufsicht.

Daneben spielen natürlich die Kosten der einzelnen Angebote eine wichtige Rolle.

**!** Trustable Gold, das unabhängige Vergleichsportal für die Goldanlage, bietet im Internet unter trustablegold.de einen Vergleich von Angeboten von Tresorgold. Die Angebote werden anhand transparenter Kriterien bewertet. Zusätzlich können sich Anleger die Kosten der verschiedenen Angebote ausrechnen lassen, die bei ihrem individuellen Anlagebetrag anfallen würden, und die Angebote danach vergleichen.

## 12.8 Der Verkauf von Altgold: Wo und wie erhalte ich das meiste Geld für mein Altgold?

Für Besitzer von Altgold, wie z.B. Zahngold oder Schmuck, die über den Verkauf nachdenken, sind die aktuell hohen Goldpreise sehr verlockend. Lohnt sich jetzt der Verkauf? Dies hängt von Ihrer **persönlichen Situation** ab. Wenn Sie sich schon immer von Ihrem Altgold trennen wollten oder gerade jetzt das Geld brauchen, dann kann ein Verkauf sinnvoll sein.

Den Preis, den Sie für Ihr Altgold erzielen können, hängt vom sogenannten **Schmelzwert** ab. Feingold (999,9er) erreicht einen besseren Kurs als 750er- oder 333er-Gold. Letztere sind aufwendiger in der Aufbereitung und bringen deshalb weniger Erlös.

**!** Der Erlös hängt stark vom jeweiligen Anbieter ab. Holen Sie sich deshalb grundsätzlich mindestens drei verschiedene Angebote ein. Vorsicht: Manche schwarze Schafe bieten nur ein Viertel des möglichen Wertes an.

Bei Schmuck gilt: Jedes Schmuckstück besitzt einen **Markt**- und einen **Materialwert.** Die Altgoldankäufer bieten fast immer nur Letzteren an. Hinzu kommt: Kunden müssen selbst bei seriösen Händlern je nach der zu verkaufenden Menge mit einem Abschlag von bis zu 30 % auf den aktuellen Tagesgoldkurs rechnen. Händler kalkulieren beim Ankauf einen sinkenden Kurs ein. Denn die Einkäufer sammeln das Altgold über Wochen und verkaufen es erst später an Großhändler oder Goldscheidereien.

! Besorgen Sie sich die Tagesgoldkurse in Gramm. Die Altgold-Händler rechnen nicht in Unzen ab. Möchten Sie größere Mengen an Altgold verkaufen, verschafft Ihnen dies eine bessere Verhandlungsposition beim Preis.

## So erkennen Sie unseriöse Goldhändler

Gehen Sie beim Verkauf von Gold zu einem Händler, der einen Ruf zu verlieren hat, z.B. eine **Bank** oder ein **professioneller Händler,** der ein angestammtes Geschäft hat.

! Unseriöse Händler versperren Ihnen den Blick auf die Waage, mit der sie Ihr Material aufwiegen, oder verzichten sogar ganz auf das Wiegen. Diese Händler geben Ihnen keine Auskunft über ihre Kalkulation, sondern nennen Ihnen nur einen fixen Gesamtpreis. Auf das Aushändigen von Quittungen oder Abrechnungsbelegen wird verzichtet. Achtung: Auch heute noch gibt es auf Wochen- oder Antiquitätenmärkten fahrende Goldhändler. Lassen Sie lieber die Finger davon.

## Der Verkauf von Gold über das Internet

Haben Sie keinen stationären seriösen Gold-Ankäufer in Ihrer Nähe, so können Sie Altgold auch über das Internet verkaufen. Anbieter hierzu sind z.B. Goldankauf-pro24.de oder Proaurum.de.

Klären Sie beim Verkauf von Gold über das Internet zuerst immer folgende Fragen:

- Was geschieht, wenn das Gold auf dem Postweg verschwindet, ab wann ist die Sendung versichert?
- Welcher Goldkurs wird Ihnen vom Händler berechnet? Der Kurs am Tag des Verkaufes, oder erst zwei Wochen später bei der Überweisung des Erlöses?
- Besitzen Sie ein Rücknahmerecht für das eingesandte Gold, und was kostet dies?

**Achtung:** Bei Anzeigen in der Tagespresse oder kostenlosen Anzeigenblättchen, die damit werben, Einsendungen per Post innerhalb 24 Stunden oder in ähnlich kurzer Zeit zu vergüten, ist die Gefahr besonders hoch, an unseriöse Händler zu geraten.

Die meisten Schmuckstücke, vor allem Goldringe und Kettchen, ergeben beim Verkauf keinen großen Erlös, da sie **wenig Feingoldgewicht** auf die Waage bringen. Der Händler berechnet Ihnen nur den Grammpreis. Die Handwerksarbeit wird nicht mitbezahlt. Ein Rechenbeispiel: Wenn Sie eine 100 Gramm schwere Goldkette (666er-Gold) haben, beträgt der reine Goldanteil 66,6 Gramm. Bei einem angenommenen Grammwert von 46,– € sollte Ihnen die Kette 3.063,60 € einbringen.

**!** Alte Goldmünzen sind ein Sonderfall, da sie einen **höheren Sammelwert** besitzen können und deshalb nicht zum Einschmelzen geeignet sind. Eine gute Adresse für alte Münzen sind Händler, die im Berufsverband des Deutschen Münzenfachhandels (muenzenverband.de) organisiert sind. Achtung: Goldmedaillen bringen Ihnen fast immer nur den tatsächlichen Grammwert.

## 12.9 Die Anlage in Silber: Das Gold des kleinen Mannes

Silber wird landläufig als das »Gold des kleinen Mannes« genannt. Geht es um den Werterhalt in Zeiten von Krise und Inflation, verhält sich Silber durchaus wie ein **Edelmetall.** Silber gehörte zu den ersten Metallen, aus denen Münzen geprägt wurden. Um 2500 vor Christus erkannten bereits die Ägypter diese Vorzüge von Silber und handelten es sogar wertvoller als Gold. Und China führte schon 475 vor Christus Silber als Geld ein.

Über viele Jahrhunderte war Silber das gängigste Zahlungsmittel für alltägliche Transaktionen. Bis ins 19. Jahrhundert hinein galt in vielen Ländern ein reiner **Silberstandard** oder ein Bimetall-Standard mit Gold und Silber. Beim Silberstandard waren die umlaufenden Banknoten zu 100 % durch Silber gedeckt. Papiergeld konnte jederzeit in einem festen Umtauschverhältnis in Silber getauscht werden. In Ländern mit Bimetall-Standard galt zudem ein festes Tauschverhältnis zwischen Silber und Gold.

Von Mitte des 19. Jahrhunderts an sorgten Goldfunde in Kalifornien und in Australien für eine starke Ausweitung der Goldförderung, der Goldpreis fiel. Wegen der steigenden Goldmengen ersetzten viele Länder von 1870 an den Silber- oder den Bimetall-Standard durch einen reinen Goldstandard. Silber verlor seine Währungsfunktion. Als Werterhaltungsmittel überstand Silber jedoch alle Krisen des Papiergelds. Das Metall entwickelte sich aber immer mehr von einem Edelmetall zu einem Industriemetall.

Ein unrühmlicher Rekord ist mit dem Namen der Gebrüder **Herbert und Lamar Hunt** verbunden: eine der größten Privatspekulationen der Börsengeschichte. Das Objekt der Begierde: Silber. Seit Mitte der 1970er-Jahre hatten die Hunts und ihre Partner circa 150 Mio. Unzen (rund 5.000 Tonnen) physisches Silber sowie weitere 200 Mio. Unzen an der Warenterminbörse Comex in Chicago aufgekauft und den Silberpreis von USD 2,– auf USD 50,35 je Feinunze hochgetrieben. 1980 brach die Spekulation nach einem Eingreifen der Warenterminbörsenaufsicht zusammen und die Gebrüder Hunt gingen bankrott.

Im Gegensatz zum Goldmarkt führt der Silbermarkt im Bewusstsein der Privatanleger eher ein Nischendasein. Der **Silbermarkt ist eng** und wird zum überwiegenden Teil von Hedge-Fonds und privaten Großspekulanten dominiert. Gerade einmal ein Zehntel des Goldmarktes macht er aus. Und weil der Markt so klein ist, sind die Kursschwankungen deutlich stärker als beim Goldpreis. Allerdings gilt das für beide Richtungen. Überraschende Kursexplosionen und kräftige Kursabstürze sind darum ein Markenzeichen des Silbermarkts. Kenner sprechen wegen der entsprechenden Kursverläufe auch vom »Sägezahn-Markt«.

Für viele **industrielle Anwendungen** ist Silber wegen seiner physikalischen Eigenschaften unverzichtbar geworden und schwer durch andere Metalle zu ersetzen. Als extrem leitfähiges, formbares und haltbares Material kommt Silber etwa bei Technologien zur Datenspeicherung, der Supraleitung oder den Mikrofunkchips zum Einsatz. Nicht zuletzt wegen seiner antibakteriellen Eigenschaften wird das Metall auch bei der Wasseraufbereitung, im Gesundheitsbereich, in Textilien oder bei der Holzkonservierung benötigt. Diese Anwendungsmöglichkeiten gleichen Rückgänge in anderen Bereichen wie der Fotografie oder der Schmuckherstellung aus.

Der **Kauf von Silberaktien,** um von steigenden Silberpreisen zu profitieren, ist wenig sinnvoll. Denn nur die wenigsten Unternehmen verdienen ihr Geld zur Hauptsache mit der Silberproduktion. Meist erfolgt die Silbererzeugung in Kombination mit der Produktion von anderen Metallen wie z.B. Kupfer; dementsprechend hängt die Kursentwicklung einer Minenaktie dann nicht nur von der Entwicklung des Silberpreises ab. Als reiner Silberförderer gilt ein Unternehmen, wenn der Erlös aus Silber mehr als 50 % des Gesamtumsatzes ausmacht.

Wie Gold, so können Sie auch Silber durch den **Kauf von Silberbarren und Silbermünzen** physisch besitzen. Doch Gewicht und Mehrwertsteuer erschweren das Vorhaben für den Privatanleger. Silber für USD 100.000,– wiegt bei einem Kurs von USD 26,– z.B. 120 kg. Zudem fallen bei Silberkäufen 19 % Mehrwertsteuer an. Im Gegensatz dazu ist der Goldkauf von der Mehrwertsteuer befreit.

Viele Investoren verzichten deshalb auf den physischen Besitz von Silber und setzen mit anderen Anlageformen auf einen Kursanstieg von Silber. Dazu stehen mehrere Anlageprodukte zur Auswahl:

- **Discount-Zertifikate** Wer auf einen Risikopuffer nicht verzichten möchte und eher mit einem seitwärts laufenden Silberpreis rechnet, kann auf Discount-Zertifikate setzen. Bei diesen Papieren kaufen Anleger den Basiswert mit einem Abschlag auf den aktuellen Preis. Dadurch sind sie vor Verlusten in Höhe des Rabatts geschützt. Diesen Schutz bezahlen sie jedoch mit geringeren Gewinnchancen, weil sie maximal den vorher festgelegten Höchstwert, den sog. Cap, verdienen. Liegt der Cap unter dem aktuellen Silberpreis, ist der Verlustschutz sogar noch höher. Dafür profitieren Anleger nicht von einem weiter steigenden Preis.
- **Bonus-Zertifikate** Wer etwas optimistischer hinsichtlich der Entwicklung des Silberpreises ist, fährt mit einem Bonuszertifikat besser. Auch diese Papiere haben eine Art Verlustschutz. Befindet sich der Silberpreis am Ende der Laufzeit zwischen der Bonusschwelle (obere Schwelle) und der Absicherungsschwelle (untere Schwelle), wird ein Bonus ausgeschüttet. Das mindert eventuelle Verluste. Berührt der Preis jedoch während der Laufzeit die untere Schwelle, entfällt der Bonus und das Zertifikat wandelt sich in ein klassisches Partizipationszertifikat. Von Kurssteigerungen über die Bonusschwelle hinaus profitiert der Anleger zu 100 %.

**!**

Anleger, die bei ihrem Silberengagement auf Währungsabsicherung verzichten, können in den WisdomTree Physical Silver (WKN: A0N62F) investieren. Das Wertpapier ist eine durch physisches Silber besicherte Schuldverschreibung. Dieses Papier wird börsentäglich wie eine Aktie gehandelt. Die Mechanismen bei Preisbildung und Nachbildung ähneln denen eines Exchange Traded Fund. Die Position ist durch physisches Silber abgesichert.

# 13 Nachhaltig investieren: Geldanlagen mit gutem Gewissen

## 13.1 Nachhaltigkeit, Ethik & Co.: Was hat welche Bedeutung?

Geld anlegen mit gutem Gewissen: Diese Investment-Idee kommt derzeit so gut an wie noch nie zuvor. Allein im Bereich der nachhaltigen Aktienfonds waren zuletzt europaweit mehr als 450 Milliarden Euro investiert. Kein anderes Segment am Fondsmarkt konnte in letzter Zeit so viele Mittelzuflüsse verbuchen.

Offenbar hegen im Zuge der **aktuellen Umwelt- und Klimaschutzdebatten** immer mehr private Anleger den Wunsch, mit der Investition ihrer Ersparnisse einen Beitrag zur Verbesserung der ökologischen und sozialen Rahmenbedingungen in Wirtschaft und Industrie zu leisten. Umgekehrt wollen solche Anleger auf Wertpapiere von Unternehmen verzichten, wenn diese Umweltstandards missachten oder unfair mit Mitarbeitern umgehen.

Entsprechend groß ist das Angebot an Wertpapierempfehlungen und Fondsprodukten für Investoren, die dem **Trend zur nachhaltigen Kapitalanlage** folgen wollen. Allerdings finden dabei Begriffe Verwendung, die sich oft sehr unterschiedlich interpretieren lassen. Im schlimmsten Fall stellt der Anleger nach seiner Investmententscheidung fest, dass die Kapitalanlage seine Kriterien nicht erfüllt, weil er die Kennzeichnung falsch interpretiert hat.

» Ein »nachhaltiger« Aktienfonds ist nicht unbedingt ein »grüner« Aktienfonds und kann je nach Auslegung der Kriterien auch Aktien von Erdölproduzenten oder Automobilherstellern enthalten.

Wer eine nachhaltige oder ökologische Kapitalanlage plant, sollte die **Definition der unterschiedlichen Begriffe** verstehen und richtig einordnen. Wenn Anleger dieses Basiswissen erlangt haben, können sie ihre Suche nach dem passenden Anlageprodukt auf die Kategorie fokussieren, die die gewünschten Maßstäbe anlegt.

## Nachhaltigkeit

Der Begriff »Nachhaltigkeit« stammt ursprünglich aus der **Forstwirtschaft** und beschreibt die langfristig schonende wirtschaftliche Nutzung des Waldes, indem maximal so viel Holz geschlagen wird wie neue Bäume nachwachsen.

In der Politik wurde das Thema »Nachhaltigkeit« erstmals im Jahr 1987 im Abschlussbericht der sogenannten Brundtland-Kommission der breiten Öffentlichkeit präsentiert. Die Kommission verfasste unter dem Vorsitz der ehemaligen norwegischen Premierministerin Gro Harlem Brundtland ein Positionspapier für die Vereinten Nationen, das die umwelt- und sozialverträgliche Entwicklung von Staaten beschreibt.

Nachhaltigkeitskriterien werden im Zusammenhang mit Aktien- oder Fondsanlagen auch als **»Environment Social Governance«** oder abgekürzt als »ESG« bezeichnet. Eine weitere Bezeichnung für Nachhaltigkeit ist der englische Begriff **»Sustainability«**, der häufig in den Namen von Anlageprodukten oder Wertpapierindizes auftaucht.

Die **Kriterien des nachhaltigen Wirtschaftens** wurden im Lauf der Zeit auf die Führung von Unternehmen übertragen: Ein Unternehmen, das dem Anspruch der Nachhaltigkeit gerecht werden will, soll umweltschonende Produktionsmethoden einsetzen und den Verbrauch von Ressourcen minimieren, fair mit seinen Mitarbeitern und Geschäftspartnern umgehen und sich klar von Korruption und anderen unethischen Geschäftspraktiken distanzieren.

## Ethisches Investment

Beim ethischen Investment kommen neben den Merkmalen der Nachhaltigkeit noch **weltanschauliche Gesichtspunkte** hinzu. Ethische Kapitalanlagen findet man insbesondere bei Banken mit kirchlicher Ausrichtung. Hier achten die Vermögensverwalter darauf, nicht in Wertpapiere von Unternehmen zu investieren, deren Geschäftstätigkeit den religiösen Werten widerspricht. Beispiele hierfür sind etwa Glücksspiele oder die Produktion von alkoholischen Getränken, Tabakwaren oder Waffen.

Das Gegenstück zu christlich orientierten Ethik-Anlagen sind im muslimischen Kulturkreis sogenannte **Islam-Anlagen,** die im Einklang mit den Regeln des Koran investieren. Hier greift häufig das Zins- und Spekulationsverbot sowie das Verbot von Schweinefleisch, sodass in Islam-Fonds oft nur ein geringer Anteil an Aktien von Finanzdienstleistern und Fleischproduzenten vorzufinden ist.

## Grünes oder ökologisches Investment

Beim grünen Investment legen die Verwalter des Anlageproduktes den Schwerpunkt darauf, dass die infrage kommenden Unternehmen möglichst **geringe Schadstoffemissionen** verursachen und bei der Herstellung ihrer Produkte ressourcenschonend arbeiten.

Bei der ökologisch ausgerichteten Aktienanlage handelt es sich häufig um ein Anlagemodell, das sich auf bestimmte Branchen wie regenerative Energiegewinnung, Recycling, Umweltschutz und Technologien zur Senkung des Energieverbrauchs konzentriert. **Ökologisch problematische Sektoren** wie Rohstoffgewinnung oder Automobilherstellung bleiben oft komplett ausgeklammert.

### Probleme bei der Auslegung

Wenn ein Finanzdienstleister ein nachhaltiges oder grünes Anlageprodukt anbietet, ist oft nicht gleich ersichtlich, welche Kriterien angesetzt werden und wie streng die Auslegung erfolgt. So zählt beispielsweise die **Vermeidung von Korruption** zu den Merkmalen der Nachhaltigkeit. Doch der Verzicht auf diese Straftat sagt zunächst einmal nur aus, dass sich das Unternehmen an die Gesetze halten will – was streng genommen eine Selbstverständlichkeit sein sollte und nicht auf besondere Weise honoriert werden muss.

Ähnlich verhält es sich mit der **fairen Behandlung von Arbeitnehmern.** Wer damit wirbt, seinen Arbeitern in Entwicklungsländern den Mindestlohn zu zahlen, kann immer noch von Billiglöhnen profitieren, die den Arbeitnehmern noch lange nicht die Befriedigung der grundlegenden Bedürfnisse ermöglichen.

! Nehmen Sie die Nachhaltigkeitskriterien bei der Auswahl von Anlageprodukten kritisch unter die Lupe. Bei Fondsprodukten gibt der Blick in das Wertpapierportfolio Aufschluss darüber, welche Unternehmen den Ansprüchen des Fondsmanagements genügen. Dabei kommen zuweilen weitaus laxere Kriterien zum Einsatz als diejenigen, die der unbedarfte Anleger bei der flüchtigen Lektüre des Werbeprospektes vermutet.

## 13.2 Die Strategien bei der Auswahl

Bei der Fonds- und Aktienanlage müssen die Unternehmen bestimmte Voraussetzungen erfüllen, wenn sie in ein **Nachhaltigkeits-Portfolio** aufgenommen werden wollen. Dabei gibt es unterschiedliche Verfahren, die auch miteinander kombiniert werden können.

## Ausschlussverfahren

Wer das Ausschlussverfahren praktiziert, schließt Unternehmen vom Investment aus, wenn diese in **problematischen Geschäftsfeldern** aktiv sind. Zu den **häufig angewandten Ausschlusskriterien** zählen unter anderem

- der Betrieb von Casinos oder anderen Glücksspielstätten,
- die Herstellung von Waffen,
- der Betrieb von Kernkraftwerken oder die Herstellung der dazugehörigen Technologie,
- die Produktion von Tabakwaren oder alkoholischen Getränken,
- der Einsatz von Genmanipulation in der biologischen Forschung oder
- die Verursachung von gravierenden Umweltschäden, etwa bei der Erdölgewinnung oder im Bergbau.

Allerdings werden von vielen Index- und Fondsanbietern Unternehmen erst dann ausgeschlossen, wenn der **Anteil an problematischen Geschäftsfeldern** eine **Mindestschwelle überschreitet.** Gängige Limits sind 5 % oder 10 % des Gesamtumsatzes.

**!** Das kann jedoch konkret bedeuten, dass es die Aktien eines Konsumgüterherstellers in einen Nachhaltigkeitsfonds schaffen, der 8 % seines Umsatzes mit Zigaretten erwirtschaftet – oder dass sich ein Energieversorger mit dem Nachhaltigkeits-Etikett schmücken darf, auch wenn er in geringem Umfang noch Kernkraftwerke betreibt.

### Best-in-Class-Ansatz

Das »Best-in-Class-Verfahren« ist ein **Bewertungsprozess,** der in einer **Rangliste** mündet. Innerhalb der jeweiligen Branche wird bei jedem Unternehmen geprüft, wie es sich in Bezug auf die Nachhaltigkeit verhält. Der schonende Umgang mit Umwelt und Ressourcen fließt ebenso in die Bewertung mit ein wie der Umgang mit Mitarbeitern und Gewerkschaften.

Darüber hinaus spielen auch Formalien wie **Nachhaltigkeitsberichte** oder Erklärungen zur **Beachtung von Menschenrechten** eine Rolle. Je besser ein Unternehmen die einzelnen Kriterien erfüllt, umso mehr Pluspunkte bekommt es. Am Ende werden die Unternehmen mit den meisten Pluspunkten in den Index aufgenommen.

! Allerdings hat das System eine gravierende Schwäche: In Problembranchen wie der Ölförderung oder dem Automobilbau schaffen es Unternehmen vor allem deshalb in den Index, weil die direkten Konkurrenten noch schlechter mit der Umwelt umgehen – weniger schlimm ist dann schon gut genug. Folglich muss der nachhaltige Ölkonzern noch lange kein grüner Engel sein, weil er sich nicht mit sauberen Energieträgern, sondern nur mit anderen Ölfirmen vergleichen lassen muss.

Ein weiterer Knackpunkt ist, dass sich die bewertenden Agenturen und Indexanbieter weitgehend auf die **Selbstauskünfte der Unternehmen** verlassen und sich auf die ausgefüllten Fragebögen stützen. Kontrollen vor Ort werden meist nur stichprobenartig durchgeführt.

## 13.3 Die nachhaltige Aktien- und Fondsanlage

Ein großer Teil der nachhaltigen Kapitalanlagen entfällt auf **Aktien** sowie auf entsprechende **Investmentfonds.**

## 13.3.1 Nachhaltige Indizes

Indizes spielen bei der Wertpapieranlage vor allem für Aktieninvestoren eine wichtige Rolle, da sie dem Marktteilnehmer einen schnellen Überblick über die Kursentwicklung der wichtigsten Unternehmen bestimmter Branchen und Länder bieten. Weithin bekannte allgemeine Aktienindizes sind etwa der **DAX** (Großunternehmen Deutschland), der **STOXX** (Großunternehmen Europa) oder der **MSCI-Weltaktienindex.**

Auch im Bereich der **Nachhaltigkeit** gibt es einige **Indexanbieter.** Die darin enthaltenen Unternehmen müssen die vom jeweiligen Indexersteller vorgegebenen Merkmale erfüllen.

### Dow Jones Sustainability Index (DJSI)

Hier handelt es sich um eine Indexfamilie mit Einzelindizes, die verschiedene Regionen abdecken. Wichtige Indexvarianten sind der DJSI Global mit mehr als 300 Aktien aus der ganzen Welt und der DJSI Stoxx mit 160 europäischen Aktien. Branchenausschlüsse gibt es keine, sodass auch Automobilhersteller und Rohstoffkonzerne enthalten sind. Innerhalb der einzelnen Branchen kommt der **Best-in-Class-Ansatz** zum Tragen. Die Informationen zu den einzelnen Unternehmen werden per Fragebogen und auf Basis öffentlich zugänglicher Dokumente wie Geschäfts- und Nachhaltigkeitsberichte gesammelt.

Vorteilhaft ist die breite Marktabdeckung und die Aufteilung auf regionale Einzelindizes. Kritiker bemängeln hingegen die **geringe Gewichtung ökologischer Kritierien,** die in der Gesamtbewertung lediglich 3 % ausmachen.

## FTSE4Good

Bei FTSE4Good handelt es sich um die **Nachhaltigkeits-Indexfamilie** des britischen Indexanbieters FTSE. Neben dem globalen Index gibt es weitere Varianten, unter anderem für Europa, Japan, Großbritannien und die USA. Ausgeschlossen sind Unternehmen aus dem Bereich Waffenproduktion, Atomenergie und Tabakwaren. In den anderen Branchen erfolgt ähnlich wie beim DJSI ein Nachhaltigkeitsrating für die einzelnen Unternehmen, aus denen sich dann die Rangliste für die Indexzusammensetzung ergibt.

Von Vorteil ist auch hier die große Anzahl an liquiden Aktien von Großunternehmen. Allerdings können aufgrund der eher weichen Kriterien auch problematische Unternehmen enthalten sein.

## MSCI KLD 400 Social Index

Den in früheren Jahren als »Domini-400«-Index bekannte Aktienindex gibt es schon seit rund 30 Jahren. Enthalten sind 400 US-amerikanische Unternehmen, die vor allem **soziale und ethische Kriterien** erfüllen müssen. Ausgeschlossen sind Waffenproduzenten, Tabakkonzerne, Hersteller von Alkoholgetränken, Kernkraftwerksbetreiber und Unternehmen aus der Glücksspielbranche.

Von Vorteil ist die langjährige Expertise des Indexanbieters im Bereich der Nachhaltigkeit. Weniger günstig ist die **alleinige Konzentration auf den US-Aktienmarkt** und die hohe Gewichtung an Technologieunternehmen.

## Natur-Aktien-Index (NAI)

Dies ist einer der grünsten aller Aktienindizes, allerdings sind darin nur 30 Unternehmen enthalten. Die regionale Streuung ist global. Die Größe der Unternehmen zählt zumeist zum mittleren Segment, viele Branchen sind gänzlich ausgeschlossen.

Die hat den Nachteil, dass viele wichtige Branchen ausgeschlossen bleiben, wenn sich Anleger am NAI orientieren. Im Gegenzug liefert der Index ein Portfolio, das hohen ethischen und ökologischen Ansprüchen genügt.

! Wenn Sie sich an einem breit aufgestellten Nachhaltigkeitsindex orientieren, müssen Sie im Vergleich zur konventionellen Aktienanlage keine zusätzlichen Verlustrisiken befürchten. Studien haben ergeben, dass das nachhaltige Aktieninvestment im langfristigen Mittel keine Renditeeinbußen bringt.

### 13.3.2 Die Direktanlage in Aktien

Wer in Eigenregie Aktien kauft, kann über die **Zusammensetzung seines Depots frei entscheiden.** Orientierung bieten die zuvor beschriebenen Nachhaltigkeits-Indizes, wobei es dem Anleger überlassen bleibt, die Indexangebote miteinander zu kombinieren. So kann ein Aktieninvestor beispielsweise aus dem globalen DJSI-Weltindex große Unternehmen auswählen, die seinen persönlichen ethischen und ökologischen Vorstellungen entsprechen, und ergänzend dazu noch Aktien aus dem Natur-Aktien-Index erwerben.

Allerdings sollten private Aktieninvestoren darauf achten, dass die **Einzelrisiken möglichst breit gestreut** sind. Diese Grundregel gilt sowohl fürs nachhaltige als auch fürs konventionelle Aktiendepot. Die statistische Basis für die Risikodiversifizierung liefert die Portfoliotheorie, der zufolge die Wahrscheinlichkeit starker Wertschwankungen im Aktiendepot mit zunehmender Anzahl an Einzelpositionen abnimmt.

Voraussetzung für die Senkung des Risikos ist jedoch, dass die einzelnen Titel möglichst **geringe Korrelationen** untereinander aufweisen. So sollte ein gut diversifiziertes Aktienportfolio

1. über mehrere möglichst voneinander unabhängige Branchen gestreut sein und
2. die weltweit wichtigsten Wirtschaftsregionen Nordamerika, Europa und Ostasien enthalten.

! Wer diese Maßgabe berücksichtigt, kann schon mit fünf bis sieben Einzelpositionen eine Mischung aufbauen, die den grundlegenden Anforderungen der Risikostreuung genügt.

Bei der Aufteilung des Depotvolumens auf einzelne Aktienwerte ist zu berücksichtigen, dass aufgrund der **Mindestgebühren pro Order** die Nebenkosten stark ansteigen, wenn pro Aktie nur geringe Beträge investiert werden.

Wenn beispielsweise pro Order 0,5 % des Auftragswertes, mindestens jedoch 20,– € anfallen, betragen die Ordergebühren bei einem Volumen von 5.000,– € 25,– €. Wer hingegen nur für 1.000,– € Aktien ordert, zahlt 20,– € – und damit steigt der Nebenkostensatz pro Transaktion von 0,5 % auf 2 %.

Je nach Bank und Gebührenmodell sollten Anleger pro Aktientitel mindestens 2.000,– € bis 5.000,– € investieren, um zu vermeiden, dass ein allzu hoher prozentualer Gebührenanteil die Rendite stark beeinträchtigt. Bei einem Mindestbestand von fünf Positionen ergibt sich daraus ein erforderliches Depotvolumen von wenigstens 10.000,– € bis 25.000,– €. Lässt sich dies nicht realisieren, sind nachhaltige Investmentfonds die sinnvollere Alternative.

**!** Bevor Sie sich für eine depotführende Bank entscheiden, sollten Sie die Konditionen einzelner Anbieter kritisch vergleichen. Vor allem Direktbanken bieten oft günstige Gebührenmodelle, die nur einen Bruchteil der bei Filialbanken fälligen Kosten verursachen. Je nach Häufigkeit der Transaktionen und Höhe des Depotvolumens kann die Kostenersparnis bis zu mehreren Hundert Euro pro Jahr betragen.

### 13.3.3 Nachhaltige Investmentfonds

Investmentfonds sind eine Alternative für Anleger, die nicht direkt in Aktien investieren wollen – sei es, weil sie nicht über ausreichende Expertise für die Auswahl einzelner Titel verfügen, weil die Höhe des Anlagekapitals für ein gut diversifiziertes Depot nicht ausreicht, oder weil sie ganz einfach eine bequeme und möglichst wenig zeitaufwendige Kapitalanlage wünschen. Private Investoren haben dabei die Wahl zwischen **aktiv gemanagten Fonds** und **börsengehandelten Indexfonds (ETFs)**.

#### Aktiv gemanagte Nachhaltigkeitsfonds

Bei nachhaltigen Investmentfonds profitieren Anleger davon, dass sie schon mit kleinen Beträgen an einem breit diversifizierten Nachhaltigkeits-Portfolio teilhaben können. Zuständig für die Auswahl der einzelnen Aktien ist das Fondsmanagement, das den Anlegern hierfür eine jährliche Gebühr – zumeist zwischen 1 % und 2 % des Fondsguthabens – in Rechnung stellen. Dazu kommt der Ausgabeaufschlag, der üblicherweise rund 5 % beträgt und als Verkaufsprovision an die Vertriebspartner weitergereicht wird.

**!** Viele Direktbanken bieten ihren Kunden vergünstigte Ausgabeaufschläge beim Erwerb von Investmentfonds. Je nach Bank und Fondsgesellschaft können die Rabatte auf den Aufschlag zwischen 25 % und 100 % betragen. Wenn Sie sich für einen bestimmten Fonds entschieden haben, sollten Sie daher prüfen, ob Sie diesen mit reduziertem Ausgabeaufschlag erwerben können.

Anzutreffen sind nachhaltig ausgerichtete Fonds vor allem in den beiden folgenden Varianten:

- **Nachhaltige Standardwerte-Fonds:** Diese Fonds versuchen, dem Investor ein möglichst breit diversifiziertes Portfolio zu bieten und dabei gleichzeitig die Aspekte des nachhaltigen Wirtschaftens zu berücksichtigen. Bei der Auswahl der Einzelwerte wird meist der Best-in-Class-Ansatz praktiziert, was zwangsläufig zu Kompromissen zwischen Gewissen und Gewinnstreben führt. Geeignet sind diese Fonds für Anleger, die mehr Wert auf eine breite Streuung als auf eine ethisch lupenreine Aktienauswahl legen.
- **Grüne Aktienfonds:** Diese Fonds mit dem Umweltschutz als Schwerpunkt konzentrieren sich auf wenige Branchen. Schwerpunkt sind meist Unternehmen aus den Bereichen Wind- und Sonnenenergie, Naturmedizin, Handel mit ökologischen Produkten, Recycling und Wasseraufbereitung. Anleger mit hohen ökologischen und ethischen Ansprüchen müssen hier keine Zugeständnisse machen. Allerdings wird aufgrund der starken Branchenfokussierung die konsequent grüne Anlage mit einem vergleichsweise hohen Wertschwankungsrisiko erkauft.

! Ansonsten gelten für Nachhaltigkeitsfonds dieselben Kriterien wie für herkömmliche Investmentfonds. Bei der Auswahl sollten Anleger Fonds bevorzugen, die schon seit mehreren Jahren am Markt sind und möglichst langfristig eine überdurchschnittliche Rendite erzielen konnten. Darüber hinaus sollten Fondsinvestoren auf eine möglichst günstige Kostenstruktur achten und kleine Fonds mit einem Volumen von weniger als 50 Millionen Euro eher meiden. Hier besteht die Gefahr, dass die Fonds mangels Masse im Lauf der Zeit geschlossen und die Anleger aus dem Fonds hinausgedrängt werden.

### Börsengehandelte Indexfonds (ETFs)

Börsengehandelte Indexfonds – auch als »**Exchange Traded Funds**« oder abgekürzt »ETFs« bezeichnet – sind eine kostengünstige Alternative für Anleger, die auf möglichst niedrige Gebühren Wert legen und dafür auf ein aktives Fondsmanagement verzichten. Sie bilden einfach einen Aktienindex ab und justieren die Gewichtung mit automatisierten Käufen und Verkäufen.

Von Vorteil sind die **niedrigen Nebenkosten,** da die meisten ETFs weit weniger als 0,5 % pro Jahr als Verwaltungsgebühr abzwacken. Wie es der Name schon vermuten lässt, werden die Anteile von ETFs an der Börse gehandelt. Für den Anleger entstehen somit dieselben Transaktionskosten wie beim Aktienkauf oder -verkauf.

Seit einiger Zeit gibt es ETFs auch auf Nachhaltigkeits-Indizes wie beispielsweise den **Dow Jones Sustainability Index** (DJSI). Einzelne Direktbanken bieten sogar ETF-Sparpläne an, bei denen die Nebenkosten auch bei niedrigen Sparraten vergleichsweise günstig sind.

! ETF-Sparpläne zu günstigen Konditionen bieten beispielsweise ING, Consorsbank, Comdirect und die Onvista Bank an.

## 13.4 Nachhaltig Geld anlegen bei Banken

**Nachhaltige Banken** arbeiten zwar gewinnorientiert, aber nicht um jeden Preis. So bieten die Geldinstitute dieser Kategorie auch ganz normale Bankprodukte wie Tagesgeld- und Girokonten, Sparbriefe und Darlehen an, auch Investmentfonds und Versicherungen werden vermittelt. Doch alle Geschäfte sollen nach dem Anspruch der Banken unter der Prämisse stehen, dass man die Kunden fair behandelt, soziale Aspekte berücksichtigt und die Finanzierung von umweltfreundlichen oder sozial ausgerichteten Unternehmen und Projekten in besonderem Maße fördert.

Schon seit längerer Zeit existieren im Umfeld der **katholischen und evangelischen Kirche** einige Kreditinstitute, die nach den Kriterien der Nachhaltigkeit arbeiten und ihre Leistungen in erster Linie kirchlichen Mitarbeitern und kirchennahen Unternehmen anbieten.

Zu den **wichtigsten katholischen Banken** zählen unter anderem die Liga Bank in Regensburg, die DKM Darlehenskasse Münster, die Bank für Kirche und Caritas in Paderborn sowie die Kölner Pax Bank. **Protestantischen Hintergrund** haben die Bank für Kirche und Diakonie in Dortmund sowie die Evangelische Bank in Kassel.

Darüber hinaus bekennen sich einzelne Geldinstitute in Deutschland zu einer **nachhaltig, ökologisch und sozial ausgerichteten Geschäftspolitik** und bieten ihre Produkte und Dienstleistungen einem breiten Publikum an. Zu diesem Kreis zählen die nachfolgend genannten Kreditinstitute.

- **GLS Bank:** Die genossenschaftliche GLS Bank mit Hauptsitz in Bochum wurde im Jahr 1974 als »Gemeinschaftsbank für Leihen und Schenken« gegründet und war das erste deutsche Geldinstitut, das soziale und ökologische Ziele in seine Satzung aufnahm. Ursprünglich standen Geschäfte mit anthroposophischen Einrichtungen wie beispielsweise Waldorfschulen im Vordergrund. Heute bietet die Bank ihre Leistungen der breiten Allgemeinheit an. Bei der Geldanlage können Kunden entscheiden, welche Projekte – etwa Senioreneinrichtungen, Schulen, ökologische Landwirtschaftsbetriebe oder regenerative Energieprojekte – schwerpunktmäßig mit dem angelegten Geld finanziert werden sollen. Angeboten werden praktisch alle wichtigen Bankprodukte wie Girokonto, Sparbriefe und -konten, Unternehmens- und Baufinanzierungen, Fonds und Beteiligungen. Die Geschäfte können in einer der bundesweit sieben Niederlassungen oder über das Internet abgewickelt werden. Bei der Einlagensicherung ist die GLS Bank an das Sicherungssystem der genossenschaftlichen Banken angeschlossen.

- **Triodos Bank:** Die Triodos Bank mit Hauptsitz in den Niederlanden ist ebenfalls dem Umfeld der Anthroposophie zuzurechnen und gilt mit gut 700.000 Kunden als größte Nachhaltigkeitsbank Europas. In Deutschland verfügt sie lediglich über eine Niederlassung in Frankfurt, von wo sie als Direktbank ein Girokonto und einige Anlageprodukte anbietet. Kredite werden in Deutschland nur an Firmenkunden ausgegeben. Weil die deutsche Niederlassung rechtlich nicht eigenständig ist, erfolgt die Absicherung der Kundeneinlagen über die niederländische Einlagensicherung. Dort liegt die Sicherungsgrenze bei 100.000,– € pro Anleger, was aufgrund der EU-weiten Harmonisierung der gesetzlichen Einlagensicherung in Deutschland entspricht.

- **Ethikbank:** Die Ethikbank ist kein eigenständiges Kreditinstitut, sondern eine Zweigniederlassung der Volksbank Eisenberg. Sie tritt bundesweit als ökologische Direktbank auf und bietet Girokonten sowie unterschiedliche Anlage- und Kreditprodukte an. Die Kunden werden umfassend über die Zusammensetzung der bankeigenen Kapitalanlagen und der ausgegebenen Kredite informiert. Als Tochtergesellschaft einer herkömmlichen Genossenschaftsbank gehört die Ethikbank dem genossenschaftlichen Einlagensicherungssystem an.

- **Umweltbank:** Die Bank wurde 1994 von Horst P. Popp gegründet und nahm 1997 den Geschäftsbetrieb auf. Der Schwerpunkt im Finanzierungsgeschäft liegt auf der Finanzierung von ökologischen Projekten wie Wind- und Solarparks und Bio-Landwirtschaftsbetrieben. In die Kritik geriet das Geldinstitut laut einem Bericht des Magazins Finanztest im März 2012, weil sich Anleger über die Risiken, die mit einigen von der Umweltbank vertriebenen Windkraft-Beteiligungen verbunden waren, nicht ausreichend aufgeklärt fühlten. Als eigene Produkte bietet die Umweltbank Anlage- und Sparkonten sowie Kredite an. Ein Girokonto ist nicht mit dabei. Weil die Bank nur der gesetzlichen Einlagensicherung angeschlossen ist, sind Kundengelder bis maximal 100.000,– € pro Anleger versichert. Die GLS Bank hält eine Beteiligung von gut 15 % an der Umweltbank.

Als **Anlageprodukte** stehen **bei nachhaltigen Banken** ähnlich wie bei konventionellen Banken Sparkonten, Tagesgeldkonten, Festgelder und Sparbriefe zur Verfügung. Manche Banken machen dabei transparent, welche konkreten Projekte mit der Geldanlage des jeweiligen Kunden finanziert werden. Einige Banken bieten darüber hinaus Girokonten an, sodass die Nachhaltigkeitsbank auch als Hausbank fungieren kann. Bei den Konditionen müssen Anleger jedoch gewisse Zugeständnisse machen, da sich die nachhaltigen Institute im Vergleich zu anderen Banken bei den Zinsen und Konditionen meist im Mittelfeld bewegen.

! Wenn Sie mit Ihrem Girokonto zu einer ökologisch-ethischen Bank wechseln wollen, sollten Sie die kostenlose Bargeldversorgung nicht außer Acht lassen. Hier sind genossenschaftlich organisierte Geldinstitute im Vorteil, weil deren Kunden meist kostenlosen Zugriff auf alle inländischen Geldautomaten der Volks- und Raiffeisenbanken haben. Ist eine Bank hingegen keinem Geldautomatenverbund angeschlossen, müssen Sie bei jeder Geldabhebung die Gebühren zahlen, die der Betreiber des Geldautomaten erhebt. In Einzelfällen können dies bis zu 5,– € pro Abhebung sein, was je nach Häufigkeit der Geldabhebungen übers Jahr zu zusätzlichen Kosten von 50,– € bis 100,– € führen kann.

## 13.5 Unternehmerische Beteiligungen

Abseits der Aktienanlage und der Anlage bei nachhaltigen Banken finden sich Investitionsangebote auch im Bereich der unternehmerischen Beteiligungen – vorrangig in Form von **geschlossenen Fonds** und **Bürgerenergiegenossenschaften.**

### 13.5.1 Geschlossene Fonds mit ökologischer Ausrichtung

Mit Investmentfonds haben Beteiligungsmodelle in Form geschlossener Fonds nichts gemein. Während Investmentfondsanteile wie Aktien an der Börse oder bei Vermittlern gekauft und jederzeit wieder veräußert werden können, ist ein geschlossener Fonds eine starre **unternehmerische Beteiligung.** Üblicherweise werden geschlossene Fonds als GmbH & Co. KG konzipiert, und die Anleger beteiligen sich als Kommanditisten an der Gesellschaft. Damit sind sie unternehmerische Teilhaber, allerdings ohne Mitspracherechte.

Ein weiterer Unterschied zum offenen Investmentfonds: Während dieser in eine Vielzahl unterschiedlicher Wertpapiere investiert, konzentriert sich ein geschlossener Fonds oftmals nur auf ein **einziges Investitionsobjekt.** Bei ökologisch ausgerichteten Beteiligungsmodellen ist dies beispielsweise ein Windkraft-Park, eine große Photovoltaikanlage oder ein Biomasse-Kraftwerk.

Wenn ein geschlossener Fonds ins Leben gerufen wird, legt der **Initiator** erst einmal fest, wie viel Geld für ein bestimmtes Investitionsprojekt eingesammelt werden soll. Dann ziehen die Vertriebstruppen los, um gegen Zahlung einer hohen Provision Anlegergelder einzuwerben. Ist die gewünschte Summe vorhanden, dann können keine neuen Investoren mehr einsteigen, und der Fonds ist »geschlossen«. Auch die **Laufzeit** des Fonds ist schon bei Beginn festgelegt. Ein vorzeitiger Ausstieg ist in aller Regel nicht möglich.

## Die Risiken im Überblick

Zwar werben Fondsinitiatoren meist mit Renditechancen, die deutlich über denen von sicheren Anlageprodukten liegen. Doch diese erkauft sich der Anleger mit **Risiken,** die er bei seiner Entscheidung nicht außer Acht lassen sollte:

- **Investitionsrisiko:** Viele geschlossene Fonds konzentrieren sich beim Investitionsziel auf ein einzelnes Objekt. Damit hat eine Fehlentscheidung des Fondsverwalters gravierende Folgen und kann im schlimmsten Fall zum Totalverlust führen.
- **Liquiditätsrisiko:** Anleger binden sich oft über zehn Jahre und teilweise noch länger an den Initiator, weil ein vorzeitiger Ausstieg in der Regel nicht vorgesehen ist. Zwar gibt es Handelsplätze für »gebrauchte« Beteiligungsmodelle, doch die Handelstätigkeit kam bislang nur schwer in Gang. Bei finanziellen Engpässen oder sich abzeichnenden Anlageflops ist der Ausstieg vor dem Laufzeitende in der Praxis kaum realisierbar.
- **Finanzierungsrisiko:** Geschlossene Fonds sammeln Eigenkapital ein. Doch dieses deckt oft nur einen Bruchteil der Gesamtinvestition ab. Die Finanzierungslücke wird dann mit Bankkrediten geschlossen, sodass – wenn die Erträge niedriger ausfallen als die Kreditzinsen – das Verlustrisiko gehebelt wird.
- **Kostenrisiko:** Beteiligungsmodelle sind mit hohen Nebenkosten verbunden, die vor allem aus den hohen Vertriebsprovisionen resultieren. Vor einer Anlageentscheidung sollten Verbraucher daher die Investitionsrechnung gründlich studieren und besonders auf Aufwendungen für Eigen- oder Fremdkapitalbeschaffung sowie Management- und Konzeptionshonorare achten. Bei manchen Fonds können diese Kosten 20 % der Anlagesumme ausmachen. Das bedeutet in der Praxis: Um bei einer solchen Kostenquote auf Sicht von 10 Jahren für den Anleger eine Jahresrendite von 4 % zu erzielen, muss das Investitionsobjekt jährlich 6,3 % Gewinn erwirtschaften – ein riskantes Unterfangen.

- **Emittentenrisiko:** Die rechtlichen Hürden für die Platzierung von Beteiligungsangeboten am Markt sind niedrig. Zwar müssen die Verkaufsprospekte bei der Bundesanstalt für Finanzdienstleistungsaufsicht (BaFin) eingereicht werden, doch die Behörde prüft nur die formale Richtigkeit. Ob das Unternehmen wirtschaftlich sinnvoll ist, bleibt bei der BaFin-Prüfung außen vor. Damit ist die Gefahr nicht zu unterschätzen, an einen unerfahrenen oder gar unseriösen Anbieter zu geraten.

! Angesichts der oft unzureichenden Transparenz und der nicht zu unterschätzenden Risiken sind Beteiligungsmodelle auch bei der nachhaltig ausgerichteten Kapitalanlage ein wenig empfehlenswertes Anlageinstrument.

## 13.5.2 Bürgerenergiegenossenschaften

Energiegenossenschaften stellen in der aktuellen Niedrigzinsphase interessante Renditechancen mit der regenerativen Stromerzeugung in Aussicht. Allerdings sind diese, wie jede unternehmerische Beteiligung auch, mit gewissen Risiken verbunden.

Bei diesem Modell gründen die teilnehmenden Personen eine **Genossenschaft** und statten diese durch ihre Einzahlungen auf die einzelnen Genossenschaftsanteile mit Kapital aus. Vor einiger Zeit waren als Investitionsobjekte noch Windenergie- und Photovoltaikanlagen mit Einspeisung ins öffentliche Stromnetz beliebt. Dies hat sich jedoch im Zuge der Neuregelungen für die Einspeisung von regenerativ erzeugtem Strom gewandelt, sodass heute eher der Eigenverbrauch in Form einer direkten Belieferung der angeschlossenen Haushalte im Vordergrund steht. Dies kann etwa in Form von entsprechend optimierten Photovoltaikanlagen, Blockheizkraftwerken oder kleineren Biomasse-Heizkraftwerken realisiert werden.

**Vorteilhaft** ist im Vergleich zur Beteiligung an Energieprojekten über geschlossene Fonds sowohl die **Gesellschaftsform** wie auch die **Kostenstruktur.** Genossenschaften sind auf die direkte Mitbestimmung der Teilhaber ausgelegt, wobei das Prinzip gilt, dass in der beschlussfassenden Generalversammlung jedes Mitglied unabhängig von der Anzahl der gezeichneten Anteile eine Stimme hat. Damit bestimmen die Geldgeber gemeinsam über die Ausrichtung des Unternehmens und kontrollieren über den von ihnen gewählten Aufsichtsrat die Aktivitäten des Vorstands. Bei Beteiligungsmodellen in Form geschlossener Fonds haben die Kapitalanleger zumeist den Status eines Kommanditisten, der in aller Regel kaum Mitspracherechte hat.

Bei den **Kosten** glänzen viele genossenschaftliche Stromerzeuger mit Sparsamkeit. Weil Aufsichtsräte und Vorstände überwiegend ehrenamtlich arbeiten und allenfalls eine Aufwandsentschädigung erhalten, bleiben die Personalkosten auf ein Minimum beschränkt. Aufwendungen fallen hauptsächlich für die Wartung und Reparatur der Anlagen, die Versicherung und den Wirtschaftsprüfer an, der bei Genossenschaften von Gesetzes wegen vorgeschrieben ist.

Fachliche Begleitung erhalten Energiegenossenschaften häufig von den örtlichen Stadtwerken oder den regionalen Stromversorgern. Indem sie technische oder kaufmännische Hilfestellung bieten, präsentieren sie sich den Genossen und der Öffentlichkeit als bürgernahe Partner vor Ort.

Wie groß das **Risiko** im konkreten Fall ist, hängt sowohl vom Investitionsobjekt wie auch von der Finanzierungsstruktur ab.

! Anleger sollten vor einem Beitritt prüfen, ob die Investitionen der Genossenschaft aus Eigenmitteln finanziert oder ob in größerem Umfang Kredite aufgenommen werden. Je höher der Kreditanteil an den Gesamtinvestitionen, umso riskanter wird es. Denn: Im Pleitefall hat die finanzierende Bank das erste Zugriffsrecht auf die Vermögenswerte, und die Teilhaber müssen sich danach aufteilen, was nach der Kredittilgung übrig bleibt.

Ein hohes Maß an Sicherheit ist vorhanden, wenn die Energiegenossenschaft **direkt in die Stromerzeugung investiert,** indem sie beispielsweise eigene Photovoltaikanlagen betreibt. Dann sind die Anlegergelder mit einem handfesten Sachwert abgedeckt, der in aller Regel gegen Schäden durch Unwetter oder Vandalismus versichert ist. Beteiligt sich das Unternehmen als Kredit- oder Eigenkapitalgeber an Windkraftbetreibern oder Stadtwerken, wird das Anlegerrisiko sowohl von deren Bonität als auch deren fachlicher Expertise beeinflusst. Bei solchen Konstellationen sollten diese Aspekte vor der Anlageentscheidung sorgfältig geprüft werden.

! Die Erfolgsaussichten einer Energiegenossenschaft hängen stark von den lokalen Voraussetzungen und dem Engagement der beteiligten Personen ab. Vor dem Einstieg sollten Sie daher prüfen, ob die voraussichtlichen Kosten und Erträge schlüssig kalkuliert sind, nach Möglichkeit keine Kredite aufgenommen werden und ob das Projekt von einem fachlich versierten Partner begleitet wird.

## 13.6 Direkt investieren in ökologische Sachwerte

Auch die Investition in die **energetische Sanierung** oder die **Installation einer Photovoltaikanlage** kann als nachhaltige Kapitalanlage betrachtet werden. Die Rendite ergibt sich dann bei Wärmedämmungsmaßnahmen aus den eingesparten Energiekosten bzw. bei Solarstromanlagen aus der Einspeisevergütung und den eingesparten Stromkosten beim Eigenverbrauch.

### 13.6.1 Die Photovoltaik als Kapitalanlage

Die **Photovoltaikanlage** erzeugt nicht nur $CO_2$-freien Strom, sondern kann sich auch als Kapitalanlage rentieren. Den höchsten Ertrag erwirtschaftet die Photovoltaikanlage beim **Eigenverbrauch.** Laufen die Haushaltsgeräte mit dem selbst erzeugten Strom, bleibt der Zähler des Versorgers stehen – und bei einer angenommenen jährlichen Einsparung von 1.500 Kilowattstunden spart der Betreiber bei einem Preis von netto 26 Cent pro kWh am Ende 390,– €.

Allerdings hängt der Anteil des Eigenverbrauchs stark vom individuellen Verhalten des Betreibers ab. Wer mittags zu Hause kocht und Stromfresser wie Geschirrspüler, Waschmaschine und Trockner vorwiegend bei Sonnenschein laufen lässt, hat einen höheren Eigenverbrauch als derjenige, der den ganzen Tag unterwegs ist und erst am Abend nach Hause kommt.

! Aufgrund der Fixkosten – etwa für Gerüst, Planung und Netzanschluss – reduziert sich der Preis pro installiertem Kilowatt Leistung mit zunehmender Anlagengröße. Für die Renditeoptimierung ist es daher sinnvoll, eine möglichst große Anlage zu installieren. Obergrenze ist meist eine Maximalleistung von 10 kW, da bei größeren Anlagen die Einspeisevergütung gekappt wird.

## So funktioniert die Ermittlung der Rendite

Allerdings sollten sich Photovoltaik-Investoren von den **Ertragszahlen** nicht blenden lassen. Spielt eine Anlage pro Jahr 7,8 % ihrer Investitionskosten als Stromertrag ein, entspricht dies nicht der tatsächlichen Rendite. Denn die Anlage verliert im Lauf der Zeit ihren Wert. Dieser Wertverlust, der gegenüber dem Finanzamt durch die Abschreibung (AfA) geltend gemacht wird, muss vom Ertrag abgezogen werden. So wird eine Photovoltaikanlage über 20 Jahre abgeschrieben, was einer jährlichen Wertminderung von 5 % entspricht. Damit reduziert sich die Rendite während dieses Zeitraums auf 2,8 %. Wenn die Anlage nach 20 Jahren weiterhin funktioniert, steigt die Rendite ab diesem Zeitpunkt wieder an, weil dann die Abschreibung entfällt.

! Außerdem müssen die laufenden Aufwendungen von den Erträgen abgezogen werden. Dazu zählen neben Kosten für gelegentliche Wartung und Modulreinigung in erster Linie die Kosten für die Versicherung. Sinnvoll ist es, die Anlage bei der Gebäudeversicherung mit einschließen zu lassen, sodass zumindest Schäden durch Hagel, Unwetter, Blitzschlag und Brand abgedeckt sind.

Ein deutlicher Renditeknick kann entstehen, wenn während der Laufzeit der Anlage der Wechselrichter kaputtgeht und ersetzt werden muss. Erwerber sollten deshalb bei der Projektierung darauf achten, dass der Anbieter qualitativ **hochwertige Komponenten von renommierten Herstellern** verbaut. Auf der anderen Seite kann eine Steigerung der Strompreise die Anlagenrendite verbessern, weil sich dadurch der Gegenwert des Eigenverbrauchs erhöht.

! Anbieter von Photovoltaikanlagen empfehlen häufig die Installation eines Batteriespeichers, um den Eigenverbrauchsanteil zu erhöhen. Dies geht jedoch meist zulasten der Rentabilität, da sich je nach Speicherkapazität der Gesamtpreis um rund 50 % bis 70 % verteuern kann, während sich die Erträge in deutlich geringerem Umfang steigern. Aus wirtschaftlicher Sicht ist daher der Verzicht auf den Batteriespeicher meist die rentablere Option.

## Die Umsatzsteuerfrage

Wer eine Photovoltaikanlage betreibt, ist **Kleinunternehmer** und kann entscheiden, ob seine Tätigkeit umsatzsteuerpflichtig sein soll oder nicht. Vorteil der Option für die Umsatzsteuerpflicht: Der Anlagenbetreiber kann sich die Umsatzsteuer, die im Kaufpreis für die Photovoltaikanlage enthalten ist, im Rahmen des Vorsteuerabzugs vom Finanzamt wieder zurückholen. Im Gegenzug ist er jedoch verpflichtet, Umsatzsteuervoranmeldungen und -erklärungen zu erstellen sowie auf die Einspeisevergütung und auf den Eigenverbrauch Umsatzsteuer aufzuschlagen und ans Finanzamt abzuführen.

Wichtig dabei: Beim **Eigenverbrauch** gelten **unterschiedliche Regelungen für die Einkommens- und Umsatzsteuer.**

- **Umsatzsteuer:** Basis ist hier der Nettopreis pro Kilowattstunde des Versorgers, der mit der Anzahl der selbst verbrauchten Kilowattstunden multipliziert wird.

- **Einkommensteuer:** Bei der Gewinnermittlung gilt der Eigenverbrauch als Privatentnahme aus dem Betrieb und darf zu den Herstellungskosten angesetzt werden. Hierfür werden zuerst die jährlichen Gesamtaufwendungen in Form von AfA, Finanzierungszinsen und Betriebskosten ermittelt. Der Gesamtbetrag geteilt durch die Gesamtzahl der erzeugten Kilowattstunden Strom ergibt dann den Eigenverbrauchspreis pro Kilowattstunde.

Die nachfolgende Tabelle verdeutlicht beispielhaft die unterschiedlichen Berechnungsweisen:

| | |
|---|---|
| Umsatzsteuer auf den Eigenverbrauch | |
| Nettopreis des Stromversorgers pro kWh | 0,26 € |
| Anzahl der selbst verbrauchten kWh | 1.500 |
| Basiswert für USt.-Berechnung | 390,– € |
| davon 19 % USt. an das Finanzamt abzuführen | 74,10 € |
| Gewinnermittlung des Eigenverbrauchs für die Einkommensteuer | |
| Jährlicher Gesamtaufwand (AfA, Finanzierungszins, Betriebskosten) | 720,– € |
| Anzahl der erzeugten kWh | 8.000 |
| Herstellungskosten pro kWh | 0,09 € |
| Für Einkommensteuer relevante Einnahme bei 1.500 kWh Eigenverbrauch | 135,– € |

## 13.6.2 Wie sich die energetische Sanierung auszahlt

Auch direkte Investitionen in die **Reduzierung des Heizenergieverbrauchs** können eine ganz konkrete Rendite in Form niedrigerer Energiekosten erwirtschaften. Diese Alternative können Sie vor allem dann in Erwägung ziehen, wenn Sie Eigentümer eines selbst genutzten älteren Eigenheims sind. Denn: Das Geld, das Sie für die energetische Sanierung ausgeben, zahlt sich zum einen in Form eines besseren Werterhalts Ihrer Immobilie und zum anderen durch die Ersparnis bei den Energiekosten aus.

Oft sind es **kleinere Modernisierungen,** die im Verhältnis zum investierten Kapital eine besonders gute Rendite bringen. Die **gemeinnützige Beratungsgesellschaft co2online** hat einige typische Modernisierungsmaßnahmen unter die Lupe genommen und errechnet, nach wie vielen Jahren die Kosten durch die eingesparten Energiekosten wieder hereingespielt sind. Einige Beispiele:

- **Einbau eines neuen Brennwertkessels:** Der Austausch eines veralteten Kessels gegen ein besonders energiesparendes Modell kostet rund 7.000,– € bis 8.000,– € und macht sich nach rund 15 Jahren durch die Einsparungen beim Öl- oder Gasverbrauch bezahlt.

- **Optimierung der Heizungsanlage:** Hier muss kein Brenner ausgetauscht werden, sondern es findet ein hydraulischer Ausgleich statt. Die alte Umwälzpumpe wird durch ein modernes stromsparendes Modell ersetzt und die Heizkörper erhalten Thermostatventile. In einem Einfamilienhaus betragen die Kosten rund 1.500,– € und amortisieren sich im Lauf von etwa sechs Jahren.

- **Neue Umwälzpumpe für die Heizung:** Was viele nicht wissen: Alte Heizungspumpen verursachen oft 120,– € bis 170,– € an Stromkosten pro Jahr. Der Austausch auf ein effizientes Modell kostet rund 400,– €. Bei einer Stromkostenersparnis von jährlich bis zu 100,– € liegt die Amortisationsdauer bei rund vier Jahren.

## 13.7 Welche Anlageform hat welchen Effekt?

Bei der **nachhaltigen Kapitalanlage** stellt sich nicht nur die Frage nach den ethischen Maßstäben des Anbieters. Letztlich sollten sich Anleger darüber Gedanken machen, welchen Effekt ihr Handeln auf das betreffende Unternehmen oder Projekt hat. Die Antwort kann je nach Anlagegattung ganz unterschiedlich ausfallen.

Den geringsten Effekt haben **Aktiengeschäfte** und der **Erwerb von Anteilen an Nachhaltigkeits-Aktienfonds.** Die Investoren – oder die Fondsmanager – kaufen lediglich Aktien, die an der Börse zum Verkauf angeboten werden. Das Geld fließt somit nicht dem Unternehmen selbst, sondern demjenigen zu, der die Aktien verkauft. Erst wenn es den Ethik-Investoren gelingt, eine hohe Marktmacht aufzubauen und beispielsweise über ihr Abstimmungsverhalten in den Aktionärsversammlungen Einfluss auf die Unternehmenspolitik zu nehmen, sind konkrete Auswirkungen auf dem Markt spürbar.

Konkretere Auswirkungen kann die **Geldanlage bei nachhaltig wirtschaftenden Banken** nach sich ziehen. Je höher die Kundeneinlagen einer Bank, umso mehr Kredite kann sie an ökologisch oder sozial wirtschaftende Kunden vergeben. Eine Bank mit einer Vielzahl an Anlagekunden und entsprechend hohen Kundeneinlagen hat es folglich leichter, Kredite an nachhaltig wirtschaftende Unternehmen auszureichen.

Den direktesten Effekt haben Investitionen, die ohne Umwege **Nachhaltigkeits- oder Umweltprojekten** zugutekommen. Wer etwa eine Photovoltaikanlage betreibt, kann nicht nur den Strom zum Festpreis an den Netzbetreiber verkaufen, sondern sorgt damit für eine messbare Reduzierung des Ausstoßes an klimaschädlichem Kohlendioxid.

**!** Je stärker der ökologische oder gesellschaftliche Effekt, umso unflexibler und komplizierter wird das Investment. Während Fondsanteile jederzeit gekauft und veräußert werden können, sind am anderen Ende der Skala Investitionen in Solarstrom oder in die energetische Sanierung illiquide Anlagen, deren konkreter Ertrag zuweilen schwer prognostizierbar ist. Für den einzelnen Anleger gilt es somit, aus beiden gegenläufigen Aspekten einen für ihn optimalen Kompromiss zu finden.

# Index

## P



## R



## S



## T